DUIWAI
WENHUA JIAOLIU
DAOLUN

贺宝林 刘秀华 徐 黎／著

对外文化交流导论

河南大学出版社
HENAN UNIVERSITY PRESS
·郑州·

图书在版编目（CIP）数据

对外文化交流导论 / 贺宝林，刘秀华，徐黎著 .--郑州：河南大学出版社，2021.5
ISBN 978-7-5649-4674-6

Ⅰ.①对… Ⅱ.①贺… ②刘… ③徐… Ⅲ.①文化交流－研究－中国 Ⅳ.① G125

中国版本图书馆 CIP 数据核字 (2021) 第 084189 号

责任编辑	薛建立
责任校对	柴桂玲
封面设计	马　龙

出版发行	河南大学出版社
地　址	郑州市郑东新区商务外环中华大厦 2401 号
邮　编	450046
电　话	0371-86059701(营销部)
网　址	hupress.henu.edu.cn
排　版	河南大学出版社设计排版部
印　刷	辉县市伟业印务有限公司
版　次	2021 年 5 月第 1 版
印　次	2021 年 5 月第 1 次印刷
开　本	890 mm×1240 mm　1/32
印　张	10.5
字　数	233 千字
定　价	65.00 元

版权所有·侵权必究
本书如有印装质量问题，请与河南大学出版社营销部联系调换

自序：文化的力量

15年前，我读了一本受益匪浅的好书——《犹太人为什么优秀》。书中记述，犹太民族在2000多年的时间里，没有自己的国土，在世界各地流离，还不断地遭到排挤和杀戮。但是，不管处于什么样的境遇，他们都会勇敢地与命运抗争，在这个地方消失之后马上又会在另一个地方出现，就像漩涡中的软木塞，不断地下沉，又不断地浮起。犹太人之所以这样，在于他们始终坚守着民族的传统，始终保存着民族的文化经典，在世世代代的相传中，不仅告诉后代民族的光荣史，还要告诉民族的苦难史。这是一种文化的忍性，它体现了犹太人的文化自信，也显示了犹太人的民族智慧。犹太人坚信，命运就在脚下，信念会引导他们的双脚，走向世界上任何一个想去的地方。其实，一个民族不论漂泊到世界的哪一个角落，只要他们保持着对自己文化的记忆，他们就不会忘记自己是从哪里来。早在1999年的时候，以色列平均每万人中具有博士学位或教授职称的人就达到150人以上，是全世界平均受教育程度最高的国家。犹太人有一种永无止境的探求和学习精神，他们把学习看成是仅次于敬畏上帝的最大美德。文化是一个民族发展中最持久的力量,犹太人之所以产生了诸如海涅、马克思、毕加索、爱因斯坦等深刻影响世界历史进程的人,与这个民族对文化的敬畏与渴求具有密切的关系。

13年前,我遇到了一件感人至深的事情。2006年7月,我借调到河南省文化厅外事处从事对外文化交流工作。有一次,我带领我国台湾一个文化参访团到开封参观相国寺。在参观相国寺的镇寺之宝千手观音时,发生了一件让我格外震惊的事情。一开始,参访团并没有多么在意眼前的这件艺术品,因为那只不过是一尊巨大的木雕而已,他们像参观其他的景物一样只是随便看看。当随行的导游对千手观音讲解之后,却出现了令人意想不到的一幕,那些参访人员纷纷跪在千手观音面前顶礼膜拜。导游告诉他们,千手观音是明代一个民间艺人花费55年的时间雕刻而成,他从25岁开始雕刻直到80岁才最终完成,而且这件木雕的原材料是一棵直径超过10米的独木白果树,树龄至少在4500年以上。看着参访团跪地参拜的虔诚样子,我立刻意识到,导游讲的不只是一组简单的数字,而是传递出一种巨大的力量,一种无比崇高的信仰;我相信他们看到的也不再是1043只形态各异的手,而是一件无与伦比的艺术珍品,一件彰显中华民族信仰与追求的传世之宝。就在那一瞬间,我内心升起了一种无法言说的自豪感,我感受到了文化的力量,它可以让陌生变得熟悉,可以让无声变成宣泄,可以让平凡变得崇高,可以穿越时空而感动未来。

10年前,我采访了一位令人敬仰的老人。他是一位台胞,时年已83岁,祖籍河南修武县,系台湾著名戏剧评论家,曾任台湾岑东大学教授、台湾豫剧团艺术顾问。从1990年他首次返乡探亲之后,20年间他往返河南与台湾已达69次。他说他台湾的朋友曾和他开玩笑,说他回大陆比别人去台北还频繁。尽管回乡的原因很多,或是参加学术研讨活动,或是担任各类大赛的评委,或是参加重大庆典仪式,或是洽谈河南艺术家赴台演出事宜……但不论是哪种情况,都源于一个原因,那就是他心系故土,心系中华文化。他曾给我讲道,1993年11月,为了促成河南第一个豫剧代表团赴台湾开展交流演出,他一个月就打了2.8万元的电话费;河南豫剧代表团赴台湾演出时,在11个县市巡回演出16场,他驾车从北到南一路跟随看了15场。当我走进他在郑州购置的房子时,他曾对我说,现在每年他至少回郑州长住一次,台湾是他曾经住过和工作过的地方,但不是他的家,他的家在河南,他希望百年之后叶落归根,他不会把自己留在台湾。走出他的家门,我想起了台湾著名诗人余光中的《乡愁》一诗,我体验到了那种"黄叶飘落之时,我却不能飘落"的心境是何等的感受。故乡,在中国文化里不只是一个符号,更是流淌在血液里的一种情结。身体可以游走四方,但灵魂只有一个归宿,那就是故乡。于是,我在采访稿中写下了这样一段话:"一道浅浅的海峡,曾阻断了两岸同胞往来的脚步,但它无法阻断两岸同胞的血脉亲情。豫剧之所以在台湾能够落地生根,那是因为它可以成为排遣乡愁、寄托乡思的想象和记忆,可以让心灵与故乡完成亲密的接触。"这次采访的文字收录在《海峡两岸豫剧交流访谈录》一书中,这个人叫赵明普。

6年前,我经历了一次终生难忘的旅程。2013年1月,我跟随河南艺术团赴非洲执行文化部"欢乐春节"交流任务。到埃塞俄比亚交流演出时,听到了一个有趣的故事,号称东非"高原之国"的埃塞俄比亚,由于气候四季如春,降雨相对丰沛,虽然地处热带,但它没有风沙之害、灼热之苦,因此埃塞俄比亚人的皮肤相对来说不像非洲其他地方的人那么黑,但这却成了埃塞俄比亚人骄傲的资本。埃塞俄比亚人认为,西部非洲的人(就是习惯上所说的"黑非洲")就像面包烤煳一样——太黑了,欧洲的白种人又像面包没烤熟——太白了,而他们的肤色最好,不黑不白,正像刚烤好的面包。这是一种何等的文化自信,甚至达到了让人难以置信的程度。埃塞俄比亚是非洲唯一没有被殖民过的国家,因此他们对民族的历史非常自豪,对自己的传统和文化分外珍爱。走在埃塞俄比亚首都亚迪斯亚贝巴的大街上,不时地会有人上来问你:"亚迪斯好吗?"只要你说亚迪斯好,他们就会热情地伸出手来向你表示感谢,甚至上前和你拥抱。这让我更加坚信,文化不仅是一个民族的标志,更是一个民族前行的动力,只有珍视自己文化传统的民族,才有信心和能力走向未来。

每当我走进影院去看好莱坞大片,或者到麦当劳去吃快餐,我都会想到一个问题:一个方块字可以证明一个民族,一个汉堡可以改变一种生活方式,一部影片可以输出一种价值理念。这就是文化的力量。没有文化的政治是没有灵魂的政治,没有文化的经济是没有方向的经济，没有文化的社会是没有凝聚力的社会。人类文明的发展进程表明，没有文化传承的民族不可能屹立于世界民族之林，而有了文化却不懂得去珍视和交流的民族，注定只会步人后尘。让我们努力做一个有文化、会交流的人吧，这不仅是自己生存的需要，也是提升我们民族形象的需要，更是实现中华民族伟大复兴中国梦的需要。

2019 年 3 月

目　录

第一章　文化与文化交流 / 1
　　一、什么是文化 / 3
　　二、什么是文化交流 / 12
　　三、文化何以能发生交流 / 25
　　四、制约文化交流的因素 / 32
　　五、文化交流的本质 / 55
　　六、文化交流的意义 / 68
　　七、新时代中国对外文化交流的辉煌成就 / 84
　　八、文化交流研究述评 / 92

第二章　对外文化交流类型 / 99
　　一、文化外交 / 102
　　二、文化外宣 / 121
　　三、文化交流 / 154
　　四、文化贸易 / 166

第三章　对外文化交流要素 / 191

　　一、文化资源 /194

　　二、文化产品 /204

　　三、文化产业 /225

　　四、文化输出 /241

第四章　对外文化交流目标和任务 / 257

　　一、利用两种资源 / 260

　　二、培养两种能力 / 265

　　三、拓宽两种渠道 / 272

　　四、开拓两个市场 / 294

第五章　对外文化交流未来展望 / 305

　　一、对外文化交流应成为推动学术创新的源泉 / 310

　　二、对外文化交流应成为文化发展的重大战略 / 311

主要参考文献 / 315

　　一、专著 / 317

　　二、博士、硕士论文 / 320

　　三、文章 / 320

后记 / 323

第一章 文化与文化交流

一、什么是文化

研究文化面临的第一个问题就是文化的概念。然而,给文化下定义注定是一件出力不讨好的事情,因为你无论如何界定,都会招来批评和非议,要么以偏概全,要么挂一漏万。其原因在于:"我们不能分析它,因为它的成分无穷无尽,我们不能叙述它,因为它没有固定的形状。我们想用文字来范围它的意义,这正像要把空气抓在手里似的:当我们去寻找文化时,它除了不在我们手里之外,它无所不在。"[①]

最早给文化下定义的是英国人类学家泰勒,他在《原始文化》中这样写道:"文化,就其在民族志中的广义而言,是个复合的整体。它包含知识、信仰、艺术、道德、法律、习俗和个人作为社会成员所必需的其他能力及习惯。"[②] 自此之后,关于文化的定义层出不穷,据说目前已达300多种。但是,关于文化的定义没有一种不

---

① 转引自殷海光:《中国文化的展望》,第26页,中国和平出版社,1988年版。
② 爱德华·泰勒:《原始文化》,连树声译,第12页,广西师范大学出版社,2005年版。

受质疑,没有一种堪称完备。这个事实表明,从范围上来界定文化恐怕永远不会完美,因为"文化如水",它处于不停地流动和变异之中。因此,与其对文化作范围式的定义,不如对文化进行更多维度的描述。如果硬要给文化划定一个范围,那么文化的内涵和外延就会变得越来越小,因为新的文化在不断地产生;如果对文化进行多维度的描述,那么对文化的认识就会越来越深刻。

就目前关于文化的所有定义中,不论哪一种定义都必然要涉及文化的物质和精神两个层面。正如季羡林所说:"凡人类在历史上所创造的精神、物质两个方面,并对人类有用的东西,就叫'文化'。"[①]钟敬文也认为,文化"包括人们所创造的物质的和精神的各种社会事物和现象"。[②]《现代汉语词典》(2012年第6版)对文化的定义是:"人类在社会历史发展过程中所创造的物质财富和精神财富的总和,特指精神财富,如文学、艺术、教育、科技等。"尽管有学者在物质文化和精神文化之外,又列出了诸如制度文化、风俗文化、社会文化等不同的文化形态,但从根本上讲都没有超出物质和精神这两个层面,或者说任何一种文化形态都可归于物质和精神两种文化形态之中。我们认为,凡是人类创造的一切看得见和看不见的物质和现象,都可称为文化,它是在一定的自然和社会条件下,并在长期的历史发展和社会实践中形成的物质成果和精神成果的总和。

---

① 季羡林:《东方文化知识讲座》,第2页,黄山书社,1988年版。
② 钟敬文、何兹全等:《东西方文化研究》(创刊号),第2页,河南人民出版社,1986年版。

这里，我们还必须引入一个和文化非常接近的概念，那就是文明。其实，文化与文明在内涵与外延上很多地方都是重叠的，尤其是到了近代，它们几乎成了同一语，文化即文明，文明即文化。然而，文化与文明不是没有一点区别，它们的区别主要表现在产生的时段上。文化是与人类一同产生的，当原始人打制出第一件石器，当原始人第一次使用工具采摘果子或着猎取到第一只野兽，当原始人第一次走出森林建造第一间哪怕是最简陋的房子，文化便产生了。在长达数十万乃至数百万年的原始社会中，人类创造了各种各样的文化，我们统称为原始文化。尽管原始文化在认识和改造自然方面的能力还比较低下，但它却是人类走向辉煌未来的基石，没有原始文化也就没有人类的成长与进步。

相比文化而言，文明的出现就晚了许多。一般认为，城市和文字的出现是人类进入文明时代的标志。美国人类学家基辛父子认为："没有城市，文明就很少有可能兴起。"[1] 恩格斯也曾经指出：人类"由于文字的发明及其应用于文献记录而过渡到文明时代"[2]。事实上，文明的出现是人类由原始社会进入阶级社会之后的事情，即使按照迄今发现的人类最早文字或城市来计算，人类文明产生的时间最长不超过一万年。

而且，文明的出现不是单线发展，而是多头并进的。在人类历

---

[1] 转引自阮炜：《文明的表现——对5000年人类文明的评估》，第53页，北京大学出版社，2001年版。

[2] 《马克思恩格斯选集》，第四卷，第21页，人民出版社，1972年版。

史上，世界上凡是有大河流经的地区几乎都有文明出现，如黄河文明、恒河文明、两河文明（幼发拉底河与底格里斯河）和尼罗河文明。由于高山和海洋的阻隔，这些文明形态产生之后的很长一段时期内，基本上都是相互独立地发展，只有进入"轴心时代"（公元前800年至前200年）之后，它们之间才开始有真正的交流。即便如此，各文明之间仍然保持着各自的传统和独特的形式，并相互保持着各自的优势。例如，中华先民早在7000年前就知道了丝，4000年前就掌握了丝的秘密，在之后的数千年间，丝绸一直是中国开展对外交流的重要媒介，并成为西方世界最奢侈的物品。然而，西方世界掌握缫丝技术却是很晚的事情。直到公元550年，东罗马帝国的皇帝尤斯提尼亚奴斯想在东罗马创建缫丝业，当时有两个伊朗僧人向他陈述，说他们在中国见过养蚕和缫丝过程。于是，东罗马皇帝就指使这两个伊朗僧人，要他们到中国想法把蚕种带到东罗马去。之后，两个僧人在出使中国时，就将蚕种偷藏于通心竹杖中带到东罗马进献给了皇帝，从此养蚕业才正式传入欧洲。[①]但是，这并没有影响中国丝绸向西方大量输入，事实上，陆上丝绸之路延续了一千多年，直到明代永乐皇帝逝世后，在中国的西北方向上采取守势，明朝的军事力量逐渐退入嘉峪关自保，此后陆上丝绸之路才真正衰落下来。

这个事实表明：不同文明之间的交流，只是一种相互丰富和补

---

① 何芳川等：《中外文化交流史》，第569页，国际文化出版公司，2016年版。

充,并不是从根本上去同化或者取代对方。西方并没有因为中国丝绸的传入,而立即掌握缂丝的技术;而西方拥有了缂丝技术,也并没有阻挡丝绸之路的继续延伸。因为不同的文明形态,是人类生活于其中的独特的空间组合,它是在特定的地理环境和人文环境中,并在相当长的历史时期内逐步孕育而形成的,具有较强的稳定性和传承性。

"世界因文化多元而丰富多彩,人类因文化差异而相互吸引。"① 在经济文化化、文化经济化的全球化时代,文化多元化的发展趋势日渐明显,各个国家、各个民族、各个地域都在用自己独特的文化来重新装束自己,国与国之间的文化交流也成了放大的地域文化之间的交流。其实,人类从来没有创造出一种亘古不变的、独自延续的、可以超越时空的普适性文化,文化总是处于一种互相影响、不断演进的复杂的互动过程之中;世界上也根本没有"大文化"、"总文化",只有地域文化,文化的根本价值只蕴含在它的地域性里。

(一)文化是一种独特模式

文化人类学家认为,每一种文化都有一种独特的模式,它体现了一种典型的文化个性,是文化外在呈现和内在结构的独特结合,这就是"文化模式",并在此基础上提出"文化圈"、"文化丛"等一系列相关概念。文化模式主要体现在文化圈中,也就是说不同的文

---

① 孙家正:《不断提高建设社会主义先进文化的能力》,载《文化研究》,2005年第2期,第4页。

化圈具有不同的文化模式。文化圈是指包含相似文化特质的地理区域,这个区域内的文化有其自身形成与发展的内在逻辑和独特的文化模式。因此,文化圈既具有文化学上的意义,又具有地理学上的意义。就世界而言,在古代的希腊、埃及、印度和中国,都分别形成了自己的文化圈,并形成了各具特色的文化模式。比如,同为戏剧艺术,西方戏剧注重模仿性,印度戏剧注重写意性,中国戏剧注重抒情性,它们的文化模式存在着明显的差异。就中国而言,历史上一直存在着南方文化与北方文化两个大文化圈,它们的文化模式也存在着明显的差异,北方草原文化的粗犷勇武与江南水乡文化的清秀空灵,在审美特质上存在着根本的不同。

文化模式是地域文化最显著的外部特征。美国人类学家博厄斯认为,人类的一切活动都可以通过某种形式具有审美价值。这种形式感体现在不同的文化圈中就是它的文化模式。从这个意义上讲,地域文化的价值首先体现在它独特的文化模式里。比如,在当前的旅游文化中,各个景区在打造自己的旅游品牌时,总想做到与别人不一样,总想寻找到一种独特的模式,避免产业同构、千城同调、千山同面,以此来彰显自己的文化个性,进而获取更多的经济效益。这种做法,正是注重了地域文化的形式感,也就是地域文化的文化模式。

文化模式的形成有其必然性和必要性,它是在相当长的时期内文化和环境达成的一种默契。按照英国历史学家汤因比关于民族文化"挑战与回应"理论,地域文化就是地域民族对其所生活环境所作挑战的一种回应。也就是说地域文化的文化模式和地域生态环境之间有一种很强的适应性,这种适应性可以满足人们的理解力,容易引起人们的想象力,从而构成一种独特的文化生态、文化链接。这是地域文化具有较强稳定性的根本原因。人类学家通过对文化模式的研究发现,尽管不同的文化圈具有不同的文化模式,但不同的文化模式完全可以表达相同的生存智慧、生活内容和审美理想,它们之间没有根本的对立,完全可以实现观念上的认同。

(二)文化是一种价值系统

如果说文化模式是地域文化的外部特征,那价值系统则是地域文化的内在属性。人类学家通过大量的田野调查发现,地域文化不仅具有独特的形式美,而且还有深厚的社会价值和精神价值,构成一个完整的价值系统。就中国而言,地域文化可谓星罗棋布,如慷慨悲歌、任侠好气的燕赵文化,崇德重法、德法兼顾的齐鲁文化,自强不息、厚德载物的河洛文化等,它们的价值系统都是显著而又独特的。

地域文化的价值系统是族群记忆的载体,是族群潜意识里的一种文化理想,是通过族群的长期共同努力创造出来的,体现了一种共同的价值取向。一个族群之所以千百年来能够保持一种超越时空的向心力和凝聚力、自尊心和自豪感,正是源自他们的价值共识。一个族群如果没有价值共识,外来的东西迟早会消解它存在的社会基础;一个族群只有通过对自身价值共识的不断强化,才能增强族群自身的文化认同。犹太人之所以精英辈出，正是源自他们嗜书如命、勤学上进，并坚信命运始终掌握在自己手里这种价值共识。只有弄明白了地域文化所特有的价值系统，才能找到地域文化的灵魂，才能理解历史上一些连绵不断的文化现象。比如，明清之际社会财富为什么会集中在三晋？近代以来华侨为什么会多出于岭南？中国革命史上的热血志士为什么以湖湘为之最？这与三晋文化纯朴诚实、守信重义，岭南文化义利兼顾、自主开放，湖湘文化经世致用、务实践履的文化品格紧密相连。正是地域文化所孕育的价值共识，才催生了这种独特的历史文化现象。

同时，地域文化的价值系统也为异质文化提供了反观和丰富的手段，从而使文化发生交流成为可能。"直接面对一个陌生的社会是学习相异的生活方式和反观自己文化的最佳前途。"[①] 只有真正认识并充分尊重地域文化的价值系统，才能从根本上消除文化上的"唯我独尊"和"远方异人"的观念，文化才能从有限的多元走向真正的多元。

（三）文化是一种生活方式

在全球化时代，各个地域在物质与技术层面上的差异正逐渐缩小，而在文化层面上的差异则被强调和放大，这说明地域文化愈来愈成为不同族群的身份象征。"一国居民的所有行为"，"和种族的差

---

① （美）博克：《文化震撼》，第4页，诺福公司，1970年版。

异无关","也不能归咎于种族遗传或所谓共同的人性"①,只能从他们的生活方式中寻找答案。马克思把"生活"作为人类的"第一个历史活动"②,指出"现代历史著述方面的一切真正进步,都是当历史学家从政治形式的外表深入到社会生活深处时才取得的"③。全世界的人每天都在吃、在住、在穿,但怎样吃、怎样住、怎样穿的差别却体现了民族的不同智慧,创造了独特的文化形态和民族传统。文化民族主义的首倡者、德国哲学家约翰·G·赫尔曾说:"每一个民族的表象方式都有深刻的特色,因为这是特色的,与其风土关系密切的、从其生活方式产生的,由其祖先那里继承来的。"④ 这说明,一个民族的文化总与这个民族的生活方式息息相关,有什么样的生活方式,就会产生什么样的文化形态。

文化模式论派的创始人本尼迪克特认为,文化之所以具有一定的模式,是因为各种文化有其不同的主旋律即民族精神。黑格尔也曾说过:"纯粹直观中的民族精神,就是在历史中所表现的普遍人性。"⑤ 这里的逻辑是,不同的文化模式蕴含着不同的民族精神,但它们都反映着普遍人的人性,在本质上表达了人类的共同诉求。民族性才是文化的主要特征,多样性才是人类文化发展的根本趋势。正

---

① (美)玛格丽特·米德:《萨摩亚人的成年》,第3页,商务印书馆,2008年版。
② 季羡林:《东方文化知识讲座》,第2页,黄山书社,1988年版。
③ 《马克思恩格斯全集》,第12卷,第450页,人民出版社,1962年版。
④ 李秋零:《德国哲人视野中的历史》,第150页,中国人民大学出版社,1994年版。
⑤ 转引自何新:《论中国历史与国民意识》,第5页,时事出版社,2002年版。

如亨廷顿所说:"在未来的岁月里,世界上将不会出现一个单一的普世文明,而是将有许多不同的文化和文明相互并存。"①只有先承认这个前提,再去谈文化及文化交流才会有意义,否则就会陷入文化霸权主义或民族虚无主义之中。

二、什么是文化交流

文化交流是以文化为载体,发生在具有不同文化背景的国家、族群(指由共同语言、宗教、信仰、习俗、世系、种族、历史和地域等方面的因素构成的社会文化群体)②和个体之间的一种交流活动。下面,分别从类别、层次、方式三个方面对文化交流进行解读。

(一)文化交流的类别

根据交流对象的不同,文化交流可以分为对内文化交流和对外文化交流。

对内文化交流是指发生在一个主权国家内部之间的文化交流活动。例如,中华民族是由56个不同的民族组成的一个族群,在长期的历史发展中,这56个民族共生共存,虽然他们拥有各自的文化传统,但彼此之间能够相互尊重、相互吸收,共同构成了中华文明。由于不受政治疆界的限制,对内文化交流发生的频率较高,组织实

---

① 亨廷顿:《文明的冲突》(中译本序),周琪译,新华出版社,2002年版。
② 《现代汉语词典》(第6版),第1737页,商务印书馆,2012年版。

施起来也相对容易。

对外文化交流是指发生在不同主权国家之间的文化交流活动。据文字记载和考古发现，成书于公元前1792—1750年间的古代巴比伦王国的《汉谟拉比法典》中，就曾记载到国外去购买奴婢的规定。[①] 在四川三星堆文明遗址中，出土了5000多枚海贝，经鉴定全部来自印度洋，而且出土的"三星堆人"高鼻深目、颧面突出、阔嘴大耳，耳朵上还有穿孔，不像中国人，倒是很像"老外"。因此，一些考古学家认为，三星堆文明可能起源于异域。不管这种说法是否真实，但有一点可以肯定，三星堆高度发达的文明形态应是多种文化交流的产物。这些事实说明，人类在很早的时候就发生了远距离的文化交流，对于人类来说，文化交流可谓无处不发生、无时不存在。

在中国古代，对外文化交流的成功案例有很多。例如，世人都熟知的玄奘印度取经、鉴真东渡讲学、法显南亚之行、郑和七下西洋等，都取得了光耀千秋的巨大成就，不仅使他们成了传播中华文化的伟大使者，同时也极大地促进了东西方文化的交流。但是，这里需要说明的是，尽管他们倾其毕生精力，去致力于人类的文化交流，但由于受历史条件的限制，他们的交流还只局限在某些地域或某些领域，还不是真正世界意义上的文化交流。不仅在中国如此，在世界范围内也是如此。其实，在（公元）1500年之前，人类之间

---

① 关世杰：《跨文化交流学》，第3页，北京大学出版社，1995年版。

的文化交流只局限于欧亚大陆之间,"正是欧亚大陆,构成了世界历史的'中心地带'。它占有世界陆地的五分之二,囊括世界人口的十分之九,是人类最早、最先进文明的发源地。(公元)1500年以前的世界历史实质上是欧亚大陆的历史。只有欧亚大陆,才存在各民族、各文明之间的巨大的、持续的相互影响"①。

真正对世界产生深远影响的文化交流是发生在(公元)1500年前后的地理大发现——哥伦布发现美洲、达·伽马开辟绕非洲到东方的新航路、麦哲伦完成环球航行。之所以这样说,是因为"(公元)1500年以前,人类基本上生活在彼此隔绝的地区中。各种族集团实际上以完全与世隔绝的方式散居各地。直到(公元)1500年前后,各种族集团之间才第一次有了直接的交往。从那时起,它们才终于联系在一起,无论是南非的布须曼人、有教养的中国官吏,还是原始的巴塔哥尼亚人"②。也就是说,地理大发现之后,人类才真正进入了马克思提出的"世界历史"阶段,人类彼此之间的交流又加速了这一历史的进程。从此,世界上再没有哪一个民族,可以掩盖住自己神秘的面纱,为了生存他们必须把自己展示给世界,必须通过交流去丰富和更新本民族的文化内容和文化形态,也就是说不论他们是否愿意,都必须去和世界上一切民族发生交流,并学会理解、

---

① (美)斯塔夫里阿诺斯:《全球通史——1500年以后的世界》,吴象婴等译,第13页,北京大学出版社,2006年版。

② (美)斯塔夫里阿诺斯:《全球通史——1500年以后的世界》,吴象婴等译,第11页,北京大学出版社,2006年版。

尊重、包容其他一切民族的文化模式和文化精神。正如马克思所说："它使每个文明国家以及这些国家的每一个人的需要的满足都依赖于整个世界，因为它消灭了以往自然形成的各国的孤立状态。"①

经过数百年的发展，如今人类居住的星球已变成了一个"地球村"，我们足不出户，就可以感受南极中山站上升起中国国旗的庄严时刻，就可以观看北极爱斯基摩人狩猎的动人场面，就可以欣赏非洲土著人充满野性的原始舞蹈；同时还可以通过各种媒介，领略海底世界的变幻莫测、太空深处的神奇瑰丽以及微观世界的诸多不可思议……这一切都源于人类的文化交流，它让我们充分享受到现代文明的结果。遥想1784年2月22日，美国第一任总统华盛顿派出"中国皇后号"商船，航行188天于1784年8月28日才到达广州的黄埔港，而今天坐上飞机不间断飞行十几个小时，即可完成这一任务。"地球村"时代，世界对于个人来说，空间变大了，距离缩短了。这就为人类进行文化交流提供了更多的便利，也预示着一个在文化上"多元一体"的世界格局将会最终形成。

（二）文化交流的层次

根据交流的主体不同，文化交流可分为三个层次，即国家交流、族群交流和个体交流。

---

① 《马克思恩格斯选集》，第一卷，第67页，人民出版社，1972年版。

1. 国家与国家之间的国际交流

在人类迄今为止的大部分时间里，文化交流主要是一种国家行为。特别是在生产力不发达的时代，没有国家的支持，单凭个人的力量是无法跨越万水千山去开展文化交流的。古往今来，以国家为主体开展文化交流的例子很多，中国汉代与其他国交流，唐代日本向中国派出大批的"遣唐使"，以及近代俄国亚历山大改革和日本的明治维新等，都是典型的以国家为主体的文化交流活动。

中国西汉时期，为了加强对外文化交流，大汉帝国专门派使者携带大量的丝绸分别前往从未到达的国家开展交流活动，一直抵达当时的安息帝国（今伊朗）。安息帝国听说汉朝的使节要去访问，国王特派两万大军前往边境迎接，之后又派使节回访汉朝。这种交流活动，不仅促进了中华文化的西传，而且也使大汉帝国的威名远扬。此后，丝绸之路沿途各国纷纷与汉帝国建立友好关系。

2. 族群与族群之间的群际交流

人类进入近代之后，由于科技的发展，航海技术有了巨大的进步，这为人类的文化交流提供了更大的便利。除了国与国之间的文化交流之外，一些组织为了达到一种特殊的目的，或者受一个主权国家的支持，也开始进行全球范围内的文化交流活动。这其中，最成功的莫过于以利玛窦为首的传教士将西方的科学技术传入中国，并将中国文化介绍到欧洲。他们虽然是一个社会组织，但他们对中西文化交流起到了至关重要的作用。

1582年，意大利传教士利玛窦来到中国，他是第一个来华的西方传教士，之后大批的传教士接踵而来。从此，西方的科学技术开始系统地向中国传播，特别是当时西方的数学和天文学方面的成就，为明代"停滞"的科学注入了新的活力，使得中国人重新审视传统科学，导致中国传统科学的复兴。他们在大规模向中国翻译西方科学著作的同时，也向西方翻译和介绍中国的文化，促进了欧洲学术界对中国文化和科学的了解。清朝建立后，西方传教士受到清朝最高统治者的重视，康熙皇帝甚至还拜比利时传教士南怀仁为数学老师。在南怀仁的呼吁下，1688年法王路易十四还派遣洪若、白晋、张诚等首批"国王数学家"携带30箱科学仪器和书籍到中国传教，同时还进行天文观测，调查中国的动植物和技艺，并促成康熙皇帝与路易十四通信。[1]正是在这个时候，中国文化通过西方传教士第一次开始系统地传入欧洲，并被欧洲众多的启蒙思想家所接受。例如，法国的"启蒙思想泰斗"伏尔泰就特别推崇孔子，他甚至认为孔子的"己所不欲，勿施于人"的思想，"与牛顿地心吸引力原则同样具有普遍性"。同时，他著的《风俗论》一书系统地介绍了中国的历史、法律、宗教、科学、哲学等内容，还把中国的元杂剧《赵氏孤儿》改编为《中国孤儿》在法国公演，广泛传播了其对中国道德文明的看法。

---

[1] 何芳川等：《中外文化交流史》，第103页，国际文化出版公司，2016年版。

3. 个体与个体之间的人际交流

在人类文化交流史上，不管是国家之间的交流还是族群之间的交流，最终还都必须通过个体的交流来完成。因此，不论这些个体是否得到国家和族群的支持，但他们所从事的文化交流事业最终都会融入国家与国家、族群与族群的交流之中，他们的命运最终也将会与国家和族群的命运紧密地联系在一起。例如，南亚之行的法显不仅是东晋时期的著名高僧，还是第一个到达美洲的人。399年，已经65岁的法显，从长安出发去印度寻找佛教的戒律。412年8月，他从斯里兰卡乘中国商船返回广州，途经南海时遭遇风暴，船改变方向向东漂流105日，到达今天墨西哥南部的西海岸，并于次年5月又乘船向西漂流115日，于413年9月回到中国山东青岛的崂山，这一壮举比哥伦布到达美洲整整早了10个世纪。而且法显在旅途中所写的笔记记录了他艰难的漂泊过程以及大海诡异的气候变化和众多奇特的海洋生物，对后世研究地球演变和生物进化都有巨大的参考价值。同时，他追求真谛、舍身求法的壮举彰显了人类勇往直前的探索精神，上演了中国版的"老人与海"的故事。[①] 唐代扬州大明寺主持鉴真和尚，应日本遣唐僧人的请求，经过11年的努力，遭受5次失败，付出双目失明的代价，第6次经过在大海上漂流30多天，终于在753年到达日本。他不仅在日本讲授佛学理论，同时还传播博大精深的中国文化，促进了日本佛学、医学、建筑等多个领域水

---

① 连云山：《谁先到达美洲》，中国社会科学出版社，1992年版。

平的全面提高，受到中日人民和佛学界的尊敬。

无独有偶，在鉴真东渡日本弘法之时，日本也派遣大批留学生到中国学习。例如，唐代日本遣唐使阿倍仲麻吕，19岁时（公元717年）被日本政府选为留学生，随日本第九次遣唐使团来中国学习，后经过自己的勤学苦读，参加唐朝科举考试，以优异成绩考中进士，成为日本留学生中唯一考中进士的人。之后，阿倍仲麻吕开始在唐朝廷内做官，历任左补阙、左散骑常侍、镇南都护等职。唐玄宗对其非常赏识，还特地赐他一个中国名字"晁衡"。阿倍仲麻吕在中国生活了54年，不仅深入地学习中国文化，而且与当时著名诗人如李白、王维等结下了深厚友谊，对中日之间的文化交流做出了杰出的贡献。753年，阿倍仲麻吕随日本第十一次遣唐使团回国时，他的中国友人为他举行了盛大的告别宴会，王维即席写下名篇《送秘书晁监还日本并序》，诗中写道："积水不可极，安知沧海东。九州何处远，万里若乘空。……乡树扶桑外，主人孤岛中。别离方异域，音信若为通？"①表达了他们之间的深情厚谊，以及别后的无尽思念。阿倍仲麻吕在回国途中遭遇风暴，当李白听说他遭遇海难的消息后，悲痛万分，并写下了《哭晁卿衡》一诗："日本晁卿辞帝都，征帆一片绕蓬壶。明月不归沉碧海，白云愁色满苍梧。"②在诗中，李白将阿倍仲麻吕比喻成明月，以象征阿倍仲麻吕的高洁品质，并寄托了自己无限的惋惜和哀愁。可见阿倍仲麻吕在李白心中有着

---

① 《全唐诗》，第127、184卷。
② 《全唐诗》，第127、184卷。

多么高的位置,他们的友谊不仅是盛唐文坛的佳话,也是中日友好交流的有力见证。

(三)文化交流的方式

根据交流主体对交流所采取的态度和手段,文化交流可分为和平式交流和暴力式交流。文化交流的方式可谓多种多样,大到国家使团的正式出访,小到边境贸易中普通民众的物物交换,可以说多到无法穷尽,但概括起来,无外乎两种:即和平式交流和暴力式交流。"当两大文明或两种文化体系相遇时,无论是采取征服的方式、文化掠夺的方式,还是相互尊重、影响的双向流程方式,都是文化交流。"[①]

和平式交流是人类文化交流的主流,而且在古代社会,人类之间的文化交流往往是伴随着远程贸易而展开的。唐代诗人张籍曾写过一首《凉州词》,其中写道:"边城暮雨雁飞低,芦笋初生渐欲齐。无数铃声遥过碛,应驮白练到安西。"这首诗描写了唐代丝绸之路上,在大雁低飞、芦笋初生的初春时节,虽然还是春寒料峭,但那些为了追寻利润、不顾旅途艰辛的商人们,已牵着负载着丝绸等商品的骆驼开始了他们的远行。从凉州到安西,不仅路途遥远,而且中间还横亘着浩瀚的沙海,但这丝毫没有阻挡住两地的交流,而且诗人用"无数"一词作了强调,这说明当时丝绸之路上的驼队之

---

① 何芳川等:《中外文化交流史》,第20页,国际文化出版公司,2016年版。

庞大、运输之频繁。其实，丝绸之路上的驼队运载的不仅仅是丝绸，更是中原和西域的古代文明，在那悠远的驼铃声中，不同文化奏出了交流融汇的绝响。

再看现代诗人徐志摩的名作《再别康桥》。康桥就是英国著名的剑桥大学所在地，1920年至1922年，诗人曾在此留学，1928年徐志摩重游康桥，在回国的船上写下了这首诗。全诗以离别康桥时的感情起伏为线索，抒发了对康桥依依惜别的深情。诗人用虚实相间的手法，描绘了一幅幅流动的画面，构成了一处处美妙的意境，将诗人对康桥的爱恋、对往昔的回忆、对离愁的伤感表现得真挚而又浓烈。特别是诗的开头"轻轻地我走了，正如我轻轻地来；我轻轻地招手，作别西天的云彩"，和诗的结尾"悄悄的我走了，正如我悄悄的来；我挥一挥衣袖，不带走一片云彩"，前后呼应，表达了诗人对康桥的眷恋与珍爱。那么，诗人为何对康桥如此眷恋，眷恋得他宁愿做康河里的一条水草？他又为何对康桥如此珍爱，珍爱得不舍得带走一片云彩？因为徐志摩认为，在康桥三年的学习生活是他一生的转折点，在康桥那宁静而美好的环境里，他学到了一生中最宝贵的东西。他曾经自述说，在他24岁以前，他对艺术的感觉远没有对相对论和契约论那么热烈，是康河的水开启了他诗人的心灵。与其说这首诗是诗人天才的艺术创造，不如说它是中西文化交流的杰作，正是康桥独特的地理环境和人文传统，烛照了诗人的整个心灵，唤醒了他的艺术灵感，让他的身心都完全融入其中。正如他后来所说，他的眼是康桥教他睁开的，他的求知欲是康桥给他拨动的，他的自我意识是康桥给他启蒙的。

但是，在人类历史上，文化交流不总都是以和平的方式出现，相反，很多时候都是以暴力的方式进行的。初唐诗人李颀在《古从军行》中写道："年年战骨埋荒外，空见蒲桃入汉家。""蒲桃"即现在的葡萄，是汉代从西域引进的，当时汉武帝命令把它种在离宫别馆之旁，弥望皆是。这里，诗人是在讽刺汉武帝的好大喜功，牺牲那么多人的性命，仅仅换来一些葡萄而已。①我们再看盛唐诗人王翰的《凉州词》："葡萄美酒夜光杯，欲饮琵琶马上催。醉卧沙场君莫笑，古来征战几人回。"②这是一首有名的边塞诗，描写了一位即将奔赴边疆的战士与朋友豪饮告别的场面，诗人用"谐谑"的口气，表现了战士豪爽开朗的性格，同时也是盛唐文人渴望建功立业、追求青史留名的豪迈之情的自然流露。其实，这首诗的背后正暗含着一种暴力式的文化交流。诗的前两句描写了一幅五光十色、琳琅满目、酒香四溢的盛大筵席，并且还有美妙的音乐伴奏，充满一种热烈昂扬的气氛。而其中的葡萄酒、夜光杯、琵琶，样样都是从西域引进来的，样样都与文化交流有着密切的关系。但是，这种美好的场面却是昙花一现，一个"催"字突出了战争的紧迫性，让人物的情感急转而下，注定眼前的美景只能预示着一个惨痛的结果，鲜活的生命很有可能从此就埋骨荒外，再也回不到自己的故园。

战争促进文化的交流主要是通过人口的迁徙来完成。例如，中

---

① 《唐诗鉴赏词典》（新一版），第116—117页，上海辞书出版社，2013年版。
② 《唐诗鉴赏词典》（新一版），第414—415页，上海辞书出版社，2013年版。

国在战国、秦汉、魏晋之际,大批中国人为躲避战乱,通过朝鲜半岛迁徙到日本,并将先进的文化及生产工具带到日本,形成中国第一次向日本的移民高潮。4—5世纪,中国北方经历了"五胡十六国"的长期混战,又有大批中国人向日本迁徙,形成了中国第二次向日本移民的高潮,并促进了日本迈进文明社会的门槛。在中国,中原人的五次大规模南迁,皆因战争所起,他们将中华文化的母体——河洛文化带入江浙及岭南的广大地区,而且还形成了一个特有的族群——客家人,后来又随着客家人向南洋及世界各地迁徙,他们又将河洛文化带到了世界各地。

  战争也可以直接促进文化的交流,这样的例子很多。东方文化中的很多东西都是通过战争才传到欧洲的。例如,在7世纪之前,欧洲人在战争中只把马匹当作运输的工具,士兵通常是骑着马到达指定的作战地点,然后再下到陆地上进行攻击。然而,随着阿拉伯骑兵骑着有马镫的战马踏上欧洲的土地,欧洲的法兰克人和日耳曼人最先学会了使用马镫,从此他们的双手从马背上解放出来,他们可以轻松自如地在马背上挥舞兵器进行作战。从此,欧洲才有了真正意义上的骑兵。在之后的几个世纪里,欧洲不仅形成了一个特定的阶层——骑士阶层和特定的制度——骑士制度,而且还形成让欧洲津津乐道的"骑士精神"和"骑士文化"。特别是教皇在几百年的时间里,发动了数次大规模的十字军东征,"骑士精神"更是被无限制地夸大,在中世纪的欧洲文学里骑士文学曾经风靡一时,直到西班牙塞万提斯的《堂吉诃德》的出现,欧洲的骑士文学才逐渐销声匿迹。一个小小的马镫竟造成了一种绵延数百年的文化现象，这充分说明了文化交流的威力。

再如，中国四大发明中的印刷术和火药的西传就是由一场战役来完成的。公元751年7月，阿拉伯阿拔斯王朝呼罗珊总督艾布·穆斯林应当时中亚石国（今塔什干）王子之求，派军与唐朝安西四镇节度使高仙芝会战于中亚怛罗斯（今哈萨克斯坦境内），结果唐军惨遭大败。就在这场战役中，阿拉伯人俘虏了一些擅长造纸的中国士兵，从此造纸术便传入了阿拉伯国家。794年，巴格达便有第一家造纸厂；900年，埃及也有了造纸厂；1100年和1150年，摩洛哥和安达卢西亚（今西班牙）也先后创办了造纸厂；接着又从西班牙传入意大利和法国，之后逐渐传遍了欧洲。无独有偶，中国火药的西传也缘于一场战争。1260年，埃及马穆鲁克王朝的开国君主巴伯尔斯与蒙古的西征军在叙利亚遭遇，就在这次战役中，埃及人缴获了蒙古人使用的先进武器——用火药装备的各种热兵器，有火枪、火炮、炸雷等。从此，中国的火药开始传入西亚各国。14世纪，埃及人开始仿造中国的火器，并研制出更加先进的可以发射铁丸的火器和可以发射大炮弹、射程更远的钢炮。火药和火器后经摩洛哥传入欧洲，并很快被广泛地使用。16世纪葡萄牙殖民者第一次来到中国时，就带着"铳声如雷"、"炮声般地"的先进火器到火药的故乡耀武扬威，这不能不说是中华民族的切肤之痛。①

---

① 何芳川等：《中外文化交流史》，第78页，国际文化出版公司，2016年版。

三、文化何以能发生交流

文化之所以能够发生交流,不是哪个人或哪个组织强加给它的任务,而是由文化自身的性质所决定的,也就是由文化本身的客观属性所决定的。那么,文化的什么属性会让它发生交流呢?

(一)文化具有流动性

文化的流动性是指一种文化产生之后,它会自觉地或不自觉地向其他地方传播。国学大师季羡林说过:"文化有一个很突出的特点,就是文化一旦产生,立即向外扩散,也就是我们常说的文化交流。"[①] 这说明只要有文化产生,便会有文化交流。文化之所以会流动,是因为不同类型的文化之间存在势差,正如水会从高处向低处流动一样,所以才说"文化如水"。文化流动的基本趋势是从先进的文化,也就是势差较高的文化,向相对落后的文化,也就是势差较低的文化流动。这样的例子非常多,在中国历史上,像战国时期赵武灵王推行胡服骑射、北魏时期孝文帝推行的汉化改革,在世界历史上,像日本的明治维新、中国的洋务运动等,都是高势差文化向低势差文化流动的典型。

然而,文化的流动并不总是从高势差文化流向低势差文化,很多时候都是相互流动。例如,唐代中日之间文化交流,主要是日本

---

① 季羡林、张光林编选:《东西方文化议论集》(上)(总序),第5页,经济日报出版社,1997年版。

向唐代学习，但在某些方面日本也有独到之处，即便是唐代文化对日本文化占据压倒性优势的情况下，日本文化也向唐代输出。日本平安时代（794—1192年）初期，在唐朝文化的熏陶影响下，日本成长起一批著名的学者和诗人，如菅原道真、纪长谷雄、桔广相、都良香等，他们出版的诗集开始向中国输入并在中国广泛流传，同时日本人撰写的汉文书籍、日本能工巧匠制作的器具也开始向中国回流。①

（二）文化具有扩散性

文化的扩散性是指一种文化以它的原生地或迁移地为中心，呈放射状向周边和远方传播。正如黑格尔所说："传统并不是一尊不动的石像，而是生命洋溢的，有如一道洪流，离开它的源头愈远，它就膨胀得愈大。"（黑格尔《哲学史讲演录·导言》）。文化的扩散有两种：一种是扩展式扩散，即一种文化以一个核心地区为中心，不断地向周围扩散，使得接受这种文化的人越来越多，传播这种文化的地区越来越广。例如，唐朝时期汉文化对整个东亚地区的影响就是文化的扩展式扩散，当时的日本、朝鲜、越南等国都属于汉文化圈，他们不仅学习中国的制度，并且还一直使用中国的汉字，朝鲜到15世纪才有了自己的文字，越南到19世纪才有了自己的文字，至于日语中的很多文字干脆就直接来源于汉字，只是改变了读音，

---

① 何芳川等：《中外文化交流史》，第225页，国际文化出版公司，2016年版。

意思完全不变。汉文化对上述地区的影响可谓根深蒂固，如今天的韩国人每个人的身份证上都印着一个中文名字，越南的大学生毕业后先去拜孔子，而且越南现在还保留国学研究院，专门研究中国曾经普遍使用的文言文。另一种是迁移式扩散，即一种文化以人为载体，从一个地方长距离地被带到另一个地方，然后以新地方为中心，再向周围扩散。最典型的就是客家文化，它从中原出发一路向南，由江西进入福建和岭南，再由福建和岭南进入台湾和东南亚，进而传播到世界各地。可以说，哪里有客家人，哪里就有客家文化。

（三）文化具有适应性

文化的适应性是指当两种不同文化之间的冲突不可避免时，双方都会在某些层面做出妥协和让步，以便能够接受对方。例如，佛教传入中国后，为了适应中国的文化传统，它就做出了许多调整，融合了许多中国文化的元素，产生了中国式的佛教，如禅宗等。同时，文化的适应性也表现在个体上，《礼记》中有一句话"入境而问禁，入国而问俗"，这句话很好地说明了个体的文化适应性，一个人到一个新的环境或国度里，要想很好地生存下去，必须了解人家的制度和风俗。

历史上，文化适应性最好的人莫过于三国时期蜀国后主刘禅（小名阿斗），他被魏国劫持到洛阳后，整天吃喝玩乐，于是就有了"乐不思蜀"这个成语。难怪司马懿看到刘禅后不无感慨地说，不要说是姜维，就是诸葛亮在世，也很难把他扶起来，所以后人又常常把那些缺少斗志的人说成是"扶不起的阿斗"。但是，也有文化不适应的例子，唐朝诗人杜牧在一首《遣怀》诗中写道："落魄江湖载酒行，楚腰纤细掌中轻。十年一觉扬州梦，赢得青楼薄幸名。"杜牧曾经在扬州为官，但他总结这一段人生时却说，十年的扬州生活就像一场梦一样，最大的成绩就是玩了几个小姐而已。扬州是唐代江南最繁华的地方，也是无数文人才子向往的温柔之乡，他们在扬州纵情声色，乐而忘返。但是，杜牧没有那样做，他虽然也曾经寄情青楼，但他内心始终认为那不是他追求的人生目标，因为他心中有远大的政治抱负。其实，杜牧写这首诗是带着调侃的口气，带着悔恨和自责的心态，在回忆扬州歌舞升平的生活时，并没有忘记自己心中的宏伟目标，遗憾的是，病入膏肓、气数已尽的大唐帝国再也无法给他提供展示文韬武略的平台，他只好把旷世才情寄托于青楼罢了。

（四）文化具有维稳性

文化的维稳性是指任何一种文化在受到另一种文化冲击与挑战时，总会本能地对自身做出保护，也就是帕森斯提出的"文化维模"原理。文化的维稳性也是促进文化交流的一个因素，因为这种维稳性会使一种文化对另一种文化保持着较强的吸引力和神秘感，这自然会在某些方面形成一定的文化势差。文化的维稳性还是维持文化的传承性、民族性及文化安全的前提和保证，一种文化只有保持着一定的稳定性，它才能在一个固定的谱系中传承，才能成为一个民族的身份象征。如果一种文化失去了稳定性,它不仅不可能有序地传承,而且迟早会被其他的文化所同化,也就谈不上什么文化安全了。

例如,中国文化中的故乡情结,文人笔下的游子形象,无不彰显着他们身上承载着的原乡文化,同时也体现出他们对原乡文化的坚守与保持。在中国古典诗词中有一个写不完的永恒主题,那就是对故乡的思念,如"日暮乡关何处是?烟波江上使人愁"、"马上相逢无纸笔,凭君传语报平安"、"不知何处吹芦管,一夜征人尽望乡"、"故乡今夜思千里,霜鬓明朝又一年"、"可堪孤馆闭春寒,杜鹃声里斜阳暮"、"夕阳西下,断肠人在天涯"……这样的诗句可以找出很多很多。他们都指向一个地方,那就是他们心中眷恋的故乡。这是文化维稳性在个体身上的体现。

同时,文化的维稳性还表现在一个群体、一个民族身上。在中国两千多年的封建社会中,汉文化始终表现出超强的维稳性,虽然这期间中国屡次三番地遭受强敌入侵,但汉文化作为中国主流文化的地位始终没有动摇。1860年之前,世界列强妄想彻底灭亡中国,至少像印度那样完全把中国殖民化。但在实践中,列强发现中国文化具有强大的凝聚力和稳固性,特别是太平天国运动,从普通民众身上爆发出排山倒海的力量,让列强看到世界上没有哪一个国家、哪一个民族能够从文化上真正征服中国。所以,列强在火烧圆明园之后,就迅速地与中国的封建统治阶级联合起来,共同去镇压太平天国,并采取各种手段,让封建统治阶级成为他们在华的代言人。

所以，从 1860 年之后，中国就逐步沦为半封建半殖民地社会，封建统治阶级实际上已经成为世界列强统治中国的工具。

（五）文化具有回溯性

文化的回溯性是指一种文化传播到另一个地方，经过变异发展之后又重新回到它的发源地。被称为近代中国第一个睁眼看世界的思想家魏源曾提出"师夷长技以制夷"的思想，意思是说我们要先学习西方的先进科技，特别是西方的坚船利炮，然后再去抗击西方的侵略。其实，西方列强打开近代中国大门的利炮正是从中国学走的。据说，1860 年列强侵入北京火烧圆明园时，在某一个尘封的军火库里，发现了一批明朝留下来的从未使用过的火炮，他们打开包装之后惊愕地发现，那批 200 多年前的火炮竟然一点也不比他们当时使用的火炮差。再如，古代中国的瓷器经丝绸之路大量地运往伊朗，在伊朗各地几乎都有中国瓷器出土，至今伊朗人仍把瓷器叫作"秦尼"，波斯语意思是"中国的"或"中国新产品"。中国的瓷器传入伊朗之后，带动了伊朗陶瓷业的兴起和发展，伊朗结合本国的情况加以改进，烧制出具有鲜明民族特色的陶瓷器，之后又反过来影响到中国陶瓷业的发展。有些专家认为，中国陶瓷工艺在釉里加入珐琅质技术就是从伊朗传入的。

再有一个例子，公元 8 世纪中叶之后，随着阿拉伯帝国逐步进入鼎盛时期，阿拉伯人一方面将从叙利亚、君士坦丁堡、西西里岛等地搜罗到的大量希腊、罗马古籍汇集到巴格达，历时百年将其全部翻译成阿拉伯文,一方面又不断地学习、吸收、借鉴古埃及文化、古巴比伦文化、古希腊文化、古罗马文化等其他文化,将其融入自己的文化之中发扬光大。因此,阿拉伯文化既是对人类一切优秀文化的继承和综合,又是对人类文化的创新和发展。正如后世学者所指出的那样:"沙漠里出生的阿拉伯人闪现出对知识的强烈渴望。黄金和宝石的财富,比起他们在学问上的成就,那是微不足道的。这无论在哲学、自然科学方面都是如此。数十年来,阿拉伯学者通过对数世纪作品的翻译成了文化巨匠。在知识领域里,他们不愧为希腊与波斯文明的真正继承人。"[1] 而12世纪以后的欧洲人,正是依据阿拉伯文等译本,把柏拉图、亚里士多德等人的哲学和科学著作又重新翻译成拉丁文或欧洲其他文字。正如希提在《阿拉伯通史》一书中指出的那样:"阿拉伯人所建立的,不仅是一个帝国,而且是一种文化。……他们把其中的许多文化影响传到了中世纪的欧洲,遂唤醒了西方世界,而使欧洲走上了近代文艺复兴的道路。中世纪时代,任何民族对于人类进步的贡献都比不上阿拉伯人和说阿拉伯语的各族人民。"[2] 所以说,西方文明形式上是起源于古希腊,实际上是起源于阿拉伯,或者说,是希腊文明经过到东方的一番游历之后又重新回到了西方。

---

[1] (巴基斯坦)赛义德·菲亚兹·马茂德:《伊斯兰简史》,吴云贵等译,第113页,中国社会科学院出版社,1981年版。

[2] (美)希提:《阿拉伯通史》,马坚译,第2页,商务印书馆,1979年版。

四、制约文化交流的因素

制约文化交流的因素有很多,但最主要的有四种,即地理环境、政治动因、综合国力和文化品格。

(一)地理环境

地理环境是指一个区域内的地理位置以及与此相联系的各种自然条件的总和,包括气候、土地、河流、湖泊、山脉、矿藏以及动植物资源等。在古代社会,由于生产力水平低下,人类在自然面前基本上是俯首听命,人类的一切活动都受到自然的极大制约。文化交流也不例外,特别是在人类的童年时代,山川、河流、大海、荒漠、气候等自然条件是横亘在人类之间的天然屏障,成为制约人类文化交流的首要因素。在汉语言系统中,有"千里迢迢"、"关山难越"、"望洋兴叹"之类的词语,它从语义上直接反映了古代人们出行的不易和交流的艰难。

地理环境对文化交流的影响首先表现在,它将地球分割成许多相对封闭的物理空间,而居住在某个空间里的人们,不仅很难突破这个空间的疆界,同时,也使生活在这个空间里的人们形成了安于这个空间的自给自足的生活观念。非洲大陆至今仍是这个世界上最不发达的地区,那些最落后、最贫穷的国家几乎都集中在非洲,特别是处于撒哈拉地区的西部非洲,其贫穷程度与世界上最发达的地区相比,用天壤之别来形容一点也不过分。造成这种局面的原因很多，但其中重要的一条就是非洲大陆自古就缺少与外界的文化交流。而形成这种闭塞的主要原因，就是非洲独特的地理环境所造成的。第一，非洲大陆四周被大西洋、印度洋、红海、地中海所包围，加上大陆绝大部分的块状地形造成海洋线平直，既缺少岩石海岸和天然良港，又没有近海岛屿，不利于船舶停靠，因此非洲大陆的海洋交通比起其他大陆要不发达得多；第二，非洲大陆上的河流落差极大，多险滩密布，不利于舟楫通航，阻断了海船从河口进入内陆的航道；第三，非洲大陆北部横亘着东西长5600公里，南北宽1600公里，面积几乎占非洲大陆总面积1/4的撒哈拉沙漠，它阻断了北面地中海文明的触角向南延伸，又使在东非沿岸登陆的亚洲文明难以向西纵深发展；第四，非洲西海岸一年四季南风劲吹，它使得北部沿海居民自古以来就难以克服季风驾船南行。[①]正是浩瀚的海洋和茫茫的沙漠，造成了非洲大陆相对封闭的地理环境，它既不利于非洲开展洲际之间的文化交流，也阻碍了非洲内部各地区之间进行文化交流。正因如此，广袤的非洲大陆在很长的历史时期内，不仅与其他大陆几乎处在隔绝的状态，而且大陆内部也缺少不同文化的交流与碰撞，导致非洲大地在相当长的时期内，基本上是"一潭吹不起涟漪的死水"。

地理环境对文化交流的另一个影响是，它为人类设置了许多天然的障碍，在科学技术和交通工具还不发达的古代社会，人类很难

---

① 何芳川等：《中外文化交流史》，第647—648页，国际文化出版公司，2016年版。

逾越这些障碍。有人说，人类对地球的了解还不如对月球的了解多，不管这种论断是否科学，但它说明一个事实，那就是地球上还有很多地方人类并不了解。高耸的雪山，茫茫的大海，渺无人烟的地球两极，一直是人类生命的"禁区"。人类要想到达这些地方，不仅要有巨大的探索勇气，还必须依靠一定的工具。可以说，人类所能到达的疆域，与科学技术是成正比的。

16世纪之后，随着地理大发现和新航路的开辟，欧洲对中国的认识和了解更加地明朗。但此时，欧洲与中国的交往主要控制在西班牙和葡萄牙人手中，他们通过耶稣会士和商人，不仅控制着与中国的贸易，也主导着与中国的文化交流。而经过宗教改革并形成民族国家的英国对此十分不满，并试图通过开辟一条新的道路到达中国。1553年，英国"商业探险者协会"在英国政府的支持下，派出了一艘以休·威洛比为船长的探险船沿挪威海驶入北冰洋，向北寻找通往中国的航道。结局可想而知，凭借当时的航海技术，根本无法通过北冰洋，最后包括休·威洛比船长在内的全体船员全部葬身北冰洋，英国人第一次寻找通往中国的航道就这样以悲壮的结局告终。但是，英国人寻找通往中国航道的愿望并没有停止，从1585年开始，英国人约翰·戴维斯在三年的时间里，连续三次往西北方向航行，企图找到一条通往中国的西北航道，但都没有成功。1592年约翰·戴维斯又率领一支船队穿过麦哲伦海峡，希望沿北美海岸找到通往中国的东北航道，但又因船的装备欠佳，又不得不中途折返。之后，英国人又企图从陆上找到通往中国的道路，但派出的人或止于莫斯科,或止于印度,最终也没有找到通往中国的道路。①英国人经过半个多世纪的努力寻找通往中国的道路,尤其是进行的海上探险,虽然显示了人类一往无前的精神,但最后仍一无所获,很大原因就是因为地理环境的阻隔造成的。

地理环境对文化交流的影响还表现在,它常常以陌生神秘的面孔呈现在人类面前,特别是在古代人类对地理知识了解不够的情况下,一些未知的区域常常成为人类不敢涉足的禁区,正如中国谚语所说:"远怕水,近怕鬼。"中国在西汉时就知道了埃及(当时是罗马帝国的版图),张骞第二次出使西域时,随张骞一同来汉朝的安息使节,就曾向汉武帝进献了一个来自"犁靬国"(今埃及的亚历山大城)的会吐火、能吞刀的魔术师。②从此,大汉帝国就开始致力于打通与罗马帝国的交流通道,在大汉帝国的支持下,无数中国使节和商人一直向往、想象着这个遥远的西方国家,并做出了种种的努力,希望能与其直接进行交流。公元97年,东汉在西域的最高行政长官班超派副使甘英一行,经过万里跋涉,终于到达波斯湾沿岸,这是汉朝使者出使西域到达的最远地方。但是,甘英一行却被汹涌的海水阻挡,更因为安息的船工告诉甘英说:"海水广大,往来者逢善风三月乃得度,若遇迟风,亦有二岁者,故入海人皆赍三岁粮。海中善使人思土恋慕,数有死亡者。""英闻之乃止。"③甘英最后无功而

---

① 何芳川等:《中外文化交流史》,第856—857页,国际文化出版公司,2016年版。
② 何芳川等:《中外文化交流史》,第38页,国际文化出版公司,2016年版。
③ 《后汉书·西域传》。

返，也与古代中国首位出使罗马帝国使节的光荣失之交臂。就这样，一片未知的大海成了无法逾越的天堑，最终阻断了中国与罗马直接进行文化交流的道路，大汉帝国为直通罗马帝国而付出的200多年的努力也最终化为"泡影"。此后，汉帝国内忧外患、战乱不断、国力渐衰，到汉桓帝时，东汉政府彻底失去了对西域的控制，大汉帝国花费近300年时间开通的丝绸之路被迫中断，从此大汉帝国与罗马帝国直接交流的愿望也最终止于梦想。

（二）政治动因

政治动因是指利用政治的手段去达到一定目的的因素，它包括政治环境、政治动机、政治手段、政治利益等。政治动因是一把双刃剑，它对文化交流的影响也具有两面性：一种开明、进步、包容的政治环境，会对文化交流产生巨大的促进作用，不仅会对文化交流提供巨大的人力、物力和财力的支持，还会实行一系列有利于文化交流的政策；相反，一种保守、落后、封闭的政治环境，不仅不能促进文化交流的发展，而且还会通过种种政治干预来阻碍文化交流。

例如，中国的盛唐时期，对异域文化采取尊重、包容的开放心态，并积极吸纳不同的文化为我所用，最终成就了被后世仰慕的"大唐气象"。盛唐的开放心态，从最高统治者到一般的知识分子，表现出极大的一致性。盛唐的开创者唐太宗李世民就曾说过："夷狄亦人耳，其情与中夏不殊。"①作为中国历史上伟大的封建帝王之一，他能将历来被视为蛮族的少数民族提升到与汉民族同等的地位，这实在难能可贵，从中可见其海纳百川的博大胸怀、通达四海的豪迈气魄。而且他还说："王者视四海如一家，封域之内，皆朕赤子。"②他不仅没有以鄙夷的眼光环视四周的少数民族，而且还将他们视为己出，并一律平等对待，这种宽博包容的文化心理，在中国 2000 多年的封建社会中，恐怕只有在唐代才能够找到。

至于一般的知识分子就更不用说了。唐代的诗人很多都有从军的经历，北至草原，西至沙海，都曾留下他们雄健的脚步，"黄沙百战穿金甲，不破楼兰终不还"③，正是盛唐知识分子崇高的人生追求。即便没有从过军，也总是怀着"宁为百夫长，胜作一书生"④的理想，希望能够以"将军三箭定天山，战士长歌入汉关"的军功而成就不朽的功名。他们之所以能写出如此雄伟的诗篇，正是与域外文化交流的结果，并成为中国古典文化中的瑰宝。

正是这种开明的政治环境，使唐代出现了华夷一家、胡汉合流、三教共存的文化发展态势。公元 8 世纪前半叶，大唐帝国经过贞观之治、开元盛世之后，迎来了它的全盛时期。在陆上，唐朝的势力越过葱岭，扩展到中亚地区，并设立"安西四镇"，直接经营管理

---

① 《资治通鉴》，卷 195，太宗贞观十八年十二月。
② 《资治通鉴》，卷 192，太宗贞观二十一年五月。
③ （唐）王昌龄：《从军行》。
④ （唐）杨炯：《从军行》。

西域的一切事务。汉初开创的丝绸之路在这一时期获得了飞速的发展，不仅南、北、中三条路线全部贯通，各国使节、商人络绎不绝，而且由于文成、金成公主远嫁吐蕃和亲，又开创了陆上丝绸之路的另一条新线——西藏道，从此将西藏地区纳入中古时期旧大陆文化交流的大循环网络。在海上，将由中国广州出发，经印度支那半岛、马来半岛、苏门答腊、斯里兰卡，直抵波斯湾的海上丝绸之路臻于完善，同时还开创了通往朝鲜半岛、日本列岛的东海丝绸之路。形成了盛唐文化东西交流、南北融合的大交流、大合作、大发展、大繁荣的格局，最终将中国的古代文化推向了顶峰。

中国与日本的文化交流，在隋唐时代达到高峰。其中的原因，除了中国在这一时期实行对外开放的政策之外，在很大程度上也得益于日本政治力量的推动。593年日本进入飞鸟时代，年轻的圣德太子执政，他自幼学习中国文化，上台伊始就大力推行政治改革，其中一项就是以华为师，倾举国之力，全面学习中国的先进文化。圣德太子执政期间，积极向中国派遣使者通好，恢复中断百年的中日邦交，还首创向中国派遣留学生制度。特别是646年开始的日本大化改革，更是将向中国学习作为基本的国策。"据统计，隋朝37年中，日本派遣隋使5次；唐代自630年到834年，在前后204年间共派遣唐使18次，平均每11年一次……"① 这是日本第一次以国家的形式，有组织、大规模地主动学习、移植中国先进文化，极大地促进

---

① 何芳川等：《中外文化交流史》，第70页，国际文化出版公司，2016年版。

了中日之间的文化交流，也带动了日本社会的全面发展，使日本完成了由奴隶社会向封建社会的过渡。

但是，政治对文化交流不总是产生推动作用，相反，它有时也会产生巨大的阻碍作用。当一个政体对自身价值和历史趋势做出错误的判断，就会做出错误的对外政策，也必将影响对外文化交流。汉语里有一个成语叫"夜郎自大"，这个成语故事讲述了中国汉朝时候，中国西南一带分布着许多由少数民族聚居而成的"国家"，其中最大的一个叫作"夜郎国"。"夜郎国王"非常自大，以为夜郎是世界上最大的"国家"，因此对周边其他"国家"总是摆出一副"大国"的架子。有一次，汉朝派使者到了夜郎，向其介绍汉朝的情况。夜郎国王听后很是不以为然，并问汉朝的使者："是你们汉朝大呢？还是我们夜郎国大呢？"① 这个故事通常用来比喻那些妄自尊大、目光短浅之人。

无独有偶，当1793年英国政府派遣特使马戛尔尼率团觐见清朝乾隆皇帝时，乾隆虽然欢迎马戛尔尼一行，但又认为英国不具有与中国同等的政治与经济地位，不承认马戛尔尼的特使身份，而是将其视为"贡使"，而且还以训令的款式向英王颁发了三道敕谕，在表扬英王的"倾心向化"之后，以"天朝物产丰盈，无所不有，原不借外夷货物以通有无"、"天朝所产茶叶、瓷器和丝巾为西洋各国

---

① 《史记·西南夷列传》。

及尔国必需之物，是以加恩体恤"为由，①断然拒绝了马戛尔尼提出的英国与中国建立外交关系和扩大贸易的请求。这说明，当时的清政府对英国和外部世界所发生的一切"一无所知"，这不仅导致其对自身的判断发生严重的错误，而且也错失了与世界接轨的机会。正是清政府对马戛尔尼一行的傲慢和拒绝，使英国对中国由以前的仰慕变为漠视，最终导致英国海外扩张与清王朝故步自封的矛盾无法调和，这个时候英国除了用战争打开中国的大门已没有其他的选择。从此，中国一步步地沦为半封建半殖民地社会，中华民族开始了长达百年的启蒙与救亡。

不管是"夜郎国"的高傲自大，还是清政府的闭关锁国，都反映了政治力量对文化交流的巨大影响。相比关山迢迢的空间阻隔，政治干预具有更大的阻碍力量。

政治阻碍文化交流的另一种形式，是受某种利益驱使，故意切断文化交流的链条。例如，中国与罗马帝国统治下的埃及之所以长时间不能直接开展交流，就是因为安息帝国从中阻挠。公元前2世纪以后，埃及的亚历山大城进入鼎盛时期，成为当时世界上屈指可数的名城，不仅有繁荣的商业贸易和便利的陆海交通，还是地中海东岸的艺术和科技中心。由于经济的繁荣刺激了人们的消费水平，特别是中国的丝绸在当地供不应求，但经过万里转运和安息中介商的抬价，其价格堪比黄金，过高的终端价格严重地影响了丝绸贸易

---

① 萨本仁、潘兴明：《二十世纪的中英关系》，第16页，上海人民出版社，1996年版。

的正常进行。其实,正如汉帝国一直努力寻找与罗马帝国直接交流渠道一样,罗马帝国也一直做着同样的努力,但由于巨大的商业利润,横亘在罗马帝国和大汉帝国之间的安息帝国一直不肯做出让步。对此,古代的中国人心里非常清楚,"其(大秦)王常欲通使于汉,而安息欲以汉缯彩与之交市,故遮阂不得自达。"① 公元前54年和前36年,罗马帝国两次对安息帝国用兵,企图打破安息帝国在中间的"遮阂",但结果都惨遭失败。之后,罗马帝国做出多种努力,又多次与安息帝国交兵,但仍未能使陆上丝绸之路实现直通。正因如此,当时罗马、埃及和希腊对中国的认识非常模糊,连希腊最伟大的诗人维吉尔也认为丝绸是中国人从树叶上采集下来的纤细的羊毛。② 就这样,两个古老的文明之国由于政治的阻隔只能在想象中相互倾慕。

(三)综合实力

综合实力是指一个国家经济、科技、军事、国防、制度、文化等各方面的综合能力,包括经济硬实力和文化软实力。然而,在这诸要素中,经济基础永远是第一位的,它不仅直接决定着科技、军事、国防等要素,而且也直接决定着文化,当然也决定着文化的对

---

① 《后汉书·西域传》。
② 戈岱斯:《希腊拉丁作家远东古文献辑录》,耿昇译,第1—2页,中华书局,2001年版。

外传播。"九州殷富,四夷自服"(李世民语)[1],一个国家只有繁荣昌盛、国力强大,其他的国家才会尊重你,你的文化才会有影响力。一个国家的国力有多强大,这个国家的文化就能传播多远。新中国成立初期,发达国家对外语言教学中,汉语在所学外语中被排在60多位,从中可见当时汉语在世界上的影响力是多么的微小。

在中国历史上,凡是对外文化交流繁荣的时期,必定是国力最强盛的时期。汉代的张骞和班超之所以能过大漠、越葱岭,将中华文化传播到遥远的中亚、西亚及欧洲,正是在汉帝国强大的国家支持下才完成的;明代郑和之所以能远涉重洋,七次西行,将中华文化传播到包括东非在内的印度洋沿岸诸国,也正是在明代最强盛的时候完成的;近代西方探险家所进行的地理大发现,也都是在各国王室的大力支持下才最终得以实现。

新中国成立后,社会生产逐步得到恢复,并建立了相对完备的现代工业、农业和国防体系,中国的综合国力有了很大提升。为了展示中国作为一个世界大国的负责任态度,体现出中国文化中的"和"、"合"思想和中华民族乐于助人的高尚风格,从20世纪50年代开始,中国对广大的第三世界国家进行了大规模外援,与援建国政府和人民结下了深情厚谊。例如,20世纪70年代中国援建的坦赞铁路,不仅成为连接东非各国的大动脉,而且也成了中非人民的友好象征。当时,中国也是非常贫穷的国家,但为了表示中国人民对

---

[1] 《贞观政要》。

非洲人民独立发展的支持,先后援送100多万吨的物资,派出工程技术和管理人员5.6万人次,高峰期间有1.6万中方人员在现场施工,还有60多位专家和技术工人永远地长眠在非洲大地上。可以说,中国人民为坦赞两国及非洲人民做出了巨大的牺牲,那奔驰的列车上,不仅载着非洲人民的希望,同时也载着中国人民的血汗。坦赞铁路既是一项促进当地经济社会发展的民心工程,又是一座沟通中非人民友谊的桥梁。而且中国的对外援建项目,绝不附带任何条件,绝不要求任何特权。1972年援建坦赞铁路时,一些中国专家因为"烟瘾大"、津贴少,曾经向坦桑尼亚政府提出购买免税香烟的要求。但是,周恩来总理知道后,坚决予以制止,并要求各专家组将免掉的税款,如数上交坦桑尼亚政府。正是中国对第三世界国家的无私援助和真诚相待,1971年第26届联合国大会上,以压倒性多数票通过了阿尔巴尼亚、阿尔及利亚等23国提出的恢复中华人民共和国在联合国的一切合法权利,将台湾当局从联合国一切机构中驱逐出去的提案。对此提案投赞成票的76个国家中,有51个是亚非拉第三世界国家,其中绝大多数国家都是中国的受援国,也难怪毛泽东主席这样评价中国进入联合国的历程:"我们是被非洲黑人兄弟抬进去的。"[1]

随着中国综合国力的不断增强,中国也不断加大对外援助项目,取得了举世瞩目的成就。例如,2005年中国与112个国家和地区签

---

[1] 钱亚平:《瞭望东方周刊》,2011年第21期。

订援款协议350笔，援建各类建设项目446个。完成了牙买加体育馆、朝鲜玻璃厂等一批重点项目，对21个国家提供了紧急人道主义援助，赢得了世界的广泛赞誉。2005年，中国完成的重点对外援助项目和标志性建筑还有加蓬广电大厦、中吉乌公路和巴基斯坦瓜达尔港口等。为了扩大来自经济欠发达国家的进口，中国对来自39个国家的部分进口商品实施了零关税。中国有关部门还为140个国家培训了8000多名人员，以满足这些国家经济发展和科技发展对人才的需求。2009年国务院新闻办公室发表的《中国的对外援助》白皮书指出，截至2009年底，中国累计对外提供援助金额超过2500亿元人民币，其中无偿援助1062亿元，无息贷款765.4亿元，优惠贷款735.5亿元。2014年国务院新闻办公室发布的《中国的对外援助(2014)》白皮书指出，2010年至2012年，中国对外援助规模持续增长，援助总金额为893.4亿元人民币。2010年至2012年，中国共向121个国家提供了援助，其中，亚洲地区30国，非洲地区51国，大洋洲地区9国，拉美和加勒比地区19国，欧洲地区12国。此外，中国还向非洲联盟等区域组织提供了援助。①

中国经过几十年的改革开放，经济总量跃居全球第二，综合国力也得到了极大的提升，不仅彻底改变了中国积贫积弱的形象，也为中华文化走出去奠定了坚实的基础。目前，世界上之所以不断掀起中国文化热，一方面缘于中国文化的固有魅力和价值内涵，另一

---

① 以上资料均来自中国官网的公开报道。

方面也是中国综合国力提升的象征。一个国家的文化能否真正去影响世界，终究还要靠一个国家的综合实力说话。强大的中国才是中华文明走向世界最有力的推手。

为扩大中华文化在海外的影响，运用文化的力量拉近中国与世界的距离，早在20世纪80年代，中国就投入巨大的人力物力财力，开始建立海外中国文化中心。1988年，我国在毛里求斯、贝宁开始设立中国文化中心，拉开中国建设海外中国文化中心的序幕。1999年，在党中央、国务院的直接领导和推动下，我国开始与世界上其他国家互设文化中心，先后在埃及、法国、马耳他、韩国和德国设立了中国文化中心。截至2015年底，我国已在毛里求斯、贝宁、埃及、法国、马耳他、韩国、德国、日本、蒙古、俄罗斯、泰国、西班牙、墨西哥、尼日利亚、丹麦、斯里兰卡、澳大利亚、老挝、尼泊尔、巴基斯坦、比利时、新加坡、坦桑尼亚、新西兰、斐济共25个国家建立了海外中国文化中心，形成覆盖全球主要国家和地区的传播和推广中华文化的主干系统。建立海外中国文化中心，是常态化、阵地化弘扬传播中华文化的重要手段，自建立以来，在"大文化"范畴内，高效率、不间断地举办了形式多样的活动，把中国文化送到驻在国公众的家门口，为增进我国和驻在国人民的相互了解和友谊以及为配合驻外使领馆开展文化公关、塑造国家形象做出了贡献。据不完全统计，2007—2011年期间，9个文化中心举办的重要活动达2500多起，参加中心汉语、武术、舞蹈等各类教学培训的学员达2.6万人，参加活动的公众人数达56万人。从2011年起，文化部启动央地对口年度合作，当年天津、内蒙古、上海、福建、河南、陕西和青海 7 个省（区、市）派出交流团组共计 64 起，600 多人次；接待来访团组 27 起，106 名各国学员、艺术家来华参加人文交流活动；在国外举办了 89 场活动，出席活动的公众人数超过 6 万人。海外中国文化中心在传播中国文化、树立中国形象、提升中国软实力等方面发挥出越来越重要的作用。

（四）文化品格

文化品格是一种文化在其形成和发展过程中逐步形成的思维模式、价值取向、审美精神及对其他文化的态度。特别是文化品格中的文化心态对文化交流至关重要，积极开放、兼收并蓄的文化心态对文化交流会产生巨大的促进作用；相反，消极保守、排斥异端的文化心态会对文化交流产生巨大的阻碍作用。这种差异在中西文化的形成发展及传播过程中表现得非常明显。

中国文化是一种"和"文化，"和"是中国人基本的哲学观念。这种观念体现在无数个细节之中，以中国最著名的古代建筑故宫三大殿为例，就很好地体现了中国文化这种"和"的思想。故宫三大殿包括太和殿、中和殿和保和殿，它们的名称和所挂匾额体现了"和"文化最基本的三层意思："太和"即指阴阳相调、天地谐和，追求人与自然的和谐，太和殿上挂匾额"建极绥猷"，意思是天子需要上对苍天、下对庶民，既要承天而建立法则，又要抚民而顺应大道；"中和"即指平衡人与人之间的各种关系，追求人与社会的和谐，中和殿上挂匾额"允执厥中"，意思是天子需要言行不偏不倚，符合各方利益，才能把国家治理好；"保和"即指维持人的内心平衡，追求人与自我的和谐，保和殿上挂匾额"皇建有极"，意思是天子治理国家要建立符合中正之道的标准，要符合中庸思想。如果能够达到人与自然、人与社会、人与自我的和谐，那这个世界就达到了真正的和谐，体现了中国"和"文化崇高的价值追求。虽然封建帝王没有人能做到这一切，但作为中华文化的核心价值观无疑是极其宝贵的。

"和"不仅是中国人对世界的基本认识，也是中国人的一种基本处世原则。1958年，毛泽东主席在会见苏联驻华大使尤金时，曾给尤金讲了一个六尺巷的故事，以表明中国政府在处理国际关系时以和为贵的思想和追求。故事的内容是这样：清朝康熙年间，京城有个大学士名叫张英，一天收到家书一封，原来家人与邻居叶氏为争宅基地而发生矛盾，并诉讼官府，希望他能打通关系打赢官司。张英看后给家里写了一封信，并附诗一首："千里修书只为墙，让他三尺有何妨？万里长城今犹在，不见当年秦始皇。"家人接到张英回信后，就主动让出三尺，邻居叶氏深受感动，也主动让出三尺，结果张、叶两家之间就多出了一个六尺的巷子，后人将其命名为"六尺巷"。这个故事告诉人们"和为贵"的道理，"和"不仅可以显示一个人的胸襟和气度，"和"更能够化干戈为玉帛，实现个人与他人之间的和谐。毛泽东主席用这个故事，形象地说明了中苏两国的关系，意在表明两国之间应该放下争论，互相谦让，尊重对方，这样才能推动两国关系向前发展。

　　中华文化在与其他文化交流时，一直秉承"和而不同"思想，强调"己所不欲，勿施于人"，既提倡"和"，又讲究"合"，"和"是交流的态度和胸襟，"合"是交流的方式和目的。因此，尽管中华文化在古代长期处于世界领先地位，但在与其他文化体系进行交流时，始终以和平交流为主导模式，并以巨大的包容性吸收融化其他类型的文化体系。无论是在中国国力强盛的汉唐时代，还是作为世界经济大国的明清时期，中华文化的输出都是以交流结好为目的。明代晚期耶稣会士利玛窦到中国传教时，很快就发现了中华文化的这一特点，他在日记中写道："在一个可以说其疆域广阔无边、人口不计其数、物产多种多样且极丰富的王国里，尽管他们拥有装备精良、可轻而易举地征服邻近国家的陆军和海军，但不论国王还是他的人民，竟然都从未想到去进行一场侵略战争。他们完全满足于自己所拥有的东西，并不热望着征服。在这方面，他们截然不同于欧洲人。"①

　　例如，明代郑和7次下西洋，先后到过印度支那半岛、马来群岛、印度半岛、阿拉伯半岛和东非沿岸的30多个国家和地区，开辟了贯通太平洋西部与印度洋的直达航线。他率领的远洋船队实际上是当时世界上最庞大也是最强大的海上武装力量，不仅每次出行都有船只数百艘，船员数万人，而且还拥有当时世界上最先进的航海

---

①　（美）斯塔夫里阿诺斯：《全球通史——1500年以后的世界》，吴象婴、梁赤民译，第14页，上海社会科学院出版社，1992年版。

技术。但在长达28年的西洋之行中,郑和船队仅在锡兰(今斯里兰卡)与当地部族发生过一次短暂的武装冲突,而且是被迫还击对方的偷袭,之后郑和又出奇制胜,把冲突压缩到了最小的范围之内。郑和所到之处,皆开展友好会见、礼物馈赠、公平贸易、迎送使节等活动,并重复宣示明朝皇帝愿与一切邦国"共享太平之福"的国书。其目的"旨在宣扬新兴明王朝的国威。航行证明,以礼仪和非暴力的说服方法能使中国敛取远方国家的贡品。中国不会在朝贡国建立永久基地,而是希望'普天之下'都成为对中国这个独一无二的文化中心心悦诚服"[1]。正是由于这种和平友好的交流方式,使得西太平洋和印度洋沿岸诸国,皆愿与明朝开展正式的友好交流。据统计,明代永乐一朝,与郑和下西洋有关的亚非国家使节来华共318次,平均每年15次,浡泥、满剌加、苏禄、古麻剌朗4个国家先后有7位国王亲自率国家代表团到中国进行交流,其中浡泥国(今文莱)王麻那惹加那、苏禄国(今菲律宾西南部苏禄群岛)王巴都葛叭哈剌、古麻剌朗国(今菲律宾棉兰老岛东北部的库马拉朗岛)王斡剌义亦敦奔在中国访问期间病逝,明朝都按照王的待遇将其厚葬,充分体现了对交流国的尊重。

纵观中国古代中原王朝的所有对外战争,我们会发现,这些战争几乎都是以防御为主,其目的也只是守住原有的疆域不被侵犯。中国从秦代至明代的一千多年间一直在修筑长城,其目的只有一个,

---

[1] (美)丹尼尔·布尔斯廷:《发现者——人类探索世界和自我的历史》,吕佩英等译,第226页,上海译文出版社,2016年版。

那就是将塞外的游牧民族阻隔在边境线之外,让中原大地免受其侵害。正如盛唐诗人王昌龄所写:"秦时明月汉时关,万里长征人未还。但使龙城飞将在,不教胡马度阴山。"①当时的大唐帝国绝对是世界上第一强国,在对外战争中屡屡取胜,但即便是在这样的情况下,战争的目的也只是"不教胡马度阴山",而并不是要长久地占领阴山之外的地区。这种一以贯之的政治和文化诉求,反映了中华民族追求和平、与邻共处的美好愿望。

最能体现中华文化"和合"品格的是中国古代多个王朝对游牧民族实行的"和亲"政策。为了避免与游牧民族发生战争,通过这种联姻的方式,增进汉民族与游牧民族的感情,最后达到化干戈为玉帛的目的。历史上"和亲"的事例很多,最有名的莫过于昭君出塞。公元前33年,南匈奴首领呼韩邪单于主动对汉称臣,并请求和亲。东汉皇帝汉元帝答应了他的请求,并决定从后宫挑选一个宫女送给他。宫女王昭君主动请求远嫁匈奴,后被封为"宁胡阏氏"。昭君出塞后,汉匈之间数十年没有发生战争,不仅促进了边疆地区经济社会的发展,同时也促进了汉民族与少数民族的融合。正如历史学家翦伯赞所说:"汉武雄图载史篇,长城万里遍烽烟。何如一曲琵琶好,鸣镝无声五十年。"②在这里,翦伯赞把王昭君出塞的历史功绩与汉武帝的雄才大略相提并论,认为汉武帝靠战争取得的功名还不如王昭君一曲琵琶就让和平持续了五十年。这种"和亲"政策,后

---

① 《全唐诗》,第143卷。
② 翦伯赞:《题昭君墓》,其五。

代封建皇帝多有效仿，如唐代为了与吐蕃搞好关系，唐太宗时期，将皇家宗室之女文成公主嫁给吐蕃首领松赞干布，唐中宗时，又将金城公主嫁给吐蕃首领赤祖德赞。她们不仅稳定了唐朝与吐蕃的关系，也促进了汉藏之间经济和文化的交流，正如唐代诗人陈陶的《陇西行》中所写："自从贵主和亲后，一半胡风似汉家。"[①]

中华文化不仅采用和平式的对外输出，同时还以博大的胸怀吸收外来文化。例如，佛教传入中国后，尽管与中国原有的儒家、道家文化存在着矛盾和冲突，中国历史上也曾出现过激烈的灭佛运动，但始终没有因为佛教文化与中国传统文化的固有矛盾而发生战争。相反，佛教传入中国后，经过不断地调整，最终融入中华文化的整体进程之中，成为中华传统文化的一部分。伊斯兰教传入中国也大概如此，不仅为中华民族的大家庭增添了一个新的民族——回族，而且最终也成了中华文化的一个重要组成部分。一个生动的例子是，在河南登封的嵩山地区，有禅宗祖庭少林寺，有中国古代三大书院之一的嵩阳书院，有道教圣地中岳庙，儒、释、道三种文化在同一个地方并存发展，这充分说明了中华文化的融合性。而且三教文化与那里优美的山川相得益彰，都发展到极高的程度，体现了中国哲学"天人合一"的最高境界，给后人留下了宝贵的启示，也为今天创造世界多样性文明提供了很好的借鉴。因此，当代美国著名汉学家艾恺认为，在人类历史上除中国之外，一个国家一旦接受或建立

---

① 《全唐诗》，第746卷。

一个宗教，便会对原有宗教教义以及文明进行彻底改变并重建，如天主教罗马文明和伊斯兰教对中东和北非占领之后，就曾摧毁当地原有的一切宗教。唯独中国不是这样，它总能采取包容而不是对立的方式，去接纳一切外来文化包括宗教，体现了中国文化"和合"的特征。

与中华文化的"和合"特征相比，西方文化则带有明显的"扩张"特征，与此相对应的是，西方殖民者每到一处，总是以"征服者"和"讨伐者"自居。以基督教文化为主体的西方文明在向外传播时，经常伴随着残酷的掠夺、暴力和战争，他们对外交流的目的不是为了维护世界和平，实现与各国人民的互利共赢，而是去抢夺财物、强迫贸易、征服土地、收集情报，以实现本国利益的最大化。并且，他们还会强迫当地人放弃原有宗教信仰，改信他们信仰的基督教，不仅对占领地区进行政治压迫、经济掠夺，同时还进行文化入侵，基督教文明对伊斯兰教文明长达200多年的"十字军东征"就是一个最有力的证明。

1502年，当葡萄牙航海家达·伽马第二次到达印度半岛西南沿岸的卡利卡特时，为了迫使当地国王投降，并要求国王把当地所有的穆斯林都驱逐到城外，"他随意从港内人群中抓来几名商人和渔夫，立即把他们绞死，并将尸体肢解后，把手、足和头丢到一艘船上，再派人把那艘船上的东西送上岸去，还发出一封用阿拉伯文写的恫吓信,要卡利卡特国王用其子民的碎尸为自己做一道咖喱菜肴"①。而葡萄牙人在印度掌权后,他们的统治手段就更加残酷,"当阿尔梅达总督对一个持有安全通行证的信使产生怀疑时,就把他的眼睛挖出来。阿尔梅达总督割掉妇女的鼻子,割掉男人的手,以此来压服阿拉伯沿岸的人。第一次驶入远方港口的葡萄牙船只把刚抓到的俘虏,悬尸在帆桁上,表示他们说到做到"②。

麦哲伦在进行环球航行时,途中就不断与所到地方的原住民发生激烈的冲突。例如,他到达巴西海岸时,发现当地一种体格高大、身披兽皮的原住民,称他们为"大脚人",可当他们在受到这种"大脚人"热情款待之后,临走前却以欺骗的手段抓获了两个"大脚人",并给他们戴上脚镣手铐关在船舱里,准备将他们作为特殊的"礼物"献给西班牙国王。由此可以看出,在麦哲伦的眼里,当地原住民只是一件物品,根本没有把他们当成与自己平等的人类来看待。当到达菲律宾群岛时,他更是直接插手当地土著首领之间的争斗,为了让宿务岛国王改宗基督教,他带领随从手持火枪、利剑去进攻麦克坦岛,企图用血腥手段去征服"敌人"。不料,他的行踪被麦克坦部落事先得知,最后在岸边被埋伏的麦克坦部落勇士用毒箭射死,

---

① (美)丹尼尔·布尔斯廷:《发现者——人类探索世界和自我的历史》,吕佩英等译,第210页,上海译文出版社,2016年版。
② (美)丹尼尔·布尔斯廷:《发现者——人类探索世界和自我的历史》,吕佩英等译,第226页,上海译文出版社,2016年版。

成了一个葬身异域的孤魂野鬼。①

特别是近代以来,伴随着西方殖民者对东方的入侵,基督教文明对东方文明及世界上所有其他文明的冲击、侵蚀、摧残更是达到了触目惊心的地步。美洲的印第安文化、非洲撒哈拉以南的诸文化以及东方文化都没有逃过这种厄运。据不完全统计,自中国沦为半封建半殖民地之后的一个世纪里,中国至少有1200万件文物流落海外,而这些文物大部分都是被殖民者以暴力、欺骗、偷盗的手段掠夺走的。1860年八国联军入侵北京圆明园时,不仅抢走了无以计数的文化珍宝,最后还将圆明园付之一炬,造成了人类文明史上最惨痛的灾难。因此,法国作家雨果曾这样描写人类的这场灾难:"在世界的某个角落,有一个世界奇迹。这个奇迹叫圆明园。……有一天,两个强盗闯进了圆明园。一个强盗洗劫,另一个强盗放火。……我们欧洲人是文明人,中国人在我们眼中是野蛮人。这就是文明对野蛮所干的事情。将受到历史制裁的这两个强盗,一个叫法兰西,另一个叫英吉利。"②

在资本主义向外扩张阶段,西方列强用坚船利炮在世界范围开辟殖民地,他们利用贩卖奴隶、鸦片以及残酷的殖民战争和不平等的殖民贸易进行原始积累,给殖民地人民带来了深重的灾难,有的甚至是毁灭性灾难。例如,自15世纪末开始,葡萄牙、西班牙、荷

---

① (美)丹尼尔·布尔斯廷:《发现者——人类探索世界和自我的历史》,吕佩英等译,第307—308页,上海译文出版社,2016年版。
② 维多克·雨果:《给布特勒的信》。

兰、英国、法国等国的新兴资产阶级，通过武力征服海外殖民地，屠杀当地居民，抢劫金银财宝，大批贩卖黑人，实行保护关税制度，进行商业战争等，掠夺了大量财富，大大加速了货币资本的积累。西方殖民者在300多年时间里，仅从中南美洲就抢走了250万公斤黄金、1亿公斤白银。1783年到1793年的10年间，英国仅利物浦一地就贩运了33万多名黑人，奴隶贸易使非洲丧失的人口达1亿多。马克思就曾指出："美洲金银产地的发现，土著居民的被剿灭、被奴役和被埋葬于矿井，对东印度开始进行的征服和掠夺，非洲变成商业性的猎获黑人的场所——这一切标志着资本主义生产时代的曙光。""对内则通过国债制度、课税制度和保护关税制度，加强对国内人民的剥削，积累起巨额货币资本，为资本主义的发展带来大量的自由劳动力和物质基础。发展到垄断阶段后，统一的、无所不包的世界市场和世界资本主义经济体系逐步形成，资本家垄断同盟为瓜分世界而引发了两次世界大战，给人类带来了巨大的浩劫。"所以马克思才说，资本原始积累的历史"是用血和火的文字载入人类编年史的"[①]。

五、文化交流的本质

文化交流是一种古老的活动，自从有了人类，便有了人类的文

[①]《马列主义经典著作选编（党员干部读本）》，第87页，党建读物出版社，2011年版。

化交流。可以说人类的历史有多么漫长,文化交流史就有多么漫长。从原始社会的物品交换到今天的跨国公司,从原始部落之间的相互往来到今天的全球互联网,对于人类来说,文化交流无处不发生、无时不存在、无人不参与。那么,文化交流的本质是什么?它体现了人类活动的哪些基本特性?

(一)文化交流是人类实践活动

正如创造文化是人类的实践活动一样,文化交流也是人类的实践活动。因为不论是物质文化的交流,还是精神文化的交流,归根结底都是创造文化的人的交流。正如马克思所说:"历史什么事情也没有做……""创造这一切、拥有这一切并为这一切而斗争的,不是历史,而正是人,现实的、活生生的人。"[1] 人类实践活动的目的是实现"人的对象化"和"对象的人化",更通俗地讲,就是让人类能够适应各种各样的环境,从而使人类能够更好地延续。文化交流亦然,它的根本目的是提升人类的实践能力,让人类能够更好地生存下去。之所以这样说,是因为任何一种文化都天生地带有某种缺陷,而"古往今来每个民族都在某些方面优越于其他民族"[2],哪怕是最落后的民族,它也有值得其他民族学习的文化。尤其是文化中的科学技术,世界上没有哪一个民族能够发明所有的科学技术,它必须学

---

[1] 《马克思恩格斯全集》,第2卷,第118页,人民出版社,1957年版。
[2] 马克思恩格斯:《神圣家族》,载《马克思恩格斯选集》,第二卷,第194页,人民出版社,1957年版。

习借鉴其他民族的发明创作。这是文化交流的根本动力，因为对人类而言，再没有比生存更重要的事情了。

马克思、恩格斯曾共同指出："在人类文明的朝霞时期……地球上的三种生态环境就将古代各民族纳入不同的文化发展轨道，即：农业文明、游牧文明与海洋商业文明。"[①]在人类历史上，这三种文明形态不但长期共存，而且它们之间的交流也从来没有间断。在中国，自秦代以下，北方草原的游牧文明与中原地区的农业文明，为了各自的生存和发展，进行了一次又一次的交流与融合。这其中，既有和平式的交流，又有暴力式的冲突，既有游牧文明向农业文明学习的成功案例，又有农业文明向游牧文明学习的卓越远见，呈现出你中有我、我中有你的发展格局。但是，不论哪一种交流形式，都是为了自身的发展，都是为了自身能够更好地适应当时的时代环境。

历史上，农业文明由于其特有的稳定性，能够得到有效的积累与传承，因而较早地进入较高的文明形态；而游牧文明由于其长期的流动性，无法进行有效的积淀和保存，因而一直落后于农业文明。在两种文明交流融合的过程中，主要以游牧文明学习农业文明为主，其中最成功的案例首推魏孝文帝改革。公元5世纪末期，北魏的最高统治者孝文帝拓跋宏，为了缓和日益尖锐的民族矛盾，巩固本民族的统治地位，顶着重重的压力，决定对鲜卑族进行汉化改革，全面接受汉民族的先进文化。魏孝文帝改革的内容极其广泛，包括学

---

① 何芳川等：《中外文化交流史》，第17页，国际文化出版公司，2016年版。

习汉族的政治制度、经济政策、风俗习惯、语言文字等,而且为了便于学习,还强令鲜卑族一律改姓汉姓,并把都城从大同迁到汉文化的腹地洛阳。魏孝文帝改革不仅促进了中国北方的经济恢复和社会发展,同时也加快了中国北方各民族的进一步融合,不仅巩固了鲜卑族的统治政权,还促使鲜卑族完成了由奴隶社会向封建社会的过渡。

但是,在两种文明交流的过程中,不总是游牧文明学习农业文明,文化的逆向流动也时常发生。其中,农业文明学习游牧文明的典型例子首推战国时期赵武灵王的"胡服骑射"。战国中后期,赵国在诸侯国中处于下风,尤其是在军事上,经常吃败仗。赵国的第四代国王赵武灵王,为了富国强兵,改变赵国落后的处境,推行"胡服骑射"的军事改革,决心取胡人(当时对北方草原民族的一种统称)之长补赵国之短,让赵国士兵一律穿上胡人窄袖短衣的服装,以便于生活起居和狩猎作战;并学习胡人骑马射箭的作战方法,增强军队作战的灵活机动性。通过这一改革,战国以灵活的骑兵代替了之前笨重的车兵,从此,中国古代战争的样式发生了根本性的变化,赵国也很快成为战国诸侯国中的强国。因此,梁启超在1903年发表的《赵武灵王传》中曾这样评价说:"七雄中实行军国主义者,惟秦与赵。……商鞅者,秦之俾斯麦;而武灵王者,赵之大彼得也。"他甚至把这位堪与俄国彼得大帝相比的赵武灵王盛赞为"黄帝之后第一伟人"。

农业文明与游牧文明之间的交流虽然也以和平的方式出现过,

但更多的时候却充满了暴力。千百年来，游牧文明与农业文明之间的战争一直持续不断，虽然汉民族曾发出"犯我大汉者，虽远必诛"的铮铮誓言，但游牧民族对汉民族的侵扰从来没有停止，对游牧民族的军事防御，也一直是中原王朝政治外交上的头等大事。"对野蛮的征服者民族来说……战争本身还是一种经常的交往形式，在传统的、对该民族来说唯一可能的原始生产方式下，人口的增长需要有愈来愈多的生产资料，因而这种形式也就被愈来愈广泛地利用着。"[①]战争的结局不仅是财产和权利的转移，同时也伴随着文化的交流与融合。

晚唐诗人沈彬在《塞下》一诗中写道："塞叶声悲秋欲霜，寒山数点下牛羊。映霞旅雁随疏雨，向碛行人带夕阳。边骑不来沙路失，国恩深后海城荒。胡儿向化新成长，犹自千回问汉王。"[②]这首诗写于大唐帝国即将寿终正寝的时代，随着大唐帝国昔日繁华的散去，在茫茫沙海中经常出现的不再是声音清脆的驼铃，代之而来的是四处的烽火狼烟，往日的和平与宁静被残酷的战争所打破。这首诗揭示了游牧民族与汉民族长期对峙的历史事实，虽然自汉代以来中原历代王朝多次对北方游牧民族进行征战，但始终没能解决其对边境的威胁。游牧民族不仅仅一代一代地成长起来，而且还多次入主中原。

其实，在中国历史上，北方游牧文明与中原农业文明之间的战

[①] 马克思恩格斯：《德意志意识形态》，载《马克思恩格斯选集》第一卷，第27页，人民出版社，1972年版。

[②] 《全唐诗》，卷七百四十三。

争从来没有停止过。这种交流方式表现在艺术上,就是催生出一种独特的诗歌样式——边塞诗。边塞诗产生于汉魏时期,经南北朝至唐代进入黄金时代。据统计,《全唐诗》中所收的边塞诗达两千余首,这些诗歌以边塞军旅生活为主要内容,或描写奇异的塞外风光,或反映戍边的艰辛,或表达思乡的迫切,或表现战争的残酷,不仅具有极高的文学价值,而且具有极大的认识价值,反映了农业文明与游牧文明此消彼长的历史过程。

(二) 文化交流是人类认识活动

有这样一个故事:一个埃塞俄比亚人一直不曾走出过他所生活的首都亚的斯亚贝巴,因此他认为亚的斯亚贝巴就是世界上最美的地方。可是有一天他到了美国纽约,当他看到遍地的摩天大厦,他非常感慨地说,原来纽约是世界第一,亚的斯亚贝巴是世界第二;又过了一段,这个埃塞俄比亚人又到了中国的北京,他不仅看到了到处林立的高楼,又看到了数不清的文化遗产,他又无限感慨地说,原来北京是世界第一,纽约是世界第二,亚的斯亚贝巴是世界第三……这个故事的意义不在于告诉人们北京、纽约和亚的斯亚贝巴到底谁是世界第一,而是要用这个故事说明一个道理,那就是一个人只有在与其他文化的交流中,才能认识世界、认识自己,非常形象地说明了文化交流的认识价值。文化交流的认识作用不仅体现在个体之间的交流上,同时也体现在族群和国家之间的交流上,一个国家、一个族群正如一个个体一样,只有在与不同文明的交流碰撞中，才能看清人类文化的优劣，才能认识自身的不足，才能找到努力的方向。

文化交流之所以具有认识作用，是因为文化是靠一代代人积累起来的，人类创造文化的过程，其实也是人类认识自然、社会和自身的过程。文化从来都是"天下为公"的，即便是在交通不发达的古代社会，文化也没有绝对的国界，它不仅可以进行交流，还可以成为认识自然、社会和人类自身的工具。今天，人类对自然、社会和自身的认识已经达到了空前的广度和深度。据统计，20世纪的最后10年，人类在科学技术方面所创造的成果比人类之前所创造的总和还要多。今天的人类之所以能升天入地，能改头换面，不仅是文化积累的结果，同时也是文化交流的结果。正如季羡林所说："人类到了今天，之所以能随时进步，对大自然，对社会，对自己内心认识得越来越深入细致，为自己谋的福利越来越大，重要原因之一就是文化交流。"①

如前文所说，文化的价值主要体现在它的地域性里，文化交流可以引导个体、族群和国家不断地去了解新的领域，从而为他们打开一个个崭新的未知世界。西汉时期，西域大宛国（今乌兹别克斯坦的费尔干纳）盛产一种"汗血马"，这种马体型高大、轻快灵活，具有极强的耐力，非常适合长距离奔跑，特别是在当时以骑兵制胜的战场上，这种马尤其显得珍贵，成为决定战场胜负的关键因

---

① 季羡林：《文化是"天下为公"的》，载《世界知识》，2001年第2期，第35页。

素。唐代诗人杜甫在《房兵曹胡马诗》中盛赞:"胡马大宛名,锋棱瘦骨成。竹批双耳峻,风入四蹄轻。所向无空阔,真堪托死生。骁腾有如此,万里可横行。"从中可以看出这种马的不同凡响,据说即使到了今天,一匹纯种汗血马的价格也在千万美元以上。汉武帝时期,汗血马第一次传入中国,汉武帝如获至宝,并称其为"天马",并作《天马歌》以咏之:"太一贡兮天马下,沾赤汗兮沫流赭。骋容与兮跇万里,今安匹兮龙为友。"对于雄才大略、急于开疆拓土的汉武帝来说,他知道汗血马意味着什么,于是他先派使节远赴大宛国,希望用重金换取汗血马的马种。但是,大宛国不仅拒绝交换,还暗地里劫杀汉朝使节。接着,汉武帝对大宛国发动两次大规模的战争,直至得到大量的汗血马为止,并很快将这种马用于对外战争中。然而,汗血马到达中国经过繁衍后,自第二代起就出现严重的退化,性能明显不如上一代。一开始汉朝不知何故,后来才知道是这种马的主要饲料是产于西域的苜蓿草,马退化的主要原因是它在中国吃不到这种饲料。于是,西汉王朝就派出使节出使西域,把苜蓿籽带回中国种植,从此中国的大地上便有了苜蓿这个新的物种。

文化既是记录历史的工具,又是历史传承的载体,因此文化交流既可以书写历史,又可以延续历史。由于古代印度文明出现了断裂,大量佛经失传,甚至后来的印度人不知道佛教原产于他们国家,所以唐代高僧玄奘从印度带回的佛经,就成了今天印度人研究他们历史的珍贵资料。特别是由玄奘口述,由他弟子代写的《大唐西域记》,更是被称为中国古代第一部中外文化交流专著。全书共12

卷，记述了玄奘所亲历的100多个国家和地区的山川地理、风俗人情、宗教语言、历史传说、神话故事等，是研究中古时期中亚、南亚诸国历史、地理、宗教、文化和中西文化交流的珍贵资料，也是研究佛教史学、佛教遗迹的重要文献。玄奘在该书中将他每走一地所处方位、距离多少、国体民情、风俗习惯、气候物产、文化历史都写得清清楚楚，就连哪个寺院所奉某乘某宗、僧众多少、是何人、讲什么经、多少卷等都写得十分详尽，并被后来的历史文献和文物考古所证实。从19世纪开始，这部书被译成德、法、英、日等多国文字，对世界文化的发展产生了深远影响。英国考古学者和印度学者正是手持英译本的《大唐西域记》，才在古老的印度大地上按图索骥，陆续发掘出古印度那烂陀寺废墟、王舍城旧址等众多佛教圣地和数不清的文化古迹，甚至现今印度的国家象征——阿育王柱的柱头，也是根据该书记载的史料发掘出来的。古代印度人没留下文字历史，其历史多存在于传说之中，马克思曾经感叹，古代印度尽管创造了辉煌的文明，但"印度社会根本没有历史，至少是没有为人所知的历史。我们通常所说的它的历史，不过是一个接着一个的征服者的历史"[①]。因此后来的印度人不知道佛教发源于自己的国家，也不知道自己国土里掩埋着那么多辉煌的过去，让印度人知道自己历史的正是玄奘撰写的这本《大唐西域记》。英国历史学家史密斯对玄奘评价说："无论怎么样夸大玄奘的重要性都不为过。中世纪印度的

---

① 《马克思恩格斯选集》，第二卷，第69页，人民出版社，1972年版。

历史漆黑一片,他是唯一的亮光。"印度历史学家阿里也曾经说,如果没有玄奘的著作,重建印度史是完全不可能完成的。这是文化回溯性的一个生动例子,一本旅途见闻竟然唤醒了一个民族的整体记忆。

文化交流还可以丰富一个国家和族群的生存智慧,从而让他们的生活变得更加美好。例如,古代的欧洲不产茶,欧洲人也没有饮茶的习惯,当中国的茶叶传入欧洲后,受到欧洲人的极大欢迎,特别是欧洲的上层社会,因为中国的茶叶而改变了传统的生活习惯。因此,像中国的丝绸、瓷器一样,茶叶也是中国古代出口欧洲的主要商品。又比如,现在全世界人都在喝咖啡,而咖啡当初只生长在埃塞俄比亚一个偏远的地区。相传公元10世纪时期,在埃塞俄比亚西南部一个叫卡法(Kaffa)的地区,漫山遍野生长着一种结满红色果子的树。有一天,一个牧羊人到此放牧,羊吃了红色果子后,又蹦又跳。牧羊人觉得好奇,就尝试着也吃了几颗果子,不仅觉得这种果子味道很好,而且吃后精神还特别兴奋。之后,他首先把这一消息告诉了附近修道院里的修女,修女们吃过后也感觉非常提神,她们奔走相告,让越来越多的人知道了这个秘密。于是,当地人们就将生长在这一地区的这种树命名咖啡树,并迅速在埃塞俄比亚全国种植。300年后,咖啡树又从埃塞俄比亚移植到中东其他国家。如今咖啡种植和加工已成为东非国家的主要产业,仅埃塞俄比亚就有30%的人从事这种行业。如今,全世界喝咖啡的人越来越多,咖啡的种植也遍及非洲、亚洲、美洲等很多地区。

（三）文化交流是人类审美活动

马克思将"审美"作为人类把握世界的四种方式之一，他说："整体，当它在头脑中作为被思维的整体而出现时，是思维着的头脑的产物，这个头脑用它所专有的方式掌握世界，而这种方式是不同于对世界的艺术的、宗教的、实践－精神的掌握的。"[①]黑格尔说过，审美带有思想解放的性质。蔡元培甚至认为，在人类发展的高级阶段，审美可以代替宗教。人类开展文化交流尤其是文化中的艺术交流，在很大程度上就是为了满足人类的审美需要。人类文化交流史表明，不同国家、族群和个体之间交流最持久、最深刻、最普遍的交流是艺术交流。技术可以改变生活方式，科学可以提高认知能力，而唯有艺术最能去陶冶人的情操。

文化交流可以提升一个族群对自身的审美感知，并唤醒昂扬的生命自信。生活在地中海岸边的古希腊人，他们一年四季享受着温暖的气候、湿润的空气、明媚的阳光、湛蓝的海水，他们经常在温暖的海水中沐浴，在和煦的阳光下展露身体，久而久之形成了他们崇尚人体美的审美观念。黑格尔曾这样描述希腊人的审美过程："首先锻炼他们自己的身材为美丽的形态，然后把它表现在大理石和绘画中间。"[②]特别是希腊女性，更是极力通过一种外在的装饰物来展现自身的形体美。在这种审美观念的支配下，中国细软轻柔的丝绸就

---

① 《马克思恩格斯选集》，第二卷，第104页，人民出版社，1972年版。
② 黑格尔：《历史哲学》，第287页，三联书店，1956年版。

成了她们的首选。早在公元前8世纪,中国的丝绸就开始运往欧洲,公元前5世纪左右,中国丝织品作为古希腊贵族的服装出现在希腊的雕像上。西汉开通丝绸之路之后,中国的丝绸更是源源不断地运往欧洲。当时西方人对中国丝绸赞叹不已,把中国称作"赛里斯",即"丝的国度"。丝绸的薄、软、轻和随物赋形的特质与古希腊人推崇人体自由的审美追求相一致,也符合西方注重个体实践的价值理念,中国丝绸以其独特的物质特性对西方美学理念作出了很好的诠释。因此,在古代中国,丝绸始终是中国向西方出口的大宗物品。在希腊人看来,女人穿上轻薄透体的中国丝绸,戴上若隐若现的丝织面纱,不仅没有丝毫的轻浮之感,反而显得更加高贵迷人。这种审美观点又被罗马人所继承,当埃及末代女王克娄巴特拉穿上中国的丝绸时,罗马诗人卢坎这样描写她:"克娄巴特拉的白腻胸部,通过西顿的罗襦而闪闪发亮。这种罗襦是用赛里斯人的机杼织成,并用尼罗河畔的织针编出粗大透亮的网眼。"[①]罗马帝国时期,欧洲人对中国的丝绸供不应求,罗马人不分等级贵贱,一律以穿丝绸服装为荣,甚至罗马帝国统治下的一些偏远地区,丝绸服装也已普及到一般的百姓之家。公元4世纪罗马历史学家马赛里奴斯在《罗马帝国史》一书就曾写道:"从前丝绸仅限于贵族穿用,现在所有人,甚至

---

① (英)H.裕尔:《东域纪程录丛》,张绪山译,第170页,云南人民出版社,2002年版。

最为卑贱之人，也毫无分别地穿用了。"[①]这话虽然有点夸张，但却充分说明丝绸在欧洲有着巨大的市场需求。罗马人对中国丝绸的迷恋已不仅限于丝绸物质文化层面轻柔华丽的质感，而是已上升到审美愉悦的精神文化层面。正如美国学者艾田蒲所说："当罗马妇女一旦披上了丝披巾，她们就分享了那些东方人的价值观。她们身着的丝绸服装，也就深深'打上了中国的价值观'。"[②]

　　西方人不断增长的审美需求促进了丝绸之路千年的繁荣昌盛，并带动了中西文化的交流。无独有偶，现代欧洲人对中国还有一样东西，其渴求程度一点也不亚于古代的丝绸，而且也是为了审美的需要，那就是用藏羚羊毛做成的披肩、围巾等女性装饰物。但是，和古代丝绸之路不同的是，这种交流的背后却充满了血腥的屠杀，充满了罪恶的交易。

　　藏羚羊是生活在青藏高原可可西里地区的一种世界特有动物，其体形高大健壮，皮毛丰厚浓密，耐低温，善奔跑，对极端气候具有极强的适应能力。由于藏羚羊长期生活在高寒地区，经过长期的进化，其毛具有极强的保暖性能，被称为"羊毛之王"。用藏羚羊毛制成的披肩轻薄滑柔，可以轻轻地从指环中穿过，深受欧洲贵夫人的喜爱，据说在欧洲的黑市上，一条可以卖到30万美元。而织一条

---

① （英）H.裕尔：《东域纪程录丛》，张绪山译，第170页，云南人民出版社，2002年版。

② 转引自乐黛云、李比雄等：《跨文化对话》，第1辑，第161页，上海文化出版社，1998年版。

女式披肩需要3只藏羚羊的毛，织一条男式披肩则需要5只藏羚羊的毛。正是这种巨大利润的驱使，藏羚羊从20世纪初的100万只，到20世纪末只剩下7.5万只。特别是20世纪90年代，藏羚羊被不法分子偷偷杀戮的现象达到了触目惊心的程度，它的背后正是人类的贪婪与虚荣。

六、文化交流的意义

"不同文化的彼此交流，对一个人的个性和文化属性的发展，对一群体、一国家文化发展的走向，都会产生影响。"[1] 文化交流可以改写一个国家和民族的命运，同时也可以改变一个国家和民族的文化基因。例如，1860年之前的日本是一个封闭、落后的封建主义国家，而且是一个深受中国文化影响、原本隶属于东亚文化圈的亚洲国家。但是，经过1860年之后的明治维新改革，日本不仅在军事技术上照搬西方，而且在文化上也摒弃了传统的儒家文化，完全学习西方资本主义文化。经过这次改革，日本不仅在军事上迅速成为亚洲最强的国家，而且在文化上逐步脱离了亚洲的文化传统，正式纳入西方国家的行列。

在人类历史的重大转折点上，文化交流往往起到巨大的促进作用。例如，中国四大发明传入欧洲，促进了人类历史由古代向近代的迈进。对此，英国哲学家培根在《新工具》一书中给予了充分的

---

[1] 关世杰：《跨文化交流学》，第5页，北京大学出版社，1995年版。

评价:"我们应该注意各种发明的威力、效能和后果。最显著的例子便是印刷术、火药和指南针。这三种发明曾改变了整个世界事物的面貌和状态,第一种在学术上,第二种在军事上,第三种在航海上,由此又产生了无数的变化。这种变化是如此之大,以致没有一个帝国、没有一个教派、没有一个赫赫有名的人物,能比这三种技术发明在人类的事业中产生更大的力量和影响。"马克思在《机械、自然力和科学的运用》中对中国四大发明对人类的贡献也有过极高的评价:"火药、指南针、印刷术——这是预告资产阶级社会到来的三大发明,火药把骑士阶层炸得粉碎,指南针打开了世界市场并建立了殖民地,而印刷术则变成新教的工具,总的来说变成科学复兴的手段,变成对精神发展创造必要前提的最强大的杠杆。"[1]

1500年前后的地理大发现,促进了文化在全球范围内的传播,标志着世界历史的到来。马克思、恩格斯在《共产党宣言》中指出:"美洲的发现、绕过非洲的航行,给新兴的资产阶级开辟了新的活动场所。东印度和中国的市场、美洲的殖民化、对殖民地的贸易、交换手段和一般的商品的增加,使商业、航海业和工业空前高涨,因而使正在崩溃的封建社会内部的革命因素迅速发展。"[2] "过去那种地方的和民族的自给自足和闭关自守状态,被各民族的各方面的互相往来和各方面的互相依赖所代替了。物质的生产是如此,精神的生产也是如此。各民族的精神产品成了公共的财产。民族的片面性和

---

[1] 《马克思恩格斯全集》,第47卷,第427页,人民出版社,1979年版。
[2] 《马克思恩格斯选集》,第一卷,第252页,人民出版社,1972年版。

局限性日益成为不可能,于是由许多种民族的和地方的文学形成了一种世界的文学。"①

　　文化的征服是人心的征服,而人心的征服才是真正的征服。拿破仑说过,世界上有两种东西最为强大——利剑和思想,但从长远来看,利剑终要败在思想之下。早在19世纪,美国传教士明恩溥就曾对来华传教的目的做过这样的论述:"我认为,从长远的观点看,英语国家人民所从事的传教事业,所带来的效果必定是和平地征服世界——不是政治上的支配,而是在商业和制造业,在文学、科学、哲学、艺术、教育、道德、宗教上的支配,并在未来的时代里将在这一切生活的领域里取回收益,其发展将比目前的估计更为远大。"②休斯顿·史密斯也曾说过:"当历史学家回首我们这个世纪,最激动人心的事不是太空旅行或核能的应用,而是整个世界上的人们可以真诚相对,互相理解。"③这就是文化交流的意义,它可以"不战而屈人之兵",体现出"思想总有比利剑更强大的力量"。那么,文化交流对一个国家和民族究竟有什么作用呢?概括为以下五点。

(一)提升国家软实力

　　有人做过计算,说在农业经济时代,生产1斤小麦可卖2元钱;

---

　　① 《马克思恩格斯选集》,第一卷,第255页,人民出版社,1972年版。
　　② 顾长声:《传教士与近代中国》,第113页,上海人民出版社,1981年版。
　　③ (美)萨默瓦·波特:《跨文化传播》,闵惠泉等译,中国人民大学出版社,2004年版。

在工业经济时代，将1斤小麦酿成啤酒可卖20元钱；在服务经济时代，将1斤小麦酿的啤酒在酒吧里分开销售可卖200元钱；在体验经济时代，农场主把农场复原，建成以种小麦、酿啤酒为主题的农庄式主题公园，开展耕地、种小麦、酿啤酒等参与体验式游戏，获得的总价值要超过500元钱。为什么同样是1斤小麦在不同的时代所产生的价值差别会如此之大呢？这就是软实力的作用。

那么，什么是软实力呢？这个概念由美国哈佛大学教授约瑟夫·奈于1990年首次提出，当年他在美国著名杂志《外交政策》上发表"Soft Power"一文，宣告了软实力（或译"软力量"、"软权力"）这一概念的诞生。他把软实力定义为"影响别人选择的能力，如有吸引力的文化、意识形态和制度"，从此软实力就成了国际关系中一个非常流行的概念。2004年，约瑟夫·奈在他的著作《软实力：世界政坛成功之道》中对软实力作了进一步规范，他指出，"软实力是通过吸引而非强迫或收买的手段来达己所愿的能力，它源于一个国家的文化、政治观念和政策的吸引力"。2006年约瑟夫·奈又发表了《软实力的再思考》一文，再次强调软实力对于一个国家综合国力的影响。

软实力是与经济、科技、军事等硬实力相对的一个概念，它是一种无法抗拒的吸引力、感召力和亲和力，是一种在自愿前提下的主动趋同和接受。尽管软实力与硬实力有着密切的联系，但后者绝不是前者的必要条件。约瑟夫·奈以挪威为例来说明这个问题，他指出挪威是一个只有不到500万人口的小国，但挪威制订了一系列海外援助计划，并积极致力于创造和维护世界和平事业，这使得挪威拥有了超出其经济和军事实力的影响力。这说明软实力并是不依赖于硬实力而存在，一个经济、军事实力薄弱的国家照样可以拥有强大的软实力。

软实力的核心是"文化的软实力"，因为价值观、政治制度、意识形态等都可归到广义的文化范畴之中。中华文明是世界上唯一没有中断的历史文明，但有着五千年传统的中华文化目前在世界上却处于"劣势"地位。新中国经过建国70多年的发展，特别是改革开放40多年的艰苦奋斗，综合国力得到了大幅度的提高，但中国软实力"落后"的状况仍然没有得到根本的改变。具体表现在：中国对传统文化的宣传和推介处于"原生态"状态，多数时候是一种展示而不是一种输出；大量的优秀传统文化资源尚在"沉睡"之中，并未充分转化成强大的现实生产力；在国际文化贸易中，尤其是在文艺演出、语言文化、图书出版等领域，与发达国家仍然有较大差距；对于中国文化形象的认知存在一定的偏差，忽视了对传统文化资源的创新和改造；中国输出的文化理念和价值观还缺乏足够的影响力，很难从根本上影响到其他民族的文化心理和行为习惯。

从西方文化的发展历史来看，几乎每个时期都有其标志性的主导性话语，古希腊时期有民主，罗马时期有法律，文艺复兴时期有所谓人和人性，现代则有所谓的理性和个人意志等。而与此相比较，中国文化在世界上的声音是很"微弱"的。据"中国青少年喜爱的动漫作品"调查显示，喜欢日本动漫的人占60%，喜欢欧美动漫的人占29%,而中国儿童最喜爱的20个动漫形象中,有19个是"外国人",只有"孙悟空"一人填补了国内空白。[①] 从中可以看出,中国文化对青少年的吸引力远远低于外国文化。据北京大学教授王岳川调查统计,20世纪中国总共翻译了106800多册西方书籍,而西方世界只翻译了1000多册中国书籍,二者相差很多倍。从此可以看出,中国文化的软实力不是中国造几艘航空母舰就能解决的,它需要中国文化从自身去寻找真正解决问题的方法和出路。

(二)树立良好国家形象

美国政治学家布丁(Boulding,K.E.)认为:国家形象是一个国家对自己的认知以及国际体系中其他行为体对它的认知的结合,它是一系列信息输入和输出产生的结果,是一个"结构十分明确的信息资本"。国家形象包括国内形象和国际形象,特别是后者被公认为国家软实力的重要组成部分。一个国家在国际舞台上是否有号召力,能否发挥作用,不仅取决于它的实力如何,更取决于它的形象如何。一个损人利己、穷兵黩武的国家形象,在世界上注定会处处碰壁;相反,一个睦邻友好、包容合作的国家形象,必然会得到全人类的认可。

一个国家的形象不仅体现在其经济形象、政治形象、军事形象上,更体现在其文化形象上。如果说政治、经济、军事是一个国家

---

① 李娟、李月敏:《日本动漫文化输出战略》,载《河北大学学报》,2007年第4期,第122、124页。

形象的"骨骼",那么文化就是一个国家形象的"血肉"。"国家文化形象是一个国家文化传统、文化行为、文化实力的集中体现,它如同一把界尺,反映了一个国家的国民素质和精神风貌。良好的国家文化形象是一个国家的经济形象和政治形象的支撑,对国家形象具有巨大的提升作用。"① 因此,在全球化时代,通过文化的手段塑造和传播良好的国家形象,是各国政府开展对外文化交流的重要目的之一。

一个国家的形象体现在这个国家的凝聚力上,它能焕发出民族的整体自信心。2010 年 8 月,智利发生了轰动世界的圣何塞铜矿矿难,33 名矿工被困 700 多米深的井下长达 69 天。在等待救援的时间里,这些矿工相互分工、相互鼓励,严格控制仅有的食物,并积极与地面救援配合,还争着最后一个走出矿井,最终全部获救,让全世界对智利人刮目相看。这 33 人能奇迹般地生还,不是完全因为他们体魄的强大,也不是因为救援设备的先进,而是也得益于强大的软实力:矿难发生后,智利总统皮涅拉立马结束在哥伦比亚的访问,提前回国指挥救援;救援部门快速制定出科学的救援方案并马上付诸实施;矿方和工人平时严格执行下井作业制度,采取必要的安全措施,保证了工人在井下可以实施自救;33 名工友齐心协力,都把生的希望留给别人。智利总统皮涅拉说,圣何塞矿难救援体现了国家团结精神,表明全体国民只要齐心协力,就可以克服遇到的任何

---

① 张阿利:《让世界看什么?——从近年国产大片看国家文化形象的传播》,载《电影画刊》,2007 年第 1 期。

困难，并决定在矿难救援营地上建立一座纪念碑，让子孙后代永远牢记这次矿难事故和伟大的救援行动。这虽然是一次意外的矿难，但却显示了国家的良好形象，它体现了国家的凝聚力、向心力及强大的民族精神。

20世纪末，有西方战略学家曾经指出："中国崛起成为一个大国，将是21世纪国际关系中最为确定的发展趋势之一。"①21世纪中国成为一个世界大国，既是中华民族实现伟大复兴的梦想，也是不可逆转的历史趋势和必然。这里需要强调的是，中国的崛起不仅是在政治、经济、军事上的崛起，还包括在文化上的崛起，也就是说中国必须树立起与政治、经济大国相适应的文化大国形象。

中央电视台对欧洲、美洲、亚洲三十多个中文台的台长和播音员做过一次调查，调查的题目有两个。一个题目是："孔子、苏东坡、鲁迅、李小龙四人中谁是中国的名人？"答案几乎都是李小龙，只有一位韩国人认为是孔子，因为韩国人认为自己是儒教国家。另一个题目是："西施、杨贵妃、林黛玉、巩俐四人中谁的知名度最高？"答案全都是巩俐。这个情况说明，许多外国人对中国文化了解得非常不够，甚至是知之甚少，这就很容易对中国文化产生误读，甚至是误解。难怪英国前首相撒切尔夫人曾说："你根本不需要担心中国，因为中国只能出口电视机，而不是那种可用来推进自身利益、并具有国际影响力的思想观念。"因为中国出口的是电视机，而韩国

---

① 王华超：《文化是国家的根脉》，载《淮海文汇》，2010年第3期。

出口的是电视剧。可见，中国要想树立大国形象地位，道路还依然漫长。

（三）增强民族文化自信

文化自信是一个人、一个民族、一个国家对自身传承的文化体系和文化价值怀有崇高的敬畏，并对这种文化的生命力、创造力、凝聚力和影响力抱有坚定的信心。中华民族是一个有着强烈文化自信的民族，文化自信对于中国人来说，它是一个人的修养境界，也是一个人的担当意识，更是一个人的价值取向。中国人所崇尚的文化自信是屈原的"身既死兮神以灵，子魂魄兮为鬼雄"的坚贞不屈，是甘延寿、陈汤的"明犯强汉者，虽远必诛"的勇往直前，是张载的"为天地立心，为生民立命，为往圣继绝学，为万世开太平"的勇敢担当，是龚自珍的"我劝天公重抖擞，不拘一格降人才"的忧患意识，是纪君祥的"赵家枝叶千年永，晋国山河百二雄"的坚定信念，是一代伟人毛泽东的"自信人生二百年，会当击水三千里"的刚毅执着。文化自信的最高层面是国家自信，最低层面是个体自信，而国家的自信最终都要通过个体自信表现出来，而个体自信最终也要体现在国家自信之中。他们的关系可表述为：个体自信则国家自信，国家自信则个体更加自信，正如少年强则国家强，国家强则少年更强。

文化自信也是党的十八大以后被广泛使用的一个词语。习近平总书记在一系列重要讲话中反复提到文化自信对民族伟大复兴的重要意义。例如:"增强文化自觉和文化自信,是坚定道路自信、理论自信、制度自信的题中应有之义。""中国有坚定的道路自信、理论自信、制度自信,其本质是建立在5000多年文明传承基础上的文化自信。""坚定中国特色社会主义道路自信、理论自信、制度自信,说到底是要坚定文化自信,文化自信是更基本、更深沉、更持久的力量。""全党要坚定道路自信、理论自信、制度自信、文化自信。文化自信是更基础、更广泛、更深厚的自信。""坚定文化自信,是事关国运兴衰、事关文化安全、事关民族精神独立性的大问题。"习总书记关于文化自信的这些论述,把文化自信提升到关乎国家长治久安和民族伟大复兴的战略高度。那么扩大文化交流与增强文化自信有什么关系呢?可以概括如下:

一是文化自信不是亦步亦趋,它是充满民族自豪感的文化自觉。文化自豪感是在文化交流中培养起来的,没有文化交流就没有文化自豪感,而文化自豪感又是形成文化自觉的基础。"文化自觉要求对文化重要性,对文化发展的规律以及文化建设的途径、方法,对自身文化优劣之处都要有明确清醒的认识。……而文化自信则是对内身份的确认,是文明多样性、差异性存在的条件。"① 可以说,传承五千年从未中断的中华文明,其深厚的内涵和崇高的品格,使其不逊于世界上任何一种文明,而那种对民族文化妄自菲薄的心态,不可能产生文化自信。"在多样文化的交流碰撞中,一方面应坚守中华

---

① 李长庚:《文化自信与文明交流互鉴》,载《人民网》,2019年5月24日。

文化的主体性，捍卫民族精神的独立性；另一方面应警惕'去历史化'、'去中国化'的错误倾向，抵制各种污蔑、贬低民族文化的行为，坚决反对文化虚无主义。"[1]文化虚无主义与文化自信是背道而驰的，对此我们有过沉痛的历史教训，必须引以为戒。

二是文化自信不是闭门造车，它是在传承博取基础上的文化创新。创新是文化发展的永恒主题，只有不断创新，民族文化才能不断丰富和发展，才能在不同文化的交流碰撞中立于不败之地。从人类文明的发展史来看，所有的文化创新既包含着对一切优秀传统文化的传承，又包含着对一切人类先进文化的吸收。抛弃割裂传统，文化就会处于一片沙漠之中；同样，排斥拒绝接收一切外来文化，必然会陷入文化孤立主义。因此，文化创新必须从源远流长的传统文化根脉中，从丰富多彩的一切外来文明精华中吸收营养，经过去芜存菁、凝练萃取，最后创造出崭新的文化形态。为此，"我们应坚持保护传承与发展创新并重、文化事业建设与文化产业发展并举、历史传统与时代精神融合、文化发展繁荣与经济转型跨越发展互促，通过开展民族文化交流体悟我国优秀民族文化传统，弘扬中华民族优秀传统文化，增强人们的文化自觉和文化自信"[2]。

三是文化自信不是夜郎自大，它是在文化反思基础上的交流互鉴。"没有不同文明的互鉴，就不可能科学、理性、全面地认识自

---

[1] 尹洁、黄刚：《在文化交流中彰显文化自信》，载《中国社会科学网》，2019年2月21日。

[2] 任军：《通过文化交流增强文化自信》，载《人民网》，2013年12月6日。

身文化,正确地对待自身文化。在文明的交流互鉴中,我们认识到中华文明之所以是未曾中断的文明,是因为中华文化具有独特的价值和魅力,具有极强的凝聚力、融合力和吸引力,具有顽强的生命力。"① 交流互鉴的目的,除了相互吸收之外,就是相互提供反观的镜子,培养文化的反思能力。文化反思能力能够对自身价值做出正确的判断,既不陷入文化虚无主义,又不滋生文化自大主义。文化反思是形成文化自觉的前提条件,不具备反思能力的文化不可能产生文化自觉。"文化自觉是一个艰巨的过程,既要亲熟自己的本土文化,又要理解所接触的异域文化和他者文化,才有条件在这个正在形成中的多元文化的世界中挺立自身的位置"②

(四)促进人类文明多样性

英国历史学家汤因比曾将人类文明分为 21 种类型,不管这种分法是否科学完备,但他却指出了人类文明的基本形态:那就是多样性的存在。据统计,目前全世界有超过 70 亿的人口,分为近 1 万个不同文化背景的民族,他们操着 5000 多种语言,信奉着 5000 多种宗教,结成数百个不同利益的国际组织,建立 224 个不同政治理念的国家。人类文明的发展历史表明,从古到今从来没有出现过一种可以取代其他一切的文明类型,相反,每种文明都在以自己特有方式顽强地存在着、发展着、前进着。人类文明统一于多样性,多样

---

① 李长庚:《文化自信与文明交流互鉴》,载《人民网》,2019 年 5 月 24 日。
② 祖国华:《文化反思与文化自觉》,载《光明日报》,2017 年 06 月 19 日。

性才是人类文明最基本的特征。

鉴于此,2001年联合国教科文组织发表了《世界文化多样性宣言》。该《宣言》指出:"文化多样性是交流、革新和创作的源泉,对人类来讲就像生物多样性对维持生物平衡那样必不可少。"这里不仅强调了保持文化多样性对人类文明发展的意义,而且指出了文化多样性还是保证文化能够实现创作、革新和交流的基础。文化在交流中传播,在传播中发展,在发展中丰富。文化交流与文化多样性是相辅相成的,文化多样性是文化交流的前提条件,没有文化多样性文化交流就失去了凭借,正是文化的多样性才使文化具有了交流的价值;同时,文化交流反过来又促进文化多样性,没有交流任何一种文化都会成为一潭吹不起涟漪的死水,交流才是文化发展的根本动力。

为更好地促进人类文化多样性发展,2005年10月,第33届联合国教科文组织大会又通过了《保护和促进文化表现形式多样性公约》。该《公约》把"文化多样性"定义为:"各群体和社会借以表现其文化的多种不同形式,这些表现形式在他们内部及其间传承。"同时指出:"文化多样性不仅体现在人类文化遗产通过丰富多彩的文化表现形式来表达、弘扬和传承的多种方式,也体现在借助各种方式和技术进行的艺术创造、生产、传播、销售和消费的多种方式。"应该说,《公约》是对《宣言》的进一步细化和规范,不仅强调了人类不同文明表达、弘扬和传承方式的多样性,同时也强调了各文明之间交流、传播和消费方式的多样性。它指出了实现人类文化多样性发展的前提和途径，前提是尊重不同国家和民族传承发展文化的自主选择性，人类创造的任何不同形式的文化都应得到全人类的尊重，它们之间没有高低优劣之分；途径是要借助多种方式进行生产、传播和消费，不同文明在平等对话的前提下相互吸收和借鉴，在充分的交流中实现人类文化的共同提升。

其实，中国在人类命运共同体的框架内，一直致力于促进人类文化多样性发展，并把不同文明之间的交流互鉴作为维系人类命运共同体的牢固纽带。我们所倡导的文化多样性是那种"各美其美，美人之美，美美与共，天下大同"的多样性，是那种超越"西方中心论"、"文明等级论"、"文明冲突论"的多样性，是那种包容互鉴、求同存异、兼收并蓄、和而不同的多样性，而不是那种狭隘、单边和霸权的多样性。

（五）加强文明沟通了解

1996年，美国哈佛大学教授塞缪尔·亨廷顿出版了《文明的冲突与社会秩序的重建》一书。亨廷顿把冷战结束后的世界文明分为七大或八大文明，即中华文明、日本文明、印度文明、伊斯兰文明、西方文明、东正教文明、拉美文明，还有可能存在的非洲文明。他认为，冷战结束后能引起世界冲突的不再是意识形态，而是不同的文明体系，各文明之间的分界线将会成为未来的战线，并强调"文明的冲突"是对全球最大的威胁。与亨廷顿针锋相对的，是1998年德国知名学者、政治学家哈拉尔德·米勒出版的《文明的共存——对塞缪尔·亨廷顿"文明冲突论"的批判》。米勒认为,亨廷顿的"文明的冲突"包含的片面世界观和敌对论是极其危险的,并提出了"文明共存论"。在米勒看来,人类文明不是在对抗中而是在共存中发展,各种文明必须加强对话而不是简单地对抗,不同文明之间只有采取包容合作的态度,人类才能够真正实现和平共存。

2005年11月25日,韩国江陵端午祭成功申报人类非物质文化遗产。但是,这件事却引起了一部分中国人的义愤填膺,认为韩国是在明目张胆地抢占中国的文化资源,甚至认为这是一种"极不道德"的行为。还有一篇公开发表的文章《"去传统化"将文化遗产拱手让人》,文中说:"中国长达一个世纪的'去传统化'运动并没有导致中国富强,它只造成了'断裂的一代'——对传统文化无知的失落的一代人……由于我们对传统的冷落,以至我们对传统的保存远不及邻国。我们心有不甘,不过我们真的怨不得别人,是我们自己主动把文化遗产拱手让人。"[①]作为一个端午节发源地的中国人,有这种情绪完全可以理解。但是,韩国江陵端午祭绝对不是一般中国人想象的那么简单,因为它是对中国文化的借鉴而绝不是抄袭。之所以会造成这种误会,正是缺少文化交流而引起的。

毫无疑问,韩国江陵端午祭的源头是中国的端午节,但其中却大量融入了当地的文化传统,仅在形式上,就与中国的端午节有很大区别,如中国端午节插艾蒿、吃粽子、饮雄黄酒、戴荷包、划龙

---

① 《南方都市报》,2004年5月10日。

舟等习俗，在韩国江陵端午祭中是不存在的。韩国江陵端午祭的核心内容是祭祀大关岭山神、大关岭国师城隍神、大关岭国师女城隍及许多被神化的人物，特别是其中的祭祀仪式，保存了完整的形式和内容，这是区别于中国端午节的最大地方。

韩国江陵端午祭的活动时间，从农历四月初五到五月初七长达一月有余。大致流程是：从农历四月初五酿制神酒开始，农历四月十五日举行"大关岭山神祭"和"国师城隍祭"，祭祀结束后，锯一段神木，人们将青红礼缎挂在上面，然后在神木的引导下，组成迎神行列，农历五月初三傍晚时分，回到江陵国师女城隍祠接受"奉安祭"，也就是端午祭的"前夜祭"。祭祀结束后，将大关岭国师城隍、大关岭女城隍牌位放在露天祭场，从初四到初七，每天早晨举行"朝奠祭"。仅从规模和时间上看，江陵端午祭的社会参与度也远远超过中国的端午节。

除祭祀活动之外，江陵端午祭还举行跳绳、拔河、摔跤、荡秋千、射箭、投壶、汉诗创作、民谣竞唱、假面制作、巫俗表演、农乐表演等多种传统游戏和体验活动。而且，江陵端午祭每年在保持原有内容的基础上，还设法增加新的活动内容，同时还邀请国外民间艺术团体到现场表演，以增进与各国的文化交流。这样既保持了江陵端午祭的原生形态，又不断赋予其时代内涵，使其逐渐成为一个国际性的文化交流活动。正如江陵端午祭的组织者所说："人为明天而活着，热切的渴望与理想是人类生命的源泉。"这正是江陵端午祭的初衷与目的。

七、新时代中国对外文化交流的辉煌成就

党的十八大之后,中央高度重视对外文化交流工作,习近平总书记多次对此作出重要论述、提出明确要求。2013年3月23日,国家主席习近平出访俄罗斯,在莫斯科接见俄罗斯汉学家、学习汉语的学生和媒体代表时说:"文化就像一个绵延不断的河流,源头来自远古,又由许多支流、干流汇合而成。文化交流是民心工程、未来工程,潜移默化、润物无声。"高度概括了文化交流对于一个国家和民族发展的重大意义,它是一个国家的民心所向,是一个民族的百年大计。2016年5月17日,习近平总书记在《在哲学社会科学工作座谈会上的讲话》中提出:"要推动中华文明创造性转化、创新性发展,激活其生命力,让中华文明同各国人民创造的多彩文明一道,为人类提供正确精神指引。"指出了对外文化交流的根本目的,是让灿烂的中华文明与人类一切优秀文明携手并肩,为人类的发展提供动力和指向。2019年5月15日,国家主席习近平在《深化文明交流互鉴 共建亚洲命运共同体——在亚洲文明对话大会开幕式上的主旨演讲》中指出:"一切生命有机体都需要新陈代谢,否则生命就会停止。文明也是一样,如果长期自我封闭,必将走向衰落。交流互鉴是文明发展的本质要求。只有同其他文明交流互鉴、取长补短,才能保持旺盛生命活力。"指出了人类文明只有交流才能融合,只有互鉴才能进步,强调了文化交流对于促进人类文明发展的重大意义。这一系列高屋建瓴的论述和判断,为新时代对外文化交流工作指明

了方向，标志着对外文化交流进入了最好的历史发展时期。新时代中国对外文化交流取得的辉煌成就主要体现在以下几个方面。

（一）理论创新：由过去"和合天下"到新时代"融通中外"

人类文明的每一次进步，都是因为理论上的创新。中国进入新时代之后，对外文化交流之所以获得空前发展，首先缘于理论上的突破，那就是由过去的"和合天下"发展到新时代的"融通中外"。"融"包含着"和"的思想，同时又具有了新时代的文化内涵。"'融通中外'理念的基本内涵包括三点：首先是扎根'中'，就是要坚持和发扬中华文化，以中国核心价值观为支撑，以自信的姿态高扬和展现我们自己的价值理念、实际情况和立场主张；其次是融通'外'，就是要解放思想、海纳百川，吸收国外有益的文明成果，为我所用，多贴近外国受众的思维习惯和语言习惯，形成融通中外的话语体系；最后要凸显'同'，推崇人类共同价值，致力于促进民心相通，增强各国人民、各种文化之间的相互认知、信任和认同，积极推动人类命运共同体的构建。"[①] "和"代表着一种态度，它表明中国文化具有与天下共生的品格，更多地体现着中国文化的参与性；"融"代表着一种行动，它表明中国文化具有与世界共建人类文明的能力，更多地体现着中国文化的主体性。由"和"到"融"，表明中华文化由过去追求与天下和平、和睦、和谐，发展到新时代追求与世界

---

① 唐润华、沈国勋：《从"和合"到"融通"：中华文化对外交流理念的历史传承与现实意涵》，载《中国新闻传播研究》，2020 年第 3 期。

的融和、融汇和融通,以更加主动的姿态融入人类文明的共建之中。

新时代中国对外文化交流的理论创新主要体现在习近平新时代中国特色社会主义思想之中。2013年12月30日,习近平总书记在中共中央政治局第十二次集体学习时指出:"提高国家文化软实力,要努力展示中华文化独特魅力。""把跨越时空、超越国度、富有永恒魅力、具有当代价值的文化精神弘扬起来,把继承传统优秀文化又弘扬时代精神、立足本国又面向世界的当代中国文化创新成果传播出去。"他还指出:"要以理服人,以文服人,以德服人,提高对外文化交流水平,完善人文交流机制,创新人文交流方式,综合运用大众传播、群体传播、人际传播等多种方式展示中华文化魅力。"在这里,习总书记指出了提高中国文化软实力的重要途径,就是把最优秀的民族传统文化和当代创新文化传播出去,同时要做到"以理服人,以文服人,以德服人",以中华文化的自身价值和魅力去吸引世界上其他民族。2015年9月28日,国家主席习近平在第70届联合国大会一般性辩论时指出:"文明相处需要和而不同的精神。只有在多样中相互尊重、彼此借鉴、和谐共存,这个世界才能丰富多彩、欣欣向荣。不同文明凝聚着不同民族的智慧和贡献,没有高低之别,更无优劣之分。文明之间要对话,不要排斥;要交流,不要取代。"在这里,习近平主席指出了文明的多样性是人类前进的基础,再次强调了文明相互"融通"的意义。2017年1月18日,国家主席习近平在联合国日内瓦总部发表主旨演讲时说:"每种文明都有其独特魅力和深厚底蕴,都是人类的精神瑰宝。不同文明要取长补短、共同进步，让文明交流互鉴成为推动人类社会进步的动力、维护世界和平的纽带。"习近平主席的这一论述清晰地表明了文明交流、文化传播是打造人类命运共同体的本质要求。2017年12月1日，国家主席习近平在中国共产党与世界政党高层对话会主旨讲话中指出："中华民族历来讲求'天下一家'，主张民胞物与、协和万邦、天下大同，憧憬'大道之行，天下为公'的美好世界。……世界各国人民应该秉持'天下一家'理念，张开怀抱，彼此理解，求同存异，共同为构建人类命运共同体而努力。"在这里，习近平主席向世界作出了庄严承诺：中国和平崛起以后要与全世界休戚与共，要用中华文化去融通人类一切先进文明，进而建立政治互信、经济融合、文化包容的利益共同体、命运共同体和责任共同体。正如学者指出："习近平对外文化交流重要论述的战略定位是推动人类命运共同体建设，战略目标是提高国家的文化软实力，战略核心是全力塑造具有中国特色且融通中外的对外话语体系，战略主体是动员社会力量共同讲好'中国故事'，战略平台是借助传统媒体和新兴媒体融合发展。"[①]

（二）积极实践：在共建"一带一路"中打造高端交流平台

2013年9月和10月，国家主席习近平在出访中亚哈萨克斯坦和

---

① 张殿军：《习近平对外人文交流战略思想论略》，载《社会主义研究》，2016年第4期。

东南亚菲律宾期间，先后提出共建"丝绸之路经济带"和"21世纪海上丝绸之路"的重大倡议，立刻得到国际社会的积极响应。之后，中国政府分别于2017年、2019年举办了两次高规格的"一带一路"国际合作高峰论坛，使"一带一路"合作倡议更加深入人心。特别是2017年5月14日，习近平主席在"一带一路"国际合作高峰论坛开幕式上作重要演讲，他指出："沿着古丝绸之路，佛教、伊斯兰教及阿拉伯的天文、历法、医药传入中国，中国的四大发明、养蚕技术也由此传向世界。更为重要的是，商品和知识交流带来了观念创新。比如，佛教源自印度，在中国发扬光大，在东南亚得到传承。儒家文化起源中国，受到欧洲莱布尼茨、伏尔泰等思想家的推崇。这是交流的魅力、互鉴的成果。"习近平主席在总结"一带一路"融通中外文明成果之后，又作出了"不同文明没有优劣之分，只有特色之别"的深刻论断，为不同文明之间的交流对话、互鉴发展提供了理论依据。同时，他还用"不积跬步，无以至千里"、"金字塔是一块块石头垒成的"、"伟业非一日之功"等极富哲理的语言，告诫"一带一路"所有成员国，人类文明的共建不是一朝一夕之功，它需要全人类共同努力。习近平主席高度肯定了"一带一路"对沟通中西方文明所发挥出的重要作用，指出"古丝绸之路不仅是一条通商易货之道，更是一条知识交流之路"，并用极其凝练的语言把"丝路精神"概括为"和平合作、开放包容、互学互鉴、互利共赢"，同时强调"这是人类文明的宝贵遗产"，第一次将"丝路精神"上升到系统的理论高度。交流互鉴是"丝路精神"的核心内容，互利共赢是

"丝路精神"的根本宗旨，而文化交流则是开启观念创新的强大动力，从而赋予"丝路精神"以丰富的文化内涵。

在"一带一路"合作框架内，中国大力推进对外文化交流品牌建设，对外文化交流进入了空前繁荣阶段。成功举办了"中国—中东欧"、"中国—东盟"、"中国—欧盟"等十余个文化年、旅游年，文化交流成为"一带一路"中的一道亮丽风景。2012年至2018年，连续举办8期"丝绸之路经济带相关国家媒体负责人研修班"，邀请了"一带一路"沿线国家的100多家媒体负责人参加培训交流；自2015年起连续3年以"美丽中国——丝绸之路旅游年"为主题进行系列宣传推广，成功打造"欢乐春节"、"丝路之旅"、"青年汉学研修计划"、"中华文化讲堂"、"千年运河"、"天路之旅"、"阿拉伯艺术节"等近30个中国国际文化和旅游品牌，其中仅"欢乐春节"2017年就在全球140多个国家和地区的500余座城市举办了2000多项文化活动。另外，还举办了丝绸之路（敦煌）国际文化博览会、丝绸之路国际艺术节、海上丝绸之路国际艺术节等以"一带一路"为主题的综合性文化节会，印发了《动漫游戏产业"一带一路"国际合作行动计划》、《2018年文化部"一带一路"文化贸易与投资重点项目名单》，进一步推进中国与"一带一路"沿线国家文化交流合作和文化贸易发展。截至2021年1月30日，中国与171个国家和国际组织，签署了205份共建"一带一路"合作文件，形成了覆盖世界主要国家和地区的政府间文化交流与合作网络，"一带一路"的成果正在惠及整个世界。①

（三）顶层设计：从国家发展战略高度出台对外文化交流政策

进入新时代之后，党中央从提升中华文化国际影响力、增强国家文化软实力的战略高度，对对外文化交流进行顶层设计和统筹规划。这种设计和规划主要体现在 2016 年 12 月 31 日中共中央办公厅、国务院办公厅联合下发的《关于进一步加强和改进中华文化走出去工作的指导意见》之中。这是新中国成立后，党中央、国务院出台的第一个关于对外文化交流的专题性文件，是新时代中国开展对外文化交流工作的纲领性文件。

《意见》对我国当前对外文化交流面临的形势作出了准确的判断，指出："我国丰富的文化资源还没有充分转化为走出去的文化优势，中华文化的有效供给还远不能满足国际受众需求，中华文化软实力和国际影响力与我国经济实力和国际地位还不相适应。"针对这一情况，《意见》要求："着力加强中华文化走出去的顶层设计和统筹协调，着力创新中华文化走出去的内容形式和体制机制，着力增强中华文化的亲和力、感染力、吸引力、影响力，向世界推介更多具有中国特色、凸显中国精神、蕴含中国智慧的优秀文化，提升国家文化软实力，维护国家文化安全，为实现'两个一百年'奋斗目

---

① 中国社会科学院习近平新时代中国特色社会主义思想研究中心："'一带一路'五年来中外文化交流成果丰硕"，《人民日报》（海外版），2018 年 11 月 27 日。

标、实现中华民族伟大复兴的中国梦营造良好的国际环境。"首次以国家政策的形式,把文化软实力建设与硬实力建设放到同等的地位,从而将对外文化交流的重要性提升到一个空前的高度。

《意见》在强调对外文化交流的内容建设、平台建设、品牌建设的同时,又强调了对外文化交流的话语表达、科技创新、推广体系和评估机制建设。指出:"深入研究不同国家、不同受众的文化传统、价值取向和接受习惯,做好话语转换,着力打造融通中外的新概念新范畴新表述。""注重先进、共性、关键技术在文化领域的转化和集成运用,提高中华文化走出去科技含量。""遵循国际文化市场运行规律,主动适应对象国文化市场规则,更多采用商业化、市场化推广手段,扩大中华文化产品的国际市场份额。""以价值导向、艺术水准、受众反馈、社会影响、经营业绩等为主要指标,创新评估方式方法,建立健全中华文化走出去效果评估体系。"这就解决了对外文化交流的内容、载体、平台、渠道、技术、评估等一系列问题,进一步丰富了对外文化交流的理论体系。

《意见》在科学把握人类文明发展总体态势的基础上,对对外文化交流作出了许多新的表达,如"精心提炼中华文化中体现人类情怀的基本元素,展示其蕴含的跨越时空、超越国度、富有永恒魅力、具有当代价值的文化基因和精神标识"、"强化中外思想文化之间深层交流互动,实现中华文化海外推广和中国理念国际认同有机统一"、"创新方法手段,实现分众化、差异化传播,提高中华文化走出去的针对性、实效性和可持续性"等。这一系列新论断、新思想、新理念的提出无不闪耀着新时代的智慧和光芒，成为新时代开展对外文化交流工作的理论支撑和行动指南。

传承、创新和传播是全球化时代文化发展的三大课题，只有实现了很好的传播，才能实现真正的传承。《意见》首次把传播与传承提升到同等高度，指出："坚持创造性转换和创新性发展，加强对中华优秀传统文化的去芜存菁、凝练萃取和对外推介。阐明讲仁爱、重民本、守诚信、崇正义、尚和合、求大同等中国传统思想的当代价值，实现中国价值、中国智慧、中国精神的国际表达。"在过去强调"取其精华、去其糟粕"的基础上，提出了"创造性转换、创新性发展和科学化推介"的思想，使传承、创新和传播构成了一个严谨的逻辑体系，奠定了中华文化走出去的必由之路，最终实现"让文明进步、充满活力、爱好和平的当代中国形象在世界上树立和闪亮起来"的目标。

八、文化交流研究述评

中国古代对外文化交流，前人已有很多论述。这其中首推沈福伟的《中西文化交流史》[①]。该书于1985年问世，2006年作者进行了修订并重新出版。该书55万字，利用古今中外大量考古实物和文献资料，按照时间顺序，全面介绍了从新石器时代到目前的中西文化交流的历史，资料丰富，内容翔实，论证严谨，已被多所高校列为

---

① 沈福伟:《中西文化交流史》，上海人民出版社，2006年版（第2版）。

文化交流史的教材或参考书。其他如何芳川、万明著的《古代中西文化交流史话》①，沈定平著的《明清之际中西文化交流史——明代：调适与会通》（增订本）②，何兆武著的《中西文化交流史论》③，刘圣宜、宋德华著的区域对外文化交流史《岭南近代对外文化交流史》④等，都从不同的层面和角度论述了中西文化交互融合的过程，这里不再一一介绍。

新中国成立以后，尽管对外文化交流以前所未有之势向前发展，但论述这一时期对外文化交流的著作却相对较少，不论是史还是论都是寥若晨星。但是，有几部资料汇编式的著作很值得关注。一是由中国友谊出版公司组织编写的《新中国对外文化交流史略》⑤，该书120万字，可谓一部记录新中国对外文化交流的皇皇巨著。书中详尽记述了新中国成立到1997年，中国对外文化交流的历程及中国对外文化交流的方针政策，是一部研究新中国对外文化交流不可多得的材料。二是由文化部外联局组织编写的《中国对外文化交流概览1949—1991》⑥，该书98万字，介绍了中外文化交流历史和新中国对外文化交流概况，事件记述详细，数据统计完备。同时，还介绍了

---

① 何芳川、万明：《古代中西文化交流史话》，中国国际广播出版社，2010年版。

② 沈定平：《明清之际中西文化交流史——明代：调适与会通》（增订本），商务印书馆，2007年版。

③ 何兆武：《中西文化交流史论》，中国青年出版社，2001年版。

④ 刘圣宜、宋德华：《岭南近代对外文化交流史》，广东人民出版社，1996年版。

⑤ 孙维学等：《新中国对外文化交流史略》，中国友谊出版公司，1999年版。

⑥ 文化部外联局：《中国对外文化交流概览1949—1991》，光明日报出版社，1993年版。

世界各国文化发展概况及文化经营管理模式,并分类介绍了各国的文化艺术知识,具有很高的参考价值;三是由文化部外联局老干部联谊会编写的《金桥新篇——新中国对外文化交流50年纪事》[1],该书60万字,全是曾经或正在参与文化交流的各级领导干部及文艺工作者的亲身经历和感受,读来气韵生动、如临其境,彰显了文化交流的魅力和作用。

进入新世纪以后,随着中华文化"走出去"战略的不断实施,中外文化交流更加频繁,其规模、层次、深度都发生了质的变化。文化交流越来越受到社会的关注,很多从事文化交流的官员和学者纷纷撰文,探讨文化交流的规律及机制,总结文化交流在社会经济建设和国家外交中发挥的作用。这里首推原文化部部长孙家正著的《追求与梦想》[2]。该书由孙家正2000年至2006年在美国、英国、韩国、日本访问时的一系列演讲和部分文章所组成,虽然不是论述文化交流的专著,但涉及很多关于文化交流的内容。孙家正作为一位学者型的官员,高屋建瓴地论述了中国文化的价值、中西方文化融合的可能性及中国文化坚定不移的发展方针,并表达了以文化促进中国人民与世界人民心灵沟通的美好愿望,提供了新时期对外文化交流的基本思路和指导思想。

另外,学术界也开始大力关注文化交流的发展,并将文化交流

---

[1] 葛慎平等:《金桥新篇——新中国对外文化交流50年纪事》,文化艺术出版社,2000年版。

[2] 孙家正:《追求与梦想》,文化艺术出版社,2007年版。

与文化外交、文化外宣结合起来进行研究，取得了一系列重要成果。中国戏曲学院周丽娟著的《对外文化交流与新中国外交》[1]、中国传媒大学梁岩著的《中国文化外宣研究》[2]，是近期研究文化交流的新作。前者首次将文化交流与国家外交结合起来进行研究，详细论述了新中国成立以来，文化交流在中国外交大局中所发挥的巨大作用，提出了一些很有见地的观点，如文化交流需要一个良好的国际政治环境，并能够促使这一环境的形成；后者将文化外宣作为国家软实力的重要内容，对新中国成立以来的文化外宣进行了完整、系统的梳理，分析了我国文化外宣的特点和发展背景，以及文化外宣的主体、受众特点和文化外宣的传播内容、传播媒介、传播效果，指出了新时期中国文化外宣的优势和面临的挑战，是对外文化交流一种更加具体细化的研究。

为配合"一带一路"战略，国际文化出版公司于2016年1月又再版了何芳川主编的《中外文化交流史》。该书分上下两卷，共1100余页，分导论、勾勒篇、中国—东北亚篇、中国—东南亚南亚篇、中国—西亚非洲篇、中国—欧洲篇、中国—美洲篇七个部分。该书采用史论结合的写作方法，每个部分既有详细的史料记载，又有科学的理论分析，不仅全方位描述了中国从古至今对外文化交流的历史，而且总结了中国对外文化交流的历史经验，堪称目前研究中外文化交流的一部力作。

---

[1] 周丽娟：《对外文化交流与新中国外交》，文化艺术出版社，2010年版。
[2] 梁岩：《中国文化外宣研究》，中国传媒大学出版社，2010年版。

同国内一样，国外学术界专门研究文化交流的著作也相对较少，笔者至今还不曾看到。但是，涉及文化交流这一问题的著作很多，若论全球影响，首推美国亨廷顿的《文明的冲突与世界秩序的重建》①。尽管该书的主要观点是文明的冲突而不是我们所提倡的文明的融合，但他对文化交流还是间接地提出了很多有价值的观点，概括起来主要表现在三个方面：一是亨廷顿认为未来国际冲突的根源不是意识形态和经济而是文化，文化冲突将主宰全球政治，这实际上肯定了文化在未来国际政治中的巨大作用；二是亨廷顿认为文明冲突的根源是民族文化的差异，全球化时代不同文明之间的影响将会加深，因而不同文明之间的对抗也更加激烈，这实际上就是承认了未来不同文明之的交流将不可避免并更加深化；三是亨廷顿主张避免文明冲突的办法是在文明的基础上建立一种"世界秩序"，同时他又指出在建立这种"世界秩序"的过程中，不同文明之间跨越界限与尊重和承认界限同等重要，这实际上也就肯定了文化交流中文化的民族性与世界性的统一。这些思想对文化交流都具有很好的启示。第二部值得提及的是英国戴维·赫尔德等著的《全球大变革——全球化时代的政治、经济与文化》②。作者提出了"前全球化"的概念，认为跨区域、跨文化和跨洲的文化交流，即现在所谓的文化全球化

---

① （美）亨廷顿：《文明的冲突与世界秩序的重建》（修订版），周琪译，新华出版社，2010年版。

② （英）戴维·赫尔德等：《全球大变革——全球化时代的政治、经济与文化》，杨雪冬等译，社会科学文献出版社，2001年版。

古来有之，文化全球化是人类各种文化长期交流的结果。当前，随着新的传播技术的出现，文化交流在广度、强度、深度、速度等各方面都超过了以往任何时期，任何一种民族文化都受到文化全球化的严峻挑战。本书还讨论了文化全球化的进程，并对人类未来文化发展作了展望。另外，美国著名经济学家泰勒·考恩著的《创造性破坏——全球化与文化多样性》[1]也是非常值得一读，尽管全书只有160页，但处处闪耀着真知灼见。作者从文化经济学的角度论述了经济全球化与世界文化多样性的博弈，他承认全球化对传统文化的破坏，但又以"创造性破坏"来鼓励人们对全球化背景下的世界文化发展持一种积极的态度，认为作为一种充满活力但却没有得到足够重视的制度构架，全球化为多种艺术观念并存提供了动力，催生了大量令人满意的现代作品，创造出了一个文化繁荣的时代。并指出："所有成功的文化都带有综合的特点，只有不断与外界保持吸收、交流的状态，文化才能持久更新，而不致走向自我封闭……割裂文化与外界的关系，一味坚守所谓的'伟大传统'，最终只能伤害文明自身。当然，在文化间的交流当中，相对弱势的文化可能需要面临更多的调整和转化。"[2] 这些观点对本书的写作都提供了很好的借鉴。

---

[1] （美）泰勒·考恩：《创造性破坏——全球化与文化多样性》，王志毅译，上海人民出版社，2007年版。

[2] （美）泰勒·考恩：《创造性破坏——全球化与文化多样性》，王志毅译，第6页，上海人民出版社，2007年版。

第二章 对外文化交流类型

第二章 对外文化交流类型

对外文化交流有广义和狭义之分。广义的对外文化交流是指一个主权国家与另一个主权国家利用文化的手段进行的一切交流活动。广义的对外文化交流可分为四种类型,即文化外交、文化外宣、文化交流(狭义)和文化贸易。一般来讲,文化外交主要强调实现某种政治目的,常常作为政治、经济外交的补充;文化外宣强调向外国推介本国文化,往往是单向的交流,不考虑对方是否愿意接受;文化交流主要强调双方的共同参与,既要考虑接受方的意愿,又要考虑传播方的目的;文化贸易主要以输出文化产品和文化服务为目的,是文化经济化的一种具体体现。但这四种类型又没有绝对的严格区分,它们之间既有区别又有联系,如文化外交中包含着文化外宣,文化外宣反过来又影响文化外交;文化外交、文化外宣可以为文化交流打开更广阔的空间,而文化交流也可以深化文化外交和文化外宣的成果;文化交流可以带动两国文化贸易的发展,文化贸易往往又是文化交流发展到一定程度后才会出现的行为,同时文化贸易也是一种潜在的文化交流,因为输出的文化产品本身就蕴含着一个国家、一个族群的文化理念和价值取向。

一、文化外交

（一）文化外交的内涵

文化外交是指一个主权国家围绕对外关系大局，利用文化的手段达到特定的政治目的或外交战略意图的一种外交活动。文化外交既包括国与国之间的直接交流，即官方交流；也包括受国家支持的团体和个人之间的交流，即民间交流。文化外交反映了国与国之间的一种新型关系，即通过文化的手段来解决政治隔阂或国际事务并最终达成一致。正如美国社会学家罗伯特·帕克在分析电影对国际事务的影响时指出的那样："这或许可以被认为是国际关系和种族关系的一个新的维度，它不是政治，也不是经济，而是文化。"[①] 实际上，罗伯特·帕克指出了文化成为政治、经济之后，国际关系中的又一个重要维度，即文化交流成为国家与国家之间，继政治交流、经济交流之后的又一重要的交流方式，甚至能发挥出政治、经济交流所达不到的作用。

（二）文化外交的历史

作为人类一种基本的社会活动，文化外交起源很早。中国古代

---

① （美）孔华润等：《剑桥美国对外关系史》，王琛等译，第105页，新华出版社，2004年版。

有一个神话故事，传说周朝的第五代王周穆王，曾驾着八匹马拉的大车西巡至昆仑山，在山上的瑶池边受到西王姆的盛情款待，并与其产生了浪漫的爱情。其实，周穆王西巡的真实目的不是为了与西王姆约会，而是为了征伐当时居住在中国西北地区的戎狄部落。因为当时戎狄部落正好处于周朝通往西北大草原的要道上，并时时侵扰周朝及周边的部落，成为周王朝与西北草原各部落交流的障碍。周穆王除了率兵征讨之外，每到一处还以丝绢、铜器、贝币等馈赠各部落酋长，各部落酋长也向周穆王回赠大量的牲畜和祭酒。新疆玉石的成批东运和中原地区丝绢、铜器的西传，成了这一时期中西交通的重要内容。同时，使交流双方建立了友好的联系，使得周朝通往西北的道路得以稳定和畅通。事实上，周穆王西巡既是一次军事行动，也是一次成功的文化外交，他通过文化上的交流（主要是物质文化的交流），让这些少数民族部落"务利而辟害，怀德而畏威"[①]，达到"以文修之"[②]的目的，促进了周王朝与西北各部落在感情上的沟通和了解，为周王朝的统一和民族的团结奠定了良好的基础。

春秋战国时期，时局动荡，战争频繁，为了取得军事上的胜利，各国都在大力培养出色的外交家，他们个个巧舌如簧，往往一句话就能退百万之兵。在他们纵横捭阖的外交过程中，常常通过文化的手段，去达到政治和军事上的目的，是典型的文化外交活动。有一个成语叫"折冲樽俎"，讲述了一个通过酒文化的交流达到制敌取胜

---

① 《史记·周本纪》。
② 《史记·周本纪》。

的故事①。故事的内容是：春秋中期，强大的晋国想攻打齐国，但又不了解齐国的形势，于是就派大夫范昭出使齐国。齐景公设酒款待范昭，席间范昭借酒醉向景公讨酒，景公就让人把酒倒在自己的杯中送给范昭。范昭接过酒一饮而尽，却引起齐国大臣晏婴的不满，他让人把范昭使用过的酒杯扔掉，为景公再换一个新的。因为按照当时的礼节，酒席上君臣是不能互用酒杯的，如果国君用了大臣使用的酒杯，那就违反了君臣之礼，臣下就是对国君不敬。其实，晏婴早已看出对方这样做的目的，范昭并不是想让景公赐他酒喝，而是想借此试探齐国的君臣关系是否和谐。范昭回到晋国后，就向晋平公建议，此时还不是攻打齐国的时候，因为齐国君臣和睦、团结一致，如果贸然去攻打齐国，很可能会招致失败。晋平公就听取范昭的建议，放弃了攻打齐国的打算，齐国也因此化险为夷。

  两汉时期，国力强盛，汉帝国更是倾举国之力去从事文化外交活动。最成功的就是汉朝对西域长达200多年的经营和管理。这其中，除了军事的威慑之外，文化外交也发挥了不可替代的作用，特别是中国的丝绸通过贯通中亚诸国的丝绸之路，远销欧洲和非洲，使中华文明的光芒第一次照到了西半球。唐代是中国封建社会的鼎盛阶段，同时也是中国古代中外文化交流最为频繁的时期，不仅吸引了世界许多国家来唐朝学习中国的政治、经济、文化等各方面的知识，同时唐朝也派出大量的人员去学习其他国家的文化。唐

---

① 《战国策·齐策五》："此臣之所谓比之堂上，禽将户内，拔城于尊俎之间，折冲席上者也。"

代文化的高度繁荣，正是东西交流、南北融合的结果。例如，在唐太宗李世民的支持下，继玄奘天竺取经之后，唐朝又先后四次派王玄策出使印度，向印度各国传播中国文化，尤其是中国的本土宗教——道教，在宗教极度繁荣的印度得以传播，极大地彰显了中华文化的影响力，对促进中印文化交流做出了巨大的贡献。

近代以来，随着国家之间文化传播、交流与沟通的日益频繁，文化交流逐渐深入政治、经济、军事、科技、法律、艺术等各个领域。对此，很多国家将对外文化交流提升到国家最高的管辖范围，并从国家发展战略高度确立其运作机制，规定其内容、形式、手段与目的，制定其目标和发展方向。由此，文化交流被正式纳入外交领域，成为主权国家政府外交关系的组成部分。法国是第一个通过官方行为开展和运用文化因素以期达到外交目的的国家。路易十四执政期间，法国推出"使国王崇高、使王国荣耀"活动，大力扶持文化，用重金奖励文人，使他们致力于树立法国威望，提高法国国际地位。在这种背景下，文人外交——将文化名人作为国家外交的名片委以外交任务是18、19世纪法国外交的一大特色。路易十六时期，哲学家卢梭被任命为法国驻维也纳大使；波旁王朝时期著名诗人夏多布里昂被任命为法国驻伦敦和罗马大使，后来又出任外交部部长；1848年著名诗人拉马丁任外交部部长。19世纪末，宗教团体的对外文化活动成为法国文化外交的亮点。他们在非洲、远东、近东地区建立法语学校，教授法语，到1939年，办学机构数量达千余所。1883年，法国成立了法语联盟，这是一所非营利性质的私人文化宣传机构，得到法国外交部的大力资助，以在宗教和官方机构因政治原因而无法进入的地区传播法语文化为使命。1909年，为协调日益增加且名目繁杂的对外文化活动，法国外交部成立国外法语学校与著作办公室。该办公室在第一次世界大战期间为争取中立国和盟国精英阶层发挥了重要作用，成为法国著作司的前身。1920年法国外交部将国外法语学校与著作办公室升格为法语著作司，规定其使命为"法国对外知识扩张"。法国著作司的预算在第二次世界大战前夕一度占到外交部总预算的20%。

与法国相比，其他欧洲国家有组织地开展对外文化交流相对较晚。以英国为例，1934年之前，英国的对外文化交流以民间组织如"世界人协会"为主，它们虽然也开展诸如高校学术交流、杂志创办、对外广播等活动，但既没有系统的规划，也缺乏政府资金支持。直到1934年英国文化协会成立后，英国才开始正式进入文化外交领域。英国文化协会的成立得到英国外交部新闻司的支持，主要负责促进英国文化、教育、国际关系的拓展和交流，在全球109个国家、223座城市设有分部。

第二次世界大战期间，法西斯德国在拉美地区发动文化攻势，文化成为战争的工具。为应对德国在拉美地区的文化扩张，建立与拉美国家的良好关系，进而达到稳定自己后院的目的，美国政府开始制定对外文化战略，其标志是1938年美国国务院文化关系司的设立和"与美洲国家间科技与文化合作部际委员会"的成立。1941年美国在驻外使馆创立文化关系专员职位，是美国政府对外文化关系事务管理迈向制度化的重要标志之一。1945年杜鲁门总统将国务院文化关系司和"与美洲国家间科技与文化合作部际委员会"合并,组建成"国际信息和文化事务局",一年后更名为"国际信息与教育交流局",该局直接向国务卿汇报工作,更多地承担起美国文化外交的任务。

冷战时期,随着美苏为首的两大阵营对峙的加剧,文化外交逐渐蜕变为政府对外宣传的工具,融入了公共外交的范畴。苏联在社会主义阵营大力推广苏联文化与生活。美国则按照自己的模式在德国和日本进行民主制度的改造,强行灌输意识形态。1946年,美国开始实施富布赖特项目。1953年美国新闻署成立,其任务是对外解释和宣传美国的政策,介绍并传播美国政治经济制度和社会文化,以及就外国公众对美国政策的反应向政府高层提供咨询。紧接着卡特政府开展"人权外交",里根政府期间成立以输出民主为宗旨的"全国民主基金会",老布什时期针对东欧提出"民主建设项目",这些无不是以文化为手段,实施对社会主义阵营的和平演变,以图赢得冷战的胜利。

文化外交随冷战结束一度走入低谷。然而,各国外交政策的文化趋向并未改变。文化被视为软实力,是各国政府谋求对国际事务更大发言权的有力工具。20世纪90年代下半期开始,文化外交再度引起重视。面临着国际国内双重压力的法国寄希望于文化软实力,提出"文化多样性"原则,利用本国文化优势,加强和扩大本国影响。1998年,法国外交部和教育部共同成立教育国际协作署,旨在海外推广法国高等教育。法国外交部明确表示"法国比以往任何时候都更加是一个文化大国"。2006年5月,法国外交部部长宣布法国外交部和文化部将联合成立"法国文化署",以促进法国对外文化交流。英国布莱尔政府在1997—1998年展开了"酷不列颠"国家形象重塑运动,决心革新海外公众心目中过时的、老旧的英国印象。美国在"9·11"事件后开始反思忽视文化外交的后果,谋求建构美国国家形象。2003年美国国务院成立文化外交咨询委员会,旨在针对美国文化外交中新增的有关项目和政策向国务卿提供建议。2006年小布什政府启动"全球文化计划",以增强美国软实力、改善美国国际形象为使命。由此可见,在全球化日益深入的今天,文化外交已经成为民族国家推广自己文化价值观念、政治制度,以期保持或增强自己战略优势的有效外交途径。①

新中国成立初期,为了争取更多的国家和人民认识并了解新生的中华人民共和国,党和政府十分重视对外工作,尤其是具有特殊作用的对外文化交流。时任政务院总理兼外交部部长的周恩来多次提到对外文化交流对于中国外交工作的重要性。周恩来指出:"我们的外交包含政治、经济、文化三个方面,而且往往是经济、文化打先锋,然后外交跟上来。"②"我们的外交也要靠文化和贸易,这是

---

① 吴晓春:《长沙大学学报》,2012年第3期。
② 宋恩繁、黎家松等:《中华人民共和国外交大事记》,第1卷,第255页,世界知识出版社,1997年版。

件重要任务。"① "各国人民在文化上的交流,正如在经济上的合作一样,也是促使各国之间的和平、友谊和合作得到巩固的一个重要的条件。""作为增加各国人民之间的相互了解和促进国际合作的一个方法,文化交流已经取得了初步的成就,但是还有更多的工作需要做。就中国来说,我们不会在这方面吝惜我们的力量。"②这些论述充分表明了文化交流在中国外交工作中的重要作用和地位。

(三)文化外交的特征

1. 目的的隐蔽性

不论是官方交流还是民间交流,文化外交中文化始终是交流的手段,政治才是交流的目的,但这个目的又是极其隐蔽的。13世纪,蒙古人建立起地跨欧亚大陆的庞大帝国,同时也打通了东西方文化交流的通道。这时期,罗马教皇和法王路易九世先后派出传教士出访蒙古,企图让蒙古人皈依基督教,并与蒙古结成盟国共同对付阿拉伯人。与此同时,蒙古人也派出宗教团前往欧洲回访,还曾派精通拉丁语的景教徒、畏兀儿人苏马作为特使出访罗马和巴黎。但是,蒙古派出使者出访欧洲的真正目的,也不是为了单单地进行文化交流,而是想联合基督教国家共同对付在中亚不断进行扩张的穆斯林,

---

① 中共中央文献研究室:《周恩来文化文选》,第157页,中央文献出版社,1998年版。
② 《周恩来总理兼外交部长关于目前国际形势、我国外交政策和解放台湾问题的发言》,《人民日报》1956年6月29日。

但双方都把这一政治目的隐藏于文化交流之中,希望借文化交流而达到政治上的合作。然而,由于基督教的排他性,最终双方没有达成一致意见,也没能在政治上找到合作的机会。① 新中国成立之后,中国与日本和美国之间的围棋交流、乒乓交流也是一种典型的文化外交活动,不仅促进了两国之间的文化交流,而且还促进了中国与日本和美国的正式建交。

2. 主体的国家性

外交是发生在具有主权国家之间的一种交流活动,没有主权就没有外交。文化外交的主体始终是国家或国家支持的团体和个人,前者主要是官方交流,后者主要是民间交流。1949年7月,党中央派遣"中国民主青年代表团"赴匈牙利布达佩斯,参加第二届世界青年与学生和平友谊联欢节。虽然此时新中国还没有正式建立,但这次出访是代表即将诞生的新中国的,而且是在国家的支持下进行的。这是新中国向国外派遣的第一个大型综合艺术团,同时也是一次典型的文化外交活动。1949年7月22日,"中国民主青年代表团"从北平乘火车出发,开始了东欧之行。出发前夜,毛泽东、周恩来等中央领导在中南海接见了代表团。毛泽东对出访提出了三条要求:宣传(即宣传中国革命的伟大胜利)、友谊(即加强与各国青年的友谊)、学习(即向社会主义老大哥苏联学习)。周恩来也提出了"寻求友谊、寻求和平、寻求知识"的出访方针。交流的目的主要是向

---

① 何芳川等:《中外文化交流史》,第853、854页,国际文化出版公司,2016年版。

世界介绍中国革命取得的伟大胜利,让世界上更多的人尤其是青年人能听到新中国发出的声音,增强新中国与社会主义国家之间的感情,巩固社会主义阵营。①

3. 交流的双向性

文化外交是发生在两个或两个以上具有主权国家之间的交流活动,其交流的目的是促进双方达成某种共识,因而交流具有双向性。正是在这一点上,文化外交有别于文化外宣。文化外交与文化外宣有时是很难区分的,因为它们的主体都是国家或国家支持的团体和个人,它们的主要差别是:文化外交的目的在于达成共识,文化外宣的目的在于宣传自己;文化外交首先要考虑对方的合作意向,文化起到纽带桥梁的作用,文化外宣主要考虑文化输出,通过向对方传播文化理念进而去影响对方。

(四)文化外交的作用

1. 充当政治外交的先锋,快速打开外交局面

文化外交的重要意义首先在于,当两个主权国家尚没有正式建立外交关系之前,它可以充当外交先锋的作用,为两国正式建交创造基础和条件。新中国建立之后,以美国为首的资本主义国家对中国实行政治孤立、经济封锁和军事遏制,致使中国在政治、经济等

---

① 赵少华等:《金色记忆——新中国早期文化交流口述记录》,作家出版社,2012年版。

方面一时难以打开局面,利用文化的手段走入国际社会尤其是走进资本主义社会,成了当时中国唯一可走的道路。1956年,年轻的新中国面临着更加严峻的国际环境,当时与中国建交的国家只有24个,而中苏关系此时已经出现了明显的裂痕。在这种情况下,党和国家制定了"文化先行,外交殿后"、"民间先行,以民促官"的外交方针,利用国家力量,创造一切条件,集中文化资源,采取强力措施,积极开展文化外交工作,以期为新中国打开一个崭新的外交局面。

这一时期,中日之间的文化交流就具有鲜明的文化外交特征,特别是中日之间的"围棋外交",更是成为文化外交的典范。中日文化交流开始于20世纪50年代中期,1955年7月,日本松山芭蕾舞团首次来华演出,从此拉开了中日文化交流的序幕。1955年11月6日,日本前社会党内阁首相片山哲率日本拥护宪法国民联合会代表团访问中国,与中国人民对外文化协会签订中日民间文化协定,并发表联合公报。根据中日民间文化协定商定内容,1956年中国组派以梅兰芳为团长、集中当时京剧界一流名家共86人的中国京剧代表团访问日本。自5月26日至7月17日,中国京剧团演遍日本的东京、大阪、奈良、广岛、福冈、名古屋等地,一路上到处洋溢着"东京－北京"的友好呼声。在5月30日的首场演出中,日本天皇之弟三笠宫夫妇上台祝贺,盛赞中国的京剧既是古典的艺术,又是现代的艺术。在6月11日的演出中,有20多个单位献花、献礼,全场四千多观众齐呼"中日友好万岁"。在日本国会举行的招待会上,日本国会议员穗积七郎说"日中两国今天在文化上握手,相信不久的将来也会在政治上握手",充分展现了这次文化外交取得的成果。

但是,由于中日战争的历史原因,以及美国和台湾的干涉和阻挠,中国第一次派往日本的文化代表团非常不顺,受到日本右翼势力和敌对分子的强烈干扰。中国代表团到达日本的当天,日本朋友和中国侨胞在日本羽田机场举行了规模盛大的欢迎仪式。代表团住进帝国饭店时已是晚上九点,当马少波等人一一登记前厅的花篮时,突然在一个花篮里发现了一颗定时炸弹,爆炸的时间是晚上九点半,爱国侨胞立即帮助拆除了定时炸弹。接着,代表团又收到了86份反华、反共、策反梅兰芳的假《人民日报》。代表团当即举行记者招待会,梅兰芳公开申明严正立场:"世界上只有一个中国,就是中华人民共和国。我梅兰芳是新中国的艺术家,此次访日演出,是为了增进中日人民友好和交流,只谈艺术,不谈政治,任何政治阴谋,是绝不可能得逞的。"当晚的首场演出中,正当梅兰芳演出压轴大戏《贵妃醉酒》时,剧场三楼突然有人发出怪叫,接着有无数反动传单飘落而下,全场几千观众非常惊讶,纷纷起立。但是,梅兰芳临危不惧,镇定自若,照常演出,观众受他感染,没有一个离席,保证首演圆满成功。7月16日,中国代表团在帝国饭店举行告别宴会,突然大厅的灯全部熄灭,让近千人的主客们一下子紧张起来。突然有日本朋友唱起了《东方红》,歌声由小到大,最后响满全场,当马少波从人群中挤到梅兰芳所在的位置时,有人点亮了蜡烛,在昏暗的灯光下,他看到日本朋友正在用自己的身体紧紧地掩护着梅兰芳。这个感人的场面让在场的人无不潸然落泪,表达了中日人民真诚友好的感情，从此逐渐打开了中日民间交流的局面。

可是随着冷战的不断升级，当时日本执政的岸信介内阁对美国唯命是从，特别是 1958 年 5 月，日本长崎发生了右翼势力污辱中国国旗事件，使刚刚打开局面的中日民间交流又陷入了危谷。为了打破中日之间的外交僵局，1959 年 10 月，日本自由民主党顾问松村谦三率团访华，提出改善中日关系的愿望，明确表示反对岸信介内阁的亲美反华政策，主张实现中日邦交正常化。松村是日本自由民主党元老，又是围棋高手，他在访华期间，不仅多次与周恩来总理和陈毅副总理举行会谈，还与酷爱围棋的陈毅结为棋友。当时，陈毅向松村建议，中日之间可以避开政治，只开展围棋、乒乓球、书法等内容的文化交流，扩大双方的友好往来。松村接受了陈毅的建议，并请求中国在适当时候派一个围棋代表团访问日本。在松村的推动下，1960 年第一个日本围棋代表团访问了中国，双方棋手多次对弈，切磋棋艺，结下了深厚友谊。1962 年，日本岸信介内阁倒台，中国适时派出了以李梦华为团长、孙平化为副团长的中国围棋代表团访问日本，并获得了巨大的成功。1963 年，日本棋院和关西棋院组成联合访华团，再次掀起中日围棋交流的高潮。1964 年，日本 29 位著名围棋高手发表呼吁书，号召日本八百万围棋爱好者参加要求恢复日中邦交征集三千万人签名活动。中日"围棋外交"可以说是中日正常外交的前奏，成为中日民间友好交流史上的一段佳话。

在新中国早期的文化外交中，曾发生过许多惊险悲壮的故事，展示了中国人民与世界人民交流沟通、友好相处的勇气和愿望。例如，1956年由中国一流的艺术家组成的中国艺术团到南美洲阿根廷、巴西、智利、乌拉圭访问演出，巡演结束后，演员分四批辗转瑞士回国，最后一批演员在瑞士乘坐的飞机起飞4分钟后爆炸，10名演员全部遇难，其中就包括能够原地在同一块砖上连翻30个跟头而不落地的中国京剧院杰出武生演员吴鸣申。1960年由陈忠经为团长的中国艺术团出访委内瑞拉、哥伦比亚、古巴和加拿大，这个代表团由中国京剧院和中国歌舞团组成，演员中就有李少春、袁世海、杜近芳等知名的艺术家。鉴于前次飞机失事的灾难，而这些艺术家又正值艺术的黄金年华，临行前党和国家领导人为艺术团送行，虽然十分舍不得让他们进行这样的远征，但这是祖国的召唤，希望他们"以马革裹尸而还"的英雄气概完成此次出访任务。到达委内瑞拉后，演员们正在排练时，外面突然响起了激烈的枪声，不幸遇上当地发生军事政变，更为危险的是，当时中国最后一批演员还没有到达，而当时的机场已被政变军人控制。经历了一番惊心动魄的折腾，演员们最后才安全会合。当时中委两国还没有建交，但演出结束后，委内瑞拉总统却主动接见了中国艺术团，表达他们对中国艺术团和中国人民的友好之情。

2. **对外阐述本国的政治理念，促进与其他国家外交的发展**

文化外交的意义还在于，它可以通过文化的交流，阐述一个国家的对外政策，达到让外国公众了解、理解并尊重本国的政治目的。例如，周恩来对尼克松的"筷子外交"就是一个经典的案例。对中国人来说，筷子是每天都要使用的工具，同时它也是中国人最具创造性的发明之一。正如著名学者蔡元培在一次宴请西方客人时,当被人问及中国人为何不用刀叉而用筷子时,他说:"中国人从来崇尚文明,而不崇尚武力,从餐桌上就可看出中国人与西方人的区别。"周恩来正是巧妙地利用筷子的文化内涵,阐明了中国的政治立场以及中美两国的关系。

1972年,美国总统尼克松访问中国时,周恩来总理特意在国宴上给尼克松安排了中国最负盛名的四川江安竹筷。由于周恩来总理怕尼克松不会使用筷子,同时还给他准备了刀叉。出乎意料的是,尼克松能以筷子夹菜,虽然动作有点笨拙滑稽,但完全能够应付。后来才知道,尼克松怕到中国不会使用筷子而出洋相,在来之前特意练了百余个小时的筷子功。席间,周恩来还频频地用筷子给尼克松夹菜,这让尼克松非常感激。后来,尼克松在其著的《领袖们》一书中写道:"我1972年访问中国期间,周恩来无与伦比的品格是我得到的最深刻印象之一,并对他产生了极大的敬意。'恩来'译成英文是'恩惠降临'之意,这个名字很能概括他的风度和气质。他待人很谦虚,但沉着坚定。他优雅的举止,直率而从容的姿态,都显示出巨大的魅力和泰然自若的风度。在个人交往和政治关系中,他都忠实地遵循着中国人古老的信条:决不'伤人情面'。"

没想到这一双筷子竟掀起了一连串的波澜。宴会一结束,加拿大的一位记者就快步走到尼克松跟前,然后将尼克松使用过的那双江安竹筷揣入怀中扭头就走。他的这个惊人之举,让在场的所有人都大感意外。可这位加拿大记者到了美国之后,立马就被一群美国收藏家包围，他们争相出高价要购买尼克松使用过的这双中国筷子，最高价竟喊到2000美元。可那位加拿大记者却毫不动心，他说："尼克松访华最有意义的纪念品就是这双筷子，它是中国古老的发明，中华文明的象征，何况还是周恩来指点尼克松用筷技巧的中国人民大会堂专用筷，即使有人出2万美元我也不会割爱。"足见他对这双筷子的重视和珍爱，从侧面也反映了他对这次"筷子外交"的深刻领悟。

周恩来特地安排尼克松使用中国的筷子，应该有这么几层用意：第一，中华民族是使用筷子的民族，在中美两国第一次正式外交场合，不使用刀叉而使用筷子，充分体现了外交以我为主的原则；第二，让习惯双手使用刀叉的尼克松亲自感受到，只有两支筷子协同运作才能顺利获得食物，暗喻中美两国恰似两支筷子，只有团结合作才能开创世界新局面；第三，两支筷子形状大小相同，它们之间没有孰强孰弱之分，是在平等互助的情况下才发挥出各自的作用，象征着中美两国只有放下分歧、相互尊重，才能共创未来。周恩来利用筷子巧妙开展文化外交，充分展示了他匠心独运的外交水平，不过一双小小的筷子，只不过是他天才外交艺术中的一个小小插曲而已。

3. 创造良好的外交环境，扩大国家政治外交的成果

文化外交可以作为政治外交的有效辅助手段，为政治外交营造良好的环境，扩大政治外交的成果。进入新世纪以后，中国的文化

外交日趋活跃，成为国际舞台上一道亮丽的风景；特别是成功举办的一系列"文化年"活动，为新世纪之后的中国外交事业做出了巨大的贡献。

2001年4月，为配合国家主席江泽民访问南美智利、阿根廷、乌拉圭、巴西、古巴、委内瑞拉6国，受文化部委派，河南省京剧团一行34人，于4月10日至7月6日，对委内瑞拉、哥伦比亚、秘鲁、智利、阿根廷、巴西6国进行了访问演出，在6国14个城市演出46场，为江泽民主席的出访营造了良好的氛围。此后的"中法文化年"、"中俄国家年"、"中日文化体育交流年"等一系列大型文化外交活动，更是受到了中外政府与社会各界的高度重视与广泛参与，项目之多、规模之大、规格之高、影响之深，前所未有，极大地提升了中国文化的国际影响力。其中，在中法文化年历时两年的举办过程中，国家主席胡锦涛与法国总统希拉克分别出席了文化年的重要活动。国内17个部委和全国性人民团体以及中法47对友好省市和50多家中法两国一流企业不同程度地参与，项目达700多个，使中法十几个城市、上百万民众有机会近距离相互了解彼此文化。此活动不仅极大地促进了双方的文化交流，还对欧洲其他国家产生了示范和连锁效应，带动了新一轮的文化外交热。

2005年7月，国家主席胡锦涛访问俄罗斯期间，与俄总统普京共同宣布，根据《〈中俄睦邻友好合作条约〉实施纲要》，中俄两国将于2006年在中国举办"俄罗斯年"，2007年在俄罗斯举办"中国年"。中俄双方确定了"俄罗斯年"徽标，图案为代表中国和俄罗斯的大熊猫和棕熊,身着中、俄两国国旗,背景为中国天坛和俄罗斯瓦西里升天大教堂。2006年3月22日,在中国俄罗斯年开幕之际,俄罗斯总统普京到河南嵩山少林寺访问,这是有史以来访问嵩山少林寺的第一位外国元首。其实,享有柔道"黑带"段位的普京总统,早想到中国嵩山少林寺参访,亲身领略少林功夫。2002年12月3日,普京在中国北京大学演讲时透露说他的两个女儿都在学习中国武术;时隔不到半年的2003年5月,嵩山少林寺在中国香港举办"中国少林精粹文化展",日理万机的普京总统发去贺信表示祝贺;2005年普京总统和胡锦涛主席会面时,表示希望到嵩山少林寺去看一看。这样,普京总统借在中国举办俄罗斯年的机会,在中国进行国事访问的最后一天,专程到嵩山少林寺进行参访,还说他相信世界上很多功夫都是从嵩山少林寺传播出去的,嵩山少林寺和少林武僧继承了中国武术传统,不仅对中国人民有意义,而且对全世界人民都有重要意义。为配合中国在俄罗斯举办中国年,2007年3月,河南组派嵩山少林寺武僧团赴俄罗斯参加中国年开幕式演出。俄罗斯总统普京特地在克里姆林宫接见了嵩山少林武僧团,他说:"非常高兴有机会向你们介绍莫斯科和克里姆林宫。我希望你们回国后能向他人讲述自己在莫斯科的所见所闻。"普京总统还将一把大马士革钢制宝剑(高加索地区一种传统的古老冷兵器)、"炮王"纪念品、"钟王"纪念品、莫斯科风景画册和克里姆林宫画册赠送给嵩山少林武僧团作为纪念。嵩山少林寺武僧团在普京总统的安排下,还参观了克里姆林宫博物馆,包括兵器馆、大克里姆林宫的各个大厅等,受到了不同寻常的待遇，文化再一次彰显了它在外交中的应有价值。

2010年10月7日，在温家宝总理访意暨中意建交40周年之际，中国在意大利举办了"中国文化年"，这是继2003年法国"中国文化年"后，中国在欧洲举办的最大的对外文化交流活动，围绕文化、艺术、经贸、科技、教育、环保等多个领域开展了近200项交流活动，范围遍及意大利12个大区22个城市。

2010年是中印建交60周年，为落实两国领导人达成的共识，双方决定共同举办"中国节"和"印度节"，两国分别在对方国家组织了11次文化交流活动，达到了彼此欣赏、增进了解的目的，再次彰显了文化外交的独特魅力。2010年4月20日晚，"中国节"开幕式在印度首都新德里的古堡（PURANA QILA）内广场举行，全国政协副主席孙家正、中国驻印度大使张炎、印度住房和城市扶贫及旅游部长赛尔加、印度文化关系委员会秘书长沃尔玛出席开幕式，并欣赏了由深圳交响乐团、上海歌剧院合唱团、中国歌剧院和深圳弘法寺僧伽合唱团联合表演的大型梵呗交响合唱音乐"神州和乐"，有力地促进了中印两国文化交流的发展。

2012年是中德建交40周年，1月30日"中国文化年"在德国拉开帷幕。1月30日，由中国政府举办的2012德国"中国文化年"活动在柏林宪兵广场音乐厅开幕，中国文化部蔡武部长，中国驻德国大使吴红波，德国联邦政府代表、外交部国务部长皮珀尔，外交部国务秘书布劳恩，国防部国务秘书武尔夫，十几位联邦议员及部分联邦州代表，文化、教育、经济界人士等近千人出席。文化年以音乐、戏剧、舞蹈、文学、电影、展览、对话等形式，以150项活动和超过500场节目，介绍了丰富多彩的中国文化艺术，展现了中国开放、进步、富有活力的新形象，促进双方文化机构之间的长期合作，增进两国民众之间的相互理解与尊重。

2013年12月，英国首相卡梅伦访华，两国政府签署新一期文化交流计划；2014年4月在华举办了中英高级别人文交流机制二次会议，同年6月又在英举办了中英财金峰会，促进了两国对文化关系的重视。2014年6月，中国总理李克强访英时，中英两国政府发表联合声明，宣布2015年为"中英文化交流年"，上半年英国在华举办英国文化季活动，下半年中国在英举办中国文化季活动。中英两国将互相举办一系列代表各自文化艺术和创意产业最高水平的活动，并以此进一步加强两国文化交流和产业合作，推动两国文明交流互鉴，增进两国民众友谊。2015年2月10日，在北京举办的中英文化交流年新闻发布会上，明确宣布中英文化交流年将与两国文化艺术和创意产业人士、机构以及政府部门密切沟通与合作，不断激发富有活力的合作创意，提供绝佳的国家级平台，充分显示了文化外交的巨大价值。

二、文化外宣

（一）文化外宣的内涵

要理解文化外宣的内涵，首先要弄清宣传的内涵。宣传一词在中国最早出现在《三国志·蜀志·马忠传》："见大司马蒋琬，宣传诏旨，加拜镇南大将军。"这里的宣传有宣布传达的意思，并不是现代意义上的宣传。中国大百科全书对宣传一词的定义是："运用各种符号传播一定的观念以影响人们的思想和行为的社会行为。"①这个定义是中性的，它包含三层意思：宣传必须借助一定的载体；宣传主要输出价值观念；宣传的目的主要是影响他人的思想和行为方式。

西方对宣传的理解与中国有所不同，如美国学者哈罗德·拉斯韦尔就认为："宣传，从最广义的含义来说，就是以操纵表述来影响人们行为的技巧。所谓表述，可以采用语言、文字、图片、音乐诸形式。"②这个定义带有贬义性，它指出宣传的主体是通过"操纵"的方式去传播一定的价值观念，这种操纵的背后往往有不可告人的目的，或者是为了达到一定的目的，故意传播一种错误的信息。因此在西方，宣传一词常常成为"对公众有目的、有计划地愚弄"和"把新闻媒介当作政治传声筒"的同一语③。例如，西方世界对中国长期进行和平演变，其中很多内容就是借助文化外宣的方式，向中国大力推销西方的价值观念和生活习惯，企图借此改变中国人的意识形态和思维方式，从而达到征服中国的目的。

本书所论述的文化外宣，是具有中国特色的文化外宣，不是西方所流行的，或者说是所奉行的带有不可告人目的的文化外宣。中国的文化外宣是以文化为载体，客观、真实、全面地向外国推介本

---

① 梁岩：《中国文化外宣研究》，第17页，中国传媒大学出版社，2013年版。
② 梁岩：《中国文化外宣研究》，第18页，中国传媒大学出版社，2013年版。
③ 梁岩：《中国文化外宣研究》，第17页，中国传媒大学出版社，2013年版。

国和本民族文化的交流活动。它以和平为前提，以沟通为手段，以合作为目的，即通过向外国展示中国深厚的民族文化，传达中国人民追求和平、和睦、和谐的发展理念，为中国营造良好的发展环境。正如2014年3月27日，习近平主席在中法建交50周年纪念大会上讲的那样："历史将证明，实现中国梦给世界带来的是机遇不是威胁，是和平不是动荡，是进步不是倒退。拿破仑说过，中国是一头沉睡的狮子，当这头睡狮醒来时，世界都会为之发抖。中国这头狮子已经醒了，但这是一只和平的、可亲的、文明的狮子。"习近平主席引用拿破仑的名言有两个潜台词，一是承认中国就是一头"狮子"，这是表达一种强烈的文化自信；二是这是一头温柔可亲、和平文明的"狮子"，这是展示中国良好的文化形象，用这个比喻表明中国追求和平崛起的发展理念，他意在表明，中国的崛起不仅是在政治、经济、军事上的崛起，还包括在文化、思想、精神上的崛起，中国不仅要建立一个政治、经济大国，还要建立一个文化大国和文化强国，要用中华文化的思想理念、价值观念和现实实践去引领人类文明的进步与发展。

（二）文化外宣的历史

尽管古代也不乏文化外宣的例子，但真正意义上的文化外宣是人类进入近代之后才逐渐发展起来的。法国是最早重视文化外宣的国家，早在波旁王朝时期，法国国王路易十三（1610－1643年）和路易十四（1643－1715年）就十分重视文化输出，极力鼓动并支持法国传教士到国外活动。他们在位期间,法国文化在欧洲、加拿大、地中海东岸地区得到了广泛的传播。到18世纪末,法语成为欧洲广大地区君主和贵族们、外交使节和知识分子的通用语言。19世纪后半叶,法国在普法战争中失败后,就把"文化的扩张"作为复兴国家的手段。1883年,法国创建法语联盟,向全球传播法语和法国文化,为支持该组织开展活动,法国所有的总统都自动成为法语联盟的名誉主席。如今,法语联盟已在全世界130多个国家和地区建立了1100个法语中心,培养了一大批对法国文化具有浓厚兴趣的外国受众。

相比法国的文化外宣,美国起步较晚,但美国凭借其强大的综合国力,却能后发制人。1946年美国国会通过对外教育文化交流项目——《富布赖特法案》,由美国政府直接出资管理,每年接受该项目资助的美国人和外国人达5000人之多,涉及世界140多个国家和地区。之后,美国又实施了"国际访问者项目",每年接待5000多名外国专家学者、政府官员到美国进行短期参观访问,由于这些人均由美国驻外使馆挑选,都是所在国的社会精英人物,通过让他们体验美国的制度和文化,他们就成了美国文化间接的传播者。同时,美国还通过其强大的文化产业,大力输出美国的意识形态、价值观念和消费方式,在全球培养崇拜美国文化的消费者,达到消解其他民族文化传统的目的。正鉴于此,很多国家开始抵制美国在全球的文化扩张,"如果不加抵制和防范,文化的多样性将会被压路机一般的美国文化轧个粉碎";指责美国的文化产业如洪水一样把全球文化市场变成了一片没有生机的沼泽，扼杀、窒息了其他国家的文化发展。①

日本很早就开始通过文化输出向国外推销其国家政策和价值观念。"在军国主义时代，其文化产品是和侵略大军一起进入亚太各国的，甚至刺刀未及，'文化已到'，成为所谓'大东亚共荣圈'的先锋队。李香兰的音乐、电影，以及《春江遗恨》等一大批影片，正是这种文化侵略的典范。"②随着日本军国主义的覆灭，其对外文化侵略也宣告结束。第二次世界大战之后很长一段时间，日本是以"世界工厂"的形象出现在世人面前，即便是文化产品也具有强烈的商业色彩。日本从 20 世纪 60 年代开始重视文化的发展，其生产的文化产品不再是一种特定的商品，更多地蕴含着日本独有的生活方式，和日本人引以为荣的国家形象。20 世纪 80 年代日本首相中曾根又提出"文化大国"的概念，表示日本不光要在经济发展的基础上，在文化、政治上也要对世界做出贡献。20 世纪 90 年代，日本继 50 年代的"贸易立国"、80 年代的"技术立国"，又正式提出"文化立国"的口号，加强文化外宣和文化输出是其主要内容。

中国共产党领导的新民主主义革命，也高度重视文化外宣对促进革命事业的巨大作用。早在 1940 年，延安就成立了国际宣传委员会，并出版对外刊物《中国通讯》，正式掀开我国文化外宣事业的序

---

① 李怀亮、刘悦笛：《文化巨无霸——当代美国文化产业研究》，载《红旗文摘》，2008 年第 16 期，第 35 页。

② 陈在田：《正视日本动漫攻略的文化输出》，载《环球时报》，2006 年 6 月 5 日。

幕。1944年9月1日,新华社开始定时向美国旧金山播发英文电讯,从此中国共产党有了以海外受众为特定对象,使用现代通信手段的、系统并具有连续性的正规化的对外宣传事业。新中国成立后,党和国家高度重视文化外宣在对外交流中的作用,成立了一系列专门从事对外宣传的机构,如新闻总署国际新闻局、中国国际广播电台、对外文化联络委员会、中国新闻社等,与苏联、东欧以及亚非拉广大地区开展艺术展览、文艺演出、专家互访、图书交换等交流活动,为树立新中国良好的国家形象起到了重要作用。例如,50年代中国电影《白毛女》先后在30多个国家和地区放映,通过对"旧中国把人变成鬼,新中国把鬼变成人"这一主题的宣传,深刻地说明了中国革命胜利的伟大意义。当时一位捷克斯洛伐克文化官员看过电影后说道:"这部影片充满了诗意和优美民歌,令人体会到中国悠久的文化和艺术,以及中国百姓在旧制度压迫下艰苦斗争的感人历史。"[1]

1978年之后,我国对外关系发生重大变化,文化外宣也迎来了一个崭新的发展时期。1978年9月,国务院下发了《关于对外文化交流工作由文化部归口管理》的文件;1981年,国务院又设立国家对外文化联络委员会,专门负责管理对外文化工作;1982年5月,国务院决定将文化部、对外文委、外文局、出版局和文物局合并为文化部,由文化部主管对外文化工作;1982年10月,中华人民共和国第五届全国人民代表大会第五次会议通过的《中华人民共和国宪

---

[1] 文化部外联局:《中国对外文化交流概览:1949—1991》,第366页,光明日报出版社,1993年版。

法》，其序言中写道"发展同各国的外交关系和经济、文化的交流"，把对外文化交流列入国家的根本大法。1983年，邓小平同志又指出："经济上实行对外开放的方针，是正确的，要长期坚持，对外文化交流也要长期发展。"这一系列举措为开展对外文化交流提供了坚强的组织保障。这一时期，中外文化交流出现了空前繁荣的局面，据统计，1979年到1991年，中国与外国政府签订的文化协定有91个，1980年到1991年，与外国签订的文化执行计划有253个，10多年间中国在国外举办艺术展览523起，文物展览139起，中外文化真正进入人类意义上的全面交流，古老的中华文明逐渐向世人露出它神秘的面容。

20世纪80年代末90年代初期，世界发生巨大变化，面对东欧剧变和苏联解体的冲击，以及西方大国联合施加的制裁和压力，中国的对外文化交流工作在艰难中前进。这一时期，中国开展了一系列卓有成效的文化外宣活动：1992年，日本天皇参观了中国在日本举办的湖北曾侯乙古墓出土文物展；1996年，中国在英国、法国、瑞士等欧洲国家举办文物巡回展览，有80多万人参观；1997年，中国组派艺术团赴美国参加休斯敦国际艺术节，赴俄罗斯举办中国文化节；1998年，中国组派杂技艺术团赴尚未建交的格林纳达和巴拿马访演等。这些文化外宣活动，向世界展示了中国古老的历史文化和现代化建设取得的巨大成就，为中国走向新世纪营造了良好的国际环境和文化氛围。

1999年，为庆祝中华人民共和国成立50周年，9月1日至12日，国务院新闻办公室与联合国教科文组织联合在法国巴黎举办了"99巴黎·中国文化周"活动,全面展示新中国50年翻天覆地的变化,不仅让欧洲观众了解了中国的文化传统,而且促进了国际社会对当代中国的认识。时任法国总统的希拉克在给"99巴黎·中国文化周"的贺信中说:"此次在中华人民共和国五十华诞前夕举办的中国周活动以'迈向21世纪的中国'为主题,这正表明了这个有着几千年传统的伟大国度希望阔步走向现代化。作为法国人,我们尤其能够理解这种追求:既要珍视悠久的历史传统,又要参与构筑未来。"联合国教科文组织助理总干事雅尼科说:"从现在起,中国已成为世界瞩目的中心,在本世纪末举办这么大型的中国文化展活动,不仅符合教科文的宗旨,也符合中国的意愿。"

世纪之交,中国的文化外宣工作被提到更高的国家战略高度。1999年江泽民总书记在全国对外宣传工作会议上指出:"在新的形势下,对外宣传工作的地位和作用更重要。我们应站在更高的起点上,分析形势,审时度势,把外宣工作做得更好,我们要在国际上形成同我们的地位和声望相称的强大宣传舆论力量,更好地为改革开放和现代化建设服务,为促进国家统一、世界和平和人类进步做出更大的贡献。"[①] 在这种方针的指导下,中国文化外宣工作获得了迅速的发展,在向世界说明中国改革开放的方针政策、发展理念、人文环境和现代化建设所取得的巨大成就方面发挥出了重要的作用。

---

① 江泽民:《在全国对外宣传工作会议上的讲话》,载《人民日报》,1999年2月27日。

（三）文化外宣的特征

1. 交流具有单向性

文化外宣与文化外交一样，它的主体也是一个主权国家或受主权国家支持的团体或个人。但是，文化外宣区别于文化外交的显著地方在于，文化外交是双方互动的过程，是一种双向的交流活动；而文化外宣接受方没有互动行为，是一个单向的传递过程。特别是在两个还没有正式建交或者是两个还互不了解的国家之间，文化外宣只能是一方向另一方的单向传播，双方还不具备开展互动活动的条件。新中国成立初期，为打破帝国主义的封锁，中国向世界各地派出了大批的文化代表团，他们既承担着文化外交的使命，又发挥着文化外宣的作用。特别是西欧、中东和拉丁美洲地区，很多地方都是第一次看到中国文化，这为宣传刚刚诞生的新中国的正面形象起到了很大的作用，有力地回击了帝国主义对新中国的恶意丑化。

2. 以输出意识形态为主

任何形式的宣传都带有意识形态属性，都是为一定的政治目的服务。但是，文化外宣不同于一般的文化内宣，文化内宣主要通过传播先进事迹和先进人物，对公民起到榜样和教化作用；文化外宣主要以输出价值观念为主，具有强烈的意识形态属性。冷战时期，美国为了向苏联输出意识形态，成立了许多专门机构，如"和平队"、"美国之音"、"亚洲基金会"等，这些机构分工明确，各司其职又协同作战，成为对社会主义国家发动文化攻势的有力武器。20

世纪 70 年代，美国总统尼克松就曾指出，促进社会主义国家"本身内部的和平演变"，必须"利用人员的交流、书籍或广播节目的交流"动摇社会主义国家人民对共产主义的信念，从而逐渐侵蚀社会主义的基础。① 里根上台后，更是提出了"意识形态战"。正是以美国为首的西方世界长期对以苏联为首的社会主义国家输出意识形态，最终导致了众多社会主义国家走向解体。

3. 坚持国家利益至上

文化外宣始终以国家利益为最高准则，"不论具体的传播者是谁，也不论具体的传播内容是什么，所有对外宣传均被视为代表中国，从而与树立中国的形象有直接的影响"②。也就是说，不管是国家机构，还是团体和个人，在外国人的眼中，他们都代表中国的形象。正是在这个意义上讲，外事工作无小事，哪怕是一个人的一个小小的生活习惯（如随地吐痰），都与国家的形象紧密地联系在一起。因此，只有当一个人置身于异国的土地上，他才能真正体会到，他不属于自己，而是属于一个国家和民族。

4. 传播效果比较缓慢

传播效果是"受传者接受信息后，在感情、思想、态度和行为

---

① 辛灿等：《西方政界要人谈和平演变》，第 30 页，新华出版社，1989 年版。
② 沈苏儒：《对外传播的理论与实践》，第 34 页，五洲传播出版社，2004 年版。

方面所产生的变化"①。文化外宣的最终目的是通过输出思维方式和价值观念，去影响并改变其他国家人们的思维和行为，进而去建立一种有利于本国的国际关系。但是，由于受到每个民族固有的文化传统和思维模式的影响，要实现这个目的是艰难而又漫长的。因为每一个民族的文化都具有稳定性、传承性和优越感，要想改变一个民族文化的深层结构是非常不容易的，所以期望文化外宣能产生立竿见影的效果也是不切合实际的。例如，20世纪50年代初期，中国就向世界各地派出了很多文化代表团开展文化交流，但中国与这些地区的一些国家正式建交却非常滞后，有的甚至是几十年以后的事情。这充分说明文化外宣要想发挥出巨大的作用，是一个长期的结果，不是一朝一夕所能完成的。

（四）文化外宣的途径

1. 活动外宣

在国外举办重大的文化交流活动，是最直接、最有效的文化外宣手段。目前，中国文化外宣主要借助与其他国家举办重大活动而进行。例如，举办建交逢十周年纪念活动，在国外举办中国年、文化年、中国文化节，参加知名的国际艺术节等，大力宣传古老的中华文明和当代的创新文化，并与中国的外交大局紧密配合，有力地发挥了文化外宣的作用。

---

① 郭庆光：《传播学教程》，第188页，中国人民大学出版社，1999年版。

2000年8月,在联合国千年首脑会议召开前夕,国务院新闻办公室和文化部共同在美国举办了"走近中国"为主题的"2000中华文化美国行"系列活动。先后在美国纽约、华盛顿、洛杉矶、旧金山等9个城市开展了主题演讲、文艺演出和文化展览,有超过10万观众参与活动,是中美建交之后中国首次在美国举办的大型综合性文化交流活动。时任美国总统的克林顿在给活动的贺信中说:我感谢所有参加这次具有里程碑意义系列活动的人士,他们起着构筑我们两国人民相互理解的桥梁的作用,这将进一步促进美中关系更深入、更广泛地发展。

2001年9月,中国作为柏林第三届"亚太周"活动的主宾国,在德国举办了"亚太周"中国节活动,包括青州佛教造像展、当代艺术展、电影周、历代民族服装服饰表演、中欧经济会议等30项文化和经济交流项目。德国总统约翰内斯·劳在给柏林中国节的贺信中说:"欧洲人对中国的感觉常常还是陌生的,认为它充满了异国情调。但是任何一个人只要在中国节上用眼去看,用心去体会,他都会发现,我们所共有的东西比我们在日常生活中所意识到的多得多。发现和培育这些共同点,将是我们21世纪中最重要的任务之一。"

2004年,为落实"中非合作论坛——亚的斯亚贝巴行动计划",中国在撒哈拉沙漠以南的11个非洲国家举办了"中国文化非洲行",先后演出50多场,还在南非、喀麦隆、加纳三国举办了中国艺术节,有力地促进了非洲人民对中国文化的了解,深化了中国与非洲的交流。

从 1999 年起，国务院新闻办公室先后在法国、美国、德国、俄罗斯、阿根廷、巴西等国举办了"感知中国"系列文化交流活动，将中国优秀的文化艺术传播到世界各地，受到交流国政府和民众的热烈欢迎，"感知中国"已经成为中国对外文化交流的知名品牌。

从 2003 年开始，中国先后举办了"中法文化年"、"中俄国家年"、"中国意大利文化年"、"中印友好年"、"中国希腊文化年"、"中日文化体育友好年"等，标志着中国的文化外宣迎来了最好的发展时期。中国通过举办一系列的文化周、文化月、文化年以及在国家年中举办的文化节，向世界传达了中国"和而不同"的文化发展理念和"和平、和谐、和睦"的当代文化精神，增强了中国文化的国际认同感和号召力，为中国的和平发展创造了一个良好的国际文化环境，文化外宣成了展示当代中国的有力手段。

2001 年，文化部正式启动在全球打造春节品牌活动，之后每年派遣文艺团组赴伦敦、巴黎、纽约、曼谷、悉尼等华人华侨比较集中的海外大城市举办和参与当地的春节庆祝活动。2008 年、2009 年，国务院侨办和中国侨联也分别启动"五洲同春"、"四海同春"、"亲情中华"等文化慰侨活动，共同参与打造春节文化品牌。广大海外观众的热烈反响也推动着海外春节活动愈发火热。到 2010 年，为了便于统筹协调，文化部将每年春节时段，在全球开展的春节庆典活动统筹起来，开始全面打造"欢乐春节"这一全球性、品牌化的文化交流活动。

2010 年，第一届海外"欢乐春节"活动以一个响亮的名字出现，并确定了"欢乐春节、和谐世界"的重要主题。文化部联合多部门从全国20多个省区市选派了60多个团组,成功出访40多个国家和地区,这是新中国成立以来,我国在同一时间段、围绕同一主题在境外开展的涉及国家最多、吸引观众人数最多的一次文化外宣活动。一时间在世界各地形成了一股强劲的中华文化旋风,进一步激发了各国民众对中国文化的浓厚兴趣,同时也充分展示了中华文化的独特魅力和现代中国的良好形象。欧洲议会副议长安杰莉莉在出席"欢乐春节"音乐会时说,感谢中国驻欧盟使团将中国新年带进欧洲议会,让欧盟议员和工作人员近距离接触到中国的文化和传统,领略当代中国和中国人的精神面貌。荷兰外交大臣则表示,中国新年不仅是华人的节日,也是荷兰社会的重要节日。

2011年第二届"欢乐春节"活动进一步统筹了国内10多个部门和20多个省市以及国内2200余名演职人员积极参与,共同打造这一推动中华文化"走出去"的重要品牌。包括花车巡游、广场庙会、艺术表演、主题展览、民间工艺展示、中国影视展播等60多种形式的文化活动在全球63个国家和地区全面铺开,集中展示了中华文化的丰富多彩。"欢乐春节"活动举办之处无不受到当地民众的热烈欢迎和积极参与,共有近百位各国元首、政府首脑和高级官员出席各类活动。塞尔维亚副总理科尔科巴比奇在观看了甘肃歌剧院的《敦煌韵》后激动地说,只有拥有几千年深厚历史文化底蕴的中国才会有如此精彩的演出,中塞两国有如此高水平的文化艺术交流可喜可贺。意大利罗马市长和近10万当地民众一起参加春节彩装巡游活动,并向当地华人华侨拜年。一些国家还把春节设为公共假日,或者发行生肖邮票等,助推了中国春节更深入更广泛地走入当地民众心中。

2012年第三届"欢乐春节"活动,覆盖82个国家和地区、144个城市、320多项各类文化活动,文化项目涵盖了主题庙会、广场巡游、剧场演出、综艺展示、文博展览、民俗展演、图片展示、图书展销、街头欢庆、焰火庆祝以及文化名人与当地民众互动等多种形式,从而使得"欢乐春节"这一品牌活动的知名度更高更响亮。活动不仅吸引了国外40多位总统、副总统、总理、议长、王室成员和500多位内阁部长、省(市)长、议员等政要,还有1500余家媒体和约3000万外国民众和华人华侨的热情参与,仅伦敦特拉法加广场春节巡游活动就吸引了当地民众和各国游客近50万人。而深受泰国人民爱戴的诗丽吉王后和诗琳通公主连续三年出现在"欢乐春节"活动的开幕式上。在法国巴黎、日本东京和美国纽约,倪萍、杨澜、郎朗三位"形象大使"与当地民众一起在欢乐喜庆的文化艺术活动中欢度中国新春佳节,大大提升了"欢乐春节"的品牌形象。在坦桑尼亚、古巴、新加坡、澳大利亚,到处都飘荡着当地民众的欢声笑语,到处都留下了"欢乐春节"的精彩瞬间。同时,与海外机构积极合作,推动"欢乐春节"深入发展。2012年"欢乐春节"中外合作的力度更大,曼谷、悉尼、伦敦、罗马、赫尔辛基、布宜诺斯艾利斯市政府以及纽约帝国大厦管委会、纳斯达克-OMX集团和西班牙西电公司等都积极参与组织在当地举办的"欢乐春节"活动。更多富有经验、知名度高的国外机构成为"欢乐春节"的合作伙伴，一批有稳定资金来源和良好市场潜力的商业项目也加入其中，中外双方借助"欢乐春节"的文化交流平台寻找商机，有效地推动了中外文化合作和文化贸易。

2013年第四届海外"欢乐春节"活动项目总计385个，涉及5大洲99个国家和地区的251个城市，包括主题庙会、广场巡游、剧场演出、文博展览、民俗展演、图片展示、旅游推介、时尚表演、街头欢庆、焰火庆祝、新媒体网络互动以及文化名人与当地民众互动等形式多样、内容丰富的各类活动。文化部外联局还联合中国摄影家协会、中国日报社等在全球开展春节主题图片展、春节知识竞赛和征文等活动，旨在将中国文化的深厚积淀及中国人的世界观、价值观介绍给全世界，为世界各民族不同思想文化的交流与交融提供平台，努力营造春节作为"大自然的节日"、"家庭的世界"、"世界的节日"的氛围。本届活动共有全国29个省、市、自治区参与。文化部和驻外使领馆还因地制宜，创造性地开展了画家采风交流、中国风时尚发布等活动，并开发制作了"百子庆春"、"触摸中国文化"等手机应用程序，使得活动内容现代化、传播方式数字化、交流方式人性化，更易被交流国的年轻人所接受。此外，各地民间文化团体和商业机构参与"欢乐春节"活动的积极性也在不断提高，地方资金和民间资本的投入亦明显增加。据不完全统计，参与本届"欢乐春节"活动的民间文化团体有300多个，其中通过商业运作模式的有65个，为"欢乐春节"活动的发展积蓄了巨大能量。

2014年第五届海外"欢乐春节"活动项目总量达506个,覆盖全球103个国家和地区的294座城市。覆盖的国家和地区超过以往任何一届,既包括美洲、大洋洲、西欧、周边以及非洲等地区,也顾及东欧、拉美等地区。对于局势动荡的西亚北非地区,在确保安全的前提下也因地制宜开展交流活动,充分发挥"欢乐春节"不可替代的文化外宣作用。活动重点开展"四海同春"、"五洲同春"、中华风韵、春节音乐会、海外春晚等系列子品牌活动。2014年适逢中美建交35周年、中法建交50周年、中朝建交65周年、中坦建交50周年等大庆年份,由中泰两国政府合作举办的"欢乐春节"庆典活动也迎来了10周岁生日,对这些重点国家和地区,欢乐春节的规模和影响进一步扩大。在泰国、卡塔尔、澳大利亚、新西兰、英国、毛里求斯、南非等地举办的综艺表演、广场庆典、元宵灯节、民俗庙会等参与性、互动性强的大型活动,吸引了当地主流社会和广大市民的热情参与。

2014年海外"欢乐春节"活动着力营造"大自然的节日"、"家庭的节日"、"世界的节日"的主题氛围,在"欢乐、和谐、共享"的基础上,致力于把"春节"这一既古老又富有生命力的中华优秀文化以及其所蕴含的中华民族古往今来的追求与梦想传播到世界各地,与世界各民族的不同文化进行交流与交融,品牌国际化进一步提升。2014年海外"欢乐春节"活动内容、渠道和形式更加多彩、新颖,既包括剧场演出、综艺表演、广场巡游、文化庙会、慰侨欢庆、文博展览、民俗展演、知识竞赛、图书展销、旅游推介等传统类型,也重点开发出春节音乐会、电视春晚等子品牌项目。春节期间,中国艺术家余隆、王羽佳、宋祖英、谭盾、吕思清、赵聪等分别携手纽约爱乐乐团、芝加哥交响乐团、旧金山交响乐团、蒙特利尔交响乐团、多伦多交响乐团、墨尔本交响乐团等国际知名乐团,合作推出春节音乐会。此外,2014年"欢乐春节"活动还提炼和推介当代中国文化风尚,推出了包括流行音乐、时尚展示、珠宝设计、动漫大赛、创意设计征集、春节文化产品开发推广等创新项目。

2015年"欢乐春节"面向海外不同地区、阶层和文化习惯的受众打造了包括"艺术中国汇"在内的11大子品牌活动,共在119个国家的334座城市开展逾850个项目,包括"中国序曲"、"艺术中国汇"、"春节庙会"、"广场庆典"、"跨国春晚"、"中国风格"、"乐享中国"、"四海同春"、"五洲同春"、"亲情中华"、"中华风韵"。携手泰国、埃及、南非、毛里求斯等国政府,悉尼、奥克兰、洛杉矶、伦敦、赫尔辛基、布宜诺斯艾利斯等市政府,帝国大厦、大英博物馆、哥伦比亚音乐经纪公司、马斯科特艺术节、白俄罗斯国家电视台等海外重要文化机构和企业等逾300个合作伙伴携手助推"欢乐春节"活动。以此次纽约"艺术中国汇"为例,"欢乐春节"品牌与诸如林肯中心、爱乐乐团、帝国大厦等专业的文化机构及企业合作,为广大观众呈现了一场内容丰富的春节盛会。

2016年中国农历猴年春节期间,"欢乐春节"活动在全球140个国家和地区的400多个城市开展,2100个项目涵盖主题庙会、跨国春晚、元宵灯会、广场巡游、专场演出、综艺展示、文贸会展、文博展览、民俗体验、非遗展示、影视展播、图书展销、焰火表演、专题讲座等多种形式。作为我国对外文化交流践行"创新、协调、绿色、开放、共享"理念的重要品牌,"欢乐春节"以创新引领活动顶层设计,坚持品牌化、本土化、市场化的工作方针,提升了文化交流与合作的广度与深度,成为推动中国文化走出去的重要动力和对外文化交流的旗舰品牌。创新活动为世界带来惊喜体验,"欢乐春节"首次走进了美国NBA赛场。2月9日晚,勇士队主场甲骨文体育馆热闹非凡,球员们身着印有中文"勇士"字样和金猴图案的球衣上阵,啦啦队员穿上中式旗袍劲舞助威。中场休息时,舞龙舞狮队"大闹"赛场,电视墙及四周"跑马灯"滚动打出的"欢乐春节"标识和循环播放的"欢乐春节"视频短片也频频吸睛。大红背景、金色图案和中文成为场内独特风景,极强的视觉冲击力一下子就让人们记住了这场"春节赛"。在西班牙,"欢乐春节"为人们备好了"年夜饭"。2月8日,以"欢乐春节——行走的年夜饭"为主题的中华美食之旅在西班牙马德里拉开帷幕。一个月的时间里,威斯汀酒店携手中国顶级厨师,推出春节套餐,另有14家当地中餐厅也同期推出春节特色菜单,带领人们一享中华美食的色香味。在日本,人们可以"看大戏过新年"。由中日演员联袂演出的京剧、昆曲折子戏,与在场观众共迎佳节。日本人演唱中国戏曲别有一番风味,《天女散花》、《石秀探庄》等京昆经典剧目令人过目难忘。

"欢乐春节"还不断尝试走近当地民众生活,他们不拘一格,走进校园、走进商业中心、走进旅游景区,为当地民众提供近距离接触中国春节文化的机会。在南非、法国、墨西哥、新西兰,"欢乐春节"走进了政府机关。2月2日至3日,中国驻南非大使馆与南非比勒陀利亚孔子课堂共同在南非外交部、贸工部举办了两次春节文化讲座,南非外交部、贸工部、矿产资源部、交通部、海关及豪登省政府近百名官员聆听了春节知识。同时,在多年探索的基础上,"欢乐春节"与国内外企业的合作机制逐渐建立。1月30日至31日,2016阿根廷布宜诺斯艾利斯"欢乐春节"庙会在阿根廷国家公园广场举办,两天内有超过60万民众参加了庙会活动,99%以上是阿根廷人。2月6日,比利时布鲁塞尔"欢乐春节"盛装巡游举行,历时4个小时,数万名比利时民众及游客夹道观赏。2月8日,泰国第12届"欢乐春节"文化活动盛大开幕,泰国公主诗琳通、总理巴育亲临点赞。中国文化部与泰方精心选派了由中国东方演艺集团和国家京剧院两大国家艺术院团以及天津、内蒙古、浙江、福建、四川、宁夏和新疆7个丝绸之路沿线省份11个艺术院团共180人赴泰,于2月5日至15日在泰国曼谷、大城、普吉等7个府(市)开展京剧、杂技、木偶、武术等多个艺术门类的表演,为泰国数十万当地民众带去了中国文化艺术的饕餮盛宴……如今,春节期间在海外,不难看到窗花、灯笼、中国结,越来越多的外国人会对你说出"春节快乐"。

"欢乐春节"不仅成为中华文化走出去和中国企业品牌走出去相互融合创新的新平台,其影响力也越来越被外国企业所看重。例如,2016韩国"欢乐春节"系列活动由中国文化部、中国驻韩国大使馆、首尔中国文化中心、中国对外文化集团、韩国中国商会、韩国乐天集团等多家单位联合主办，活动主场地设在位于首尔明洞的乐天百货店、乐天免税店和乐天酒店，涵盖视觉艺术、设计创意、手工艺、戏曲、时尚、民俗、出版、饮食等方方面面，每项内容都邀请观众参与互动，通过视觉、听觉、味觉、触觉全面感受春节气氛。猴年春节来临之际，多国元首和国际组织的领导人发表讲话、声明，或以其他方式向全球华人祝贺春节。联合国秘书长潘基文、美国国务卿约翰·克里、南非总统祖马、联合国教科文组织总干事博科娃、奥地利总统菲舍尔、丹麦首相拉斯穆森、哥伦比亚总统桑托斯、澳大利亚总理特恩布尔、新西兰总理约翰·基等均在其列。一些外国标志性建筑也披上新装，俄罗斯圣彼得堡市中心涅瓦河上的地标性建筑冬宫桥，以一袭"中国红"点亮城市的夜色，向中国农历猴年春节致贺，拉开了圣彼得堡"欢乐春节"系列活动的序幕；位于多伦多的加拿大地标性建筑加拿大国家电视塔点亮"中国红"，喜迎中国农历猴年春节。

据统计，2016年参加"欢乐春节"活动的海外民众数以亿计。春节，已不再只是中国人的传统节日，它正在成为世界人民共同庆祝的欢乐节日和流行风尚。①

2. 影视外宣

影视外宣包括电影和电视外宣。从1998年起，中国电影以文化交流的方式在美国举办电影展，中国电影第一次以较大的规模和形

---

① 以上资料主要来自中国文化传通网。

式登陆美国。1998年2月6日，由国家广播电影电视部副部长赵实为团长，成员包括中国当时电影界众多重量级人物如张艺谋、冯小宁等，携带《红河谷》、《秋菊打官司》、《过年》、《林家铺子》、《祝福》、《鸦片战争》等17部优秀中国影片，在纽约、洛杉矶、休斯敦、圣巴巴拉、长岛亨廷顿、蒙特利尔等北美6个城市展映。中国电影已在美国、英国、德国、法国、韩国、越南、菲律宾等几十个国家进行公开展映，仅2005年就在国外和中国港澳台地区举办了26次中国电影展，共展映国产电影215部。同年，有263部（次）国产电影在海外参加101个国际电影展，获得32个奖项。同时，一批国产电影走出国门，打响海外市场。《英雄》、《十面埋伏》、《无极》、《暖冬》、《首席执行官》、《可可西里》等影片在亚洲和北美国家主流市场成功上映。2004年，中国国产电影出口到40个国家和地区，创下12亿元人民币的票房收入；2005年，共有137部（次）国产电影销售到24个国家和地区，海外发行收入16.5亿元人民币。[①]2007年，中国国产电影有78部销售到47国家和地区，海外发行收入总计20.2亿元人民币，先后在美国、加拿大、英国、法国、俄罗斯、南非等33个国家和地区举办68次中国电影展，展出国产影片605部，共有29部电影在19个国际电影节上夺得49个奖项。

3. 网络外宣

网络文化是人类创造的又一全新文化形态，也是人类文明的最

---

① 梁岩：《中国文化外宣研究》，第67页，中国传媒大学出版社，2013年版。

优秀成果之一。网络文化具有鲜明的特征，它是经济全球化浪潮与IT科技产业紧密结合的产物。与以往的任何文化形态相比，网络文化最显著的特征在于，它是人类文明史上第一个突破了地域性时空维度的文化，它提供的平台、渠道和途径是世界上任何国家、任何民族都无法或不能独享、独占和垄断的。[①] 20世纪90年代，互联网作为一种新兴的传播手段，用了几年的时间就在全球得到了普及。1998年5月，联合国新闻委员会在年会中正式把网络媒体称为继报刊、广播和电视之后的第四媒体。目前，我国的外宣网站主要有人民网、新华网、中国网等，开设的语种基本上覆盖了全球使用的主要语言。以中国网为例，截止到2006年，访问者每日来自全球160多个国家和地区，全月访问者来自世界214个国家和地区；而访问和语言版的受众基本来自对应的语言区。外宣网站已经成为国外受众了解中国的途径之一。[②] 人民网文化频道开设的栏目有历史、考古、中外交流、文化遗产、国学、美文、艺术、地理、读书人物、批评、观察等，全面地介绍了中国文化发展的现状。一项对人民网英文版2005年各类新闻报道进行的抽样调查显示，其中文化类新闻占整个新闻数量的17.89%。[③] 由文化部主办的中国文化网，开设了"文化视界"、"文化遗产"、"文化热点"、"人文中国"、"走遍中国"、"文

[①] 梁岩：《中国文化外宣研究》，第90页，中国传媒大学出版社，2013年版。
[②] 梁岩：《中国文化外宣研究》，第86、87页，中国传媒大学出版社，2013年版。
[③] 李岩：《人民网英文版对外传播现状与对策研究》，兰州大学硕士学位论文，2006年。

化人物"、"艺术揽萃"、"特别关注"等 20 多个频道,用多种语言搭建起交流、资源、文化、资讯四个平台,发布权威政策和项目信息,推荐优秀的艺术家和展演活动,向世界传播中华文化。其中,"走遍中国"栏目展现中国五千年文化的熏陶和沉淀、文化的印记等;"人文中国"栏目展现多民族、多元化、独一无二的中国文化;"艺术揽萃"栏目聚集古老而又年轻的中国文化艺术殿堂。①

4. 书籍外宣

书籍是记录人类文明的主要载体,也是文化外宣的重要手段之一。书籍不仅可以促进人类文明的薪火相传,同时也可以促进不同文明的相互交流。中国唐朝时期,随着雕版印刷术的出现,印刷业得到了迅速的发展,中国的大量书籍开始流向周边的日本、朝鲜、越南等国,有力地促进了中国文化的外传。北宋时期,中国人又发明了活字印刷术,从此印刷业得到了更为广泛的普及,书籍的对外传播更是超过了以往任何一个时代。从明清开始,中国的书籍开始大量地向海外流传,明清政府把赠送中国图书作为向海外宣传中国文化的一个重要手段。当时中国书籍外传主要通过民间贸易来完成,同时中国政府也将书籍作为礼品赠送给各国的使节,由他们直接带回国内。

从 20 世纪 80 年代开始,我国的书刊出口逐步走上市场化轨道,发行品种逐步增多,发行量加大,发行渠道也在不断拓展。1997—2003

---

① 梁岩:《中国文化外宣研究》,第 115 页,中国传媒大学出版社,2013 年版。

年，全国图书出口册数由 220 万册增加到 465 万册，交易额由 927 万美元增加到 1867 万美元；报纸出口由 20 万份增加到 80 万份，交易额由 15 万美元增加 98 万美元；期刊虽然由 256 万册减少到 221 万册，但交易额由 15 万美元增加到 365 万美元；音像制品由 2 万盒（张）增加到 128.9 万盒（张），交易额由 19 万美元增加到 112 万美元；电子出版物由 907 张增加到 37534 张，交易额从 3 万美元增加到 27 万美元。①2008 年法兰克福书展上，中国 20 多个省区市的 108 家出版单位参展，中国展区展品数量达 5300 多种，涉及政治、经济、文学等 30 多个门类。据国家新闻出版广电总局统计，2002 年中国出版物出口数量不到 1000 万册，贸易额不到 2000 万美元；而到了 2013 年，中国累计出口图书、报纸、期刊、音像制品、电子出版物、数字出版物 2387 万册，贸易额 1.05 亿美元。

5. 媒体外宣

中国重要的外宣媒体有中央电视台、中国国际广播电台、《中国日报》、《人民日报》海外版、《今日中国》等。例如，中央电视台在 CCTV—4 中文国际频道、CCTV—9 英语频道、CCTV 西语频道、CCTV 法语频道等主要的对外宣传电视频道中，文化宣传的内容都占有较大的比重。西语频道开设有《文化新闻》、《华夏之旅》、《中华艺苑》、《学做中国菜》、《神州行》等栏目；法语频道开设有《文艺舞台》、《文化新闻》等栏目；英语频道开设有《文化报道》、《华夏文明》、《历

---

① 梁岩：《中国文化外宣研究》，第 73 页，中国传媒大学出版社，2013 年版。

史档案》等栏目；中文国际频道开设有《中华医药》、《走遍中国》、《国宝档案》、《神州大舞台》、《中华情》、《中国文艺》等栏目。中国国际广播电台目前使用43种语言（含38种外语和汉语普通话及4种方言）向全世界广播，在世界各大洲建有近30个驻外记者站。国际台各语种广播节目主要包括新闻、时事、政治、经济、文化、科技等，其中文化类占有较重要的位置，内容包括音乐、旅游、民俗、烹饪、文学、民族、体育等，既有对传统文化的展示，也有对当代文化的介绍，如《中国成语》、《华夏之窗》、《魅力中国》、《中国旅游》、《中国大地》、《神州揽胜》、《中国少数民族》、《中国文化》、《流行中国》、《民俗趣谈》、《中国音乐》、《今日中国》、《中国美食》、《中国歌曲》、《茶文化》等栏目。

1992年，中央电视台中文国际频道（CCTV—4）开播，成为中国第一个面向全球观众24小时播出的外宣电视频道。此后，中央电视台又陆续开播了英文国际频道（CCTV—9）、西—法语国际频道，对国外观众直接进行多语种宣传。2007年1月1日，中文国际频道由单一播出版本增加到亚洲、美洲、欧洲三个播出版本，实现分地区版播出；2007年10月，西班牙语频道、法语频道成为两个独立的外宣频道；2008年，英文国际频道也按照亚洲、美洲、欧洲三个区分版本播出。[①] 2004年10月1日，中国卫星电视长城北美平台在美国开播；亚洲平台和非洲平台也于2005年建成开播；2006年8

---

① 张长明：《全面构筑电视外宣新格局》，载《电视研究》，2008年第1期。

月 28 日，中国电视长城欧洲平台在法国开播，直接进入欧洲主流社会。到目前为止，中央电视台中文国际频道、英语频道、西班牙语频道、法语频道等几个 24 小时播出的国际频道的节目信号通过卫星传送已覆盖全球，并通过进入当地有线电视网络、卫星电视直播平台、地面无线电视、IPTV 和宽带互联网等方式，在美国、英国、法国、埃及、印度、智利等 137 国家和地区实现完整频道有效落地，用户总数 8100 万户。①

（四）文化外宣的作用

1. 配合外交大局，营造良好的舆论氛围

文化外宣是沟通政治信息、阐述国家立场、引导国际舆论的有效工具，是推动国家外交发展的润滑剂。"对于传播主体国家来说，对外宣传是政府直接向其他国家发布信息的有效渠道。这些信息的发布在对外政治关系中至关重要。尤其在重大的国际事件中，一个国家通过对外宣传，能确保自己意见和立场得到充分表述。"②

周恩来总理在日内瓦会议上通过向西方推介越剧电影《梁山伯与祝英台》就是一次成功的文化外宣活动。1954 年 4 月，为解决朝鲜和印度支那和平问题，由苏联建议，苏、中、美、法、英五国以及当年以"联合国军"名义派兵参加朝鲜战争的国家在瑞士日内瓦

---

① 梁岩：《中国文化外宣研究》，第 67、68 页，中国传媒大学出版社，2013 年版。
② 梁岩：《中国文化外宣研究》，第 27 页，中国传媒大学出版社，2013 年版。

召开会议。这次会议，共有来自40多个国家和地区的700多个文字记者和600多个摄影记者参加采访。4月20日，周恩来率领200余人的中国政府代表团，由北京分乘3架苏联伊尔—14飞机，取道苏联、民主德国飞往瑞士日内瓦。这是中华人民共和国首次以"联合国五大常任理事国之一"的身份参加讨论国际问题，也是周恩来首次登上国际政治舞台，无论是对新中国的形象还是对每一个中国代表团成员的形象，都显得极为重要。

会议期间，中国代表团多次召开记者招待会。当周恩来得知，一位美国记者说在日内瓦看不到共产党统治下的几亿中国人的"悲哀和愁苦"时，他立即指示为外国记者举行中国电影招待会。第一次放映的是彩色电影《1952年国庆节》，有300多位外国记者到场观看。由于场地不大，只发了250张请柬，结果剧场的座位全都坐满，晚来的只好站着，连未被邀请的美国记者也前来观看。放映过程中，有的被感动得频频拭泪，他们从中看到了新中国人民意气风发的精神面貌。有人看了以后说："再不能拿1949年前的眼光看中国了。"一名瑞士记者在报道中说："当全副武装的中国军队和手捧鲜花的姑娘们，迈着矫健的步伐，跨过日内瓦的银幕时，西方和东方的无冕之王们都情不自禁地一起发出轻轻的赞叹声。"

为了让与会代表和西方新闻记者了解中国悠久的传统文化和新中国成立后的新气象，周恩来又安排播放了新中国拍摄的第一部彩色影片越剧《梁山伯与祝英台》。外国人对中国的越剧究竟感不感兴趣，他们能不能看懂？这让中国的新闻联络官们心里很茫然，一时拿不定主意。这时，周恩来灵机一动，立即作出了一个超乎所有人想象的指示："要在请柬上写上一句话：请你欣赏一部彩色歌剧电影——中国的《罗密欧与朱丽叶》。并在放映前做3分钟的说明，概括地介绍一下剧情，用语要有点诗意，带点悲剧气氛，把观众的思路引入电影，不再作其他解释。"出乎所有人的意料，《梁山伯与祝英台》受到了外国观众的热烈欢迎，从"草桥结拜"到"英台抗婚"，从"楼台会"到"坟前化蝶"，那美丽动情的画面，富有浓郁东方色彩的旋律，引起了各国观众的强烈共鸣，获得了巨大的成功。一位美国记者甚至说："这部电影太美了，比莎士比亚的《罗密欧与朱丽叶》更感人！"一名印度记者看后禁不住发出惊叹："新中国成立不久，就能拍出这样的片子，说明中国的稳定。这一点比电影本身更有意义。"从这里我们可以看到，文化外宣在这次重要的国际会议中发挥了巨大的作用。

2. 展示民族文化，树立国家的良好形象

文化外宣是借推介民族文化，增进与交流国的相互了解和互信，从而扩大合作交流，同时它又是展示一个国家文化软实力，树立国家良好形象的有效途径。"发展各国间的文化联系，达到多种文化的和谐共生与融合，就能够减少亨廷顿提出的'文明的冲突'，避免因民族、宗教和文化差异而引发的地区性冲突，从而对世界和平做出贡献。"[1] 2008年北京奥运会开幕式就充分体现了这一点。北京奥

---

[1] 梁岩：《中国文化外宣研究》，第28页，中国传媒大学出版社，2013年版。

运会有三大理念：绿色奥运、科技奥运和人文奥运；尤其是开幕式，可以说是中国文化元素无与伦比的浓缩，是一场向世人展示中国传统文化的视觉盛宴。从玉质的北京奥运会会徽到"金镶玉"的奖牌，从甲骨文到文房四宝，从四大发明到丝绸之路，从独具中国特色的戏曲到"天人合一"的太极，古老的日晷、绚丽的烟火，2008名武士击缶，3000名孔子门生吟诵有朋自远方来……这一切都凝聚成一句话，正如北京奥运会的口号"同一个世界，同一个梦想"，表达了中国人民与世界人民共建美好家园、同享文明成果、携手共创未来的崇高理想，表达了一个拥有五千年历史文明，正在大步走向现代化的伟大民族致力于人类和平进步、和谐发展、和睦相处、和美与共的坚定信念，表达了13亿中国人民为建立一个和平而美好的世界做出贡献的强烈心声。

其实，通过奥运会这一重要的国际竞技活动宣传民族文化，是所有奥运会承办国家共同的选择。2000年悉尼奥运会上的土著文化，2004年雅典奥运会的上爱琴海元素、希腊神话元素……都充分体现了奥运会主办国对民族文化的张扬。无独有偶，在2010年的南非世界杯开幕式上，除了让世人看到一个活力的非洲、多彩的非洲、狂野的非洲之外，还看到了一个文化的非洲。在开幕式第四章《非洲血脉》中，一只庞大的"蜣螂"与南非著名女歌手马兹瓦伊同台表演，蜣螂把本届世界杯用球"普天同庆"滚入场内又推出场外，颇为有趣，令人感到活泼可爱。在非洲人的观念中，蜣螂被尊为"神圣的甲虫"，具有很高的地位，它象征着生机和智慧，寓意着丰收和繁荣，代表着信心与希望，反映出非洲人独特的文化审美心理和博大深邃的文化内涵。蜣螂堂而皇之地登上南非世界杯开幕式上，面对全世界的观众，成为非洲的文化符号，令世人惊叹。"蜣螂"造型向世人充分展示了非洲人对自己文化的自信以及他们的率真性格，而这也恰恰成了南非世界杯独特的魅力所在。

在中国人的眼里，蜣螂是一种令人讨厌的昆虫，但在非洲很多国家，蜣螂的形象很常见，甚至被做成人们佩戴项链的挂坠。为什么非洲人如此崇拜蜣螂呢？原因在于蜣螂与非洲人的生活具有密切的关系，它们在农业生产方面发挥着异常重要的作用。因为非洲有大片的草原，草原上有大量的动物粪便，而分解这些动物粪便的正是蜣螂。它们每天迎着初升的太阳开始辛勤地劳动，不仅为土地提供了重要的营养，还保护了大片的草场，维持了生态的平衡，为非洲人提供了赖以生存的自然环境，因此受到非洲人的顶礼膜拜。

3. 推介文化产品，促进文化贸易的发展

在经济文化化、文化经济化的今天，文化与经济紧密地结合在一起。文化不仅成为一种朝阳产业，直接成为新的经济增长点，同时文化又与其他产业结合，增加其他产品的附加值。原河南省委书记卢展工对河南三样地方特产的推介就堪称文化外宣的绝唱。2010年3月6日，是十一届全国人大三次会议的河南代表团对外开放日，近70家中外媒体的记者纷纷赶到北京的河南大厦，把镜头和目光对准来自河南的人大代表们。上午9时，卢展工提前到了会场，面对中外记者他十分亲切地说道:"上次开会我就说,各位媒体朋友能够到河南大厦来,就是对河南的一种感情。河南大厦在北京的东南角,从市区走到河南大厦,要历尽千辛万苦。我们不仅要表达河南人的感情,还要感谢记者朋友。"接着,卢展工说:"我们代表团为了表达对新闻媒体朋友的感谢之情,给大家准备了一些土特产。当今社会节奏很快,工作压力很大,何以解忧呢?唯有'杜康',送大家河南特产杜康酒回去品尝,希望能减轻各位的工作压力;各位朋友对河南的感情都很深,怎么表达感谢之情呢?那就是'好想你',送给各位河南特产'好想你'大枣,希望各位一如既往地关注关心河南;今天的天气很冷,所以大家喝点'信阳红'暖暖身子,再送给各位河南特产毛尖茶叶'信阳红',祝愿大家今后的日子红红火火。解解忧,想想你,暖暖身,我觉得挺好。"卢展工所推介的信阳红茶叶、好想你大枣、杜康酒虽然不是直接的文化产品,但他却能巧妙地利用了这些产品中的文化因素,既为这些河南特产做了一次很好的广告,又很好地宣传推介了河南文化,产生了良好的社会反响。

4. 传播价值观念,提升国家的软实力

文化的征服是人心的征服,而人心的征服才是真正的征服。文化外宣的最高追求就是通过传播价值观念从而到达征服人心的目的。这种征服是一个潜移默化的结果,真正体现了文化"润物细无声"的作用。几百年前西方传教士打着宗教的旗号到东方传教,但他们的目的绝不仅仅是宗教,这在前文已经说过,而是一种持久的、大规模的文化外宣活动，正是从传教士开始，东西方文化才开始真正意义上的深入交流。传教士对传播、宣传西方文化起到了无与伦比的作用，是成功的文化外宣活动。正如19世纪美国传教士明恩溥说的那样："从长远的观点来看，英语国家的人民所从事的传教事业，所带来的效果必定是和平地征服世界——不是政治上的支配，而是在商业和制造业，在文学、科学、哲学、艺术、教化、道德、宗教上的支配，并在未来的时代里将在这一切生活的领域里取回收益，其发展将比目前的估计更为远大。"[1]

中国近年来打造的"欢乐春节"对外文化交流品牌，就很好地传播了中国文化的价值理念。之所以打造"欢乐春节"对外文化交流品牌活动，是因为春节是中华民族最重要的传统节日，它集中国哲学思想、价值观念、生活方式等于一体。春节不仅是阴阳轮回的一个开端，还蕴涵着丰富的中国传统思想观念，而且也是与当代世界多元文化进行沟通、对话和交融的良好平台。目前，中国在外国有逾6000万华人华侨，分布在198个国家和地区。每逢佳节倍思亲，春节在中国已经传承了几千年，中国人自古就有"过年"的传统。海外华人华侨一方面需要来自祖国的慰问，另一方面自身也有传承发展文化的诉求。中国通过打造"欢乐春节"这一品牌活动，积极有效地向世界传播了中华文化，让不同国家、不同肤色的人们感受到了"欢乐、和谐、共享"的春节文化理念，使春节逐渐成为一个

---

[1] 顾长声：《传教士与近代中国》，第113页，上海人民出版社，1981年版。

世界性的节日，越来越受到世界各民族的关注和喜爱。

三、文化交流

（一）文化交流的内涵

这里的文化交流主要指狭义上的对外文化交流，是指一个主权国家与另一个主权国家，利用文化的手段，在平等自愿、共同参与的基础上进行的一种交流活动。这里的文化也主要指狭义上的文化即精神文化，包括各种演出、展览、图书交换、电影放映、学术研讨等活动。文化交流不同于文化外交，一般没有明显的政治意图，文化既是手段又是目的，旨在通过文化上的相互欣赏，增强双方的互信和理解；文化交流也不同于文化外宣，没有一方对另一方的强力推介，双方在平等自愿的情况下共同参与，是一种"你情我愿"式的沟通与对话；文化交流也不同于文化贸易，不以出口产品和服务以换取利润为目的，主要以友好交流为主。

（二）文化交流的特征

狭义的文化交流是广义的对外文化交流的重要组成部分，在很多情况下，对外文化交流就是指狭义的文化交流。文化交流的发展历史和作用前文已经阐述，这里只对文化交流与文化外交、文化外宣、文化贸易相比的一些主要特征作以阐述。

1. 艺术是文化交流的主要载体

艺术之所以是文化交流的主要载体，是因为艺术是一个民族最具创造力的表现。鲁迅说过："人类最好是彼此不隔膜，相关心。然而最平正的道路，却只有用文艺来沟通。"① 以新中国第一个十年为例，派遣各种文化代表团和艺术演出团体进行友好访问和演出，是当时中国对外文化交流的主要形式之一。新中国成立后，这种文化交流的形式受到党和政府的重视并迅速发展。1949年10月，以著名作家法捷耶夫为团长的苏联文化艺术科学工作者代表团来华访问。此后波兰、民主德国、捷克斯洛伐克等国的文化代表团和艺术代表团纷纷来中国访问。至1958年底，已有25个国家的98个艺术表演团体、6500余人来中国访问演出，其中有芭蕾舞、歌剧、民族音乐舞蹈、木偶剧、杂技艺术和马戏等不同的艺术形式。同时，中国文化艺术团体也走出国门进行访问演出。至1958年底，中国有59个艺术表演团体到49个国家访问演出，中国的京剧、歌舞、杂技艺术、木偶、皮影和民间音乐在国外受到广泛欢迎，中国的许多地方戏剧和少数民族的歌舞同样在国外获得极高的赏识与评价。② 各国文化艺术团体的相互访问和演出，既介绍了中国艺术，也使各国人民认识了新中国，对于促进中国人民与各国人民的互相了解和文化交流发挥了重要的作用。

---

① 《鲁迅全集》，第6卷，第524页，人民文学出版社，1981年版。
② 裴坚章等：《毛泽东外交思想研究》，第56页，世界知识出版社，1994年版。

2. 文化交流以展演为主要形式

文化交流主要以戏剧、歌舞、杂技表演和文物、书画、民俗、摄影展览为主要内容。以 2009 年中国对外文化交流为例，这一年中国对外文化集团向全球 59 个国家和地区的 137 座城市，派出表演和展览项目 117 起，其中，演出项目 97 起（包括与外方剧团合作的组台表演项目），共演出 1 万余场（次），观众达 1400 余万人（次），商业表演项目占 50％以上；中国国家博物馆共派出团（组）34 个、126 人（次），出访 15 个国家，接待来华团（组）32 个约 200 人（次）；国家京剧院完成对外文化交流项目共计 175 人（次），其中 30 人以上的大型团（组）3 次，10－30 人的中型团（组）1 次，10 人以下的小型团（组）5 次，出访了日本、德国、美国、新西兰、挪威等国家；中国歌剧舞剧院全年共完成对外交流表演项目 13 个，其中团体项目 4 个，涉及奥地利、芬兰、澳大利亚、日本、韩国、美国等；中国东方演艺集团委派了部分演员参加由中国共产主义青年团中央委员会、文化部外联局、中国戏剧家学会、北京市文学艺术联合会、北京市归国华侨联合会等单位组派的文化代表团，赴国外进行大量的文化交流活动，执行出访任务 17 个；中国儿童艺术剧院《十二生肖》演出团赴河内参加"今天的孩子，明天的世界"越南首届国际儿童艺术节，《十二生肖》赴澳大利亚维多利亚艺术中心演出 8 场；故宫博物院举办和参加出国展览 11 项，引进外国展览 2 项。出国展览主要有：赴日本东京的《大三国志展》，赴日本长崎孔子庙以中国历代博物馆为主题的《故宫宫廷文物展（第 11 期）》，赴美国旧金山、印第安纳波利斯、圣路易斯的《明代宫廷艺术展》，赴德国德累斯顿艺术收藏馆的《金龙银鹰1644—1795——故宫博物院/德累斯顿艺术收藏馆文物联展》，赴日本吉岛家缎通博物馆的《地毯展》，赴新加坡文明博物馆的《康熙大帝展》，赴德国巴伐利亚国家博物馆的《中国与巴伐利亚四百年展》，赴瑞士李特伯格博物馆、美国大都会艺术博物馆的《罗聘的艺术世界展》，赴美国辛辛那提艺术博物馆的《中国动物画展》，赴比利时的《天子——中国帝王艺术展》和《再序兰亭展》。引进的2个展览分别为《白鹰之光——萨克森·波兰宫廷文物精品展（1670—1763）》、法国《卡地亚珍宝艺术展》。与此同时，一些中外合作项目包括与荷兰国家自动音乐博物馆合作修复故宫藏钟表文物、与美国世界建筑文物基金会合作保护乾隆花园、与日本凸版印刷株式会社合作的"故宫文化资产数字化应用研究"项目、与德国马普科学史研究所合作的"中国古代宫廷与地方技术交流史"课题研究等，均于继续进行之中。2009年，国家文物局共审批、组织赴境外文物展览69项，其中，有赴比利时的《中国古代帝王珍宝展》、《丝绸之路展》，赴突尼斯的《华夏瑰宝展》，赴智利的《古代中国与兵马俑展》，赴美国的《中国秦兵马俑展》，赴日本的《西藏艺术与考古展》等活动。[①]

3. 文化交流以友好交流为主

真正的文化交流首先是要尊重对方文化，是一种平等的交流。

---

① 《中国对外文化交流年鉴》，第2010卷。

这一点在新中国的对外文化交流中得到了充分的体现。1955年4月，周恩来在亚非会议全体会议上发言指出，我们亚非国家之间的合作应该以平等互利为基础，而不应该附有任何特权条件，"我们相互之间的文化交流应该尊重各国民族文化的发展，而不抹杀任何一国的特点和优点，以便互相学习和观摩"。① 四天后，周恩来在亚非会议政治委员会会议上的发言中再次指出："中国保证在同到会的国家和其他的国家互相来往和进行和平合作和经济、文化交流时，不要求特权和特殊条件，而是平等对待。"② 张奚若曾撰文指出，我们主张自由平等的文化联系，愿意在平等互利、互相尊重的基础上同任何一个国家建立文化上的联系和合作，"在文化联系中，一定要贯彻互相尊重的精神"。③

每个民族的文化艺术都反映了他们的历史和生活、创造和斗争，因此我们要努力维护世界文化多样性，尊重各国文化的差异。同时，也要坚决反对文化侵略。近代以来，西方国家依仗经济、科技优势，在进行殖民扩张的同时积极推广其文化价值观念，压制各国民族文化的发展。1957年12月，楚图南在出席亚非团结大会时明确指出，我们必须反对帝国主义者用各种形式伪装起来的文化侵略，同时我

---

① 中华人民共和国外交部、中共中央文献研究室：《周恩来外交文选》，第118页，中央文献出版社，1990年版。
② 中华人民共和国外交部、中共中央文献研究室：《周恩来外交文选》，第132页，中央文献出版社，1990年版。
③ 张奚若：《互相吸取 互相发展 互相尊重 发展对外文化交流工作》，载《人民日报》，1959年5月4日。

们也必须提防帝国主义者用各种阴谋来破坏我们的文化交流，阻挠我们的文化繁荣。① 张奚若在 1959 年谈及文化交流时也强调，帝国主义的文化侵略，是与我们所提倡的自由平等的文化联系恰恰相反的，当然是我们坚决反对的。②

文化的友好交流也体现在双方的共同参与上，是一种"礼尚往来"。例如，20 世纪 50 年代，中国与拉丁美洲没有一个国家建交，中国的文化也从未到过这一地区。当时，拉美地区一些国家受到美国的控制和"台湾当局"的破坏，加之各国国内政治势力复杂，在发展同新中国外交关系方面存在分歧。但是，为了拉近与这一地区国家和人民的感情，中国决定向这一地区派出民间性质的文化代表团，提出"细水长流，稳步前进"的民间外交方针，③ 利用民间文化交流的形式与他们进行交往。中国在 1956 年和 1958 年，曾两次组派中国艺术团访问南美洲的智利、乌拉圭、巴西、阿根廷等国，通过演出、座谈、访问等活动表达了中国人民与各国人民友好、和平相处的愿望。这些国家的"领导人员和重要人士都表示了对中国友好的愿望"，愿意和中国"发展文化交流和友好关系"④。同时，中国

---

① 《我国代表就促进亚非国家文化交流作报告，让我们更多地相互学习相互帮助》，载《人民日报》，1957 年 12 月 29 日。

② 张奚若：《互相吸取 互相发展 互相尊重 发展对外文化交流工作》，载《人民日报》，1959 年 5 月 4 日。

③ 丁西林：《以文会友 和气致祥 十年来中外文化交流和友好往来》，载《光明日报》，1959 年 9 月 24 日。

④ 周而复：《友谊的花朵》，载《人民日报》，1959 年 7 月 30 日。

也邀请拉美国家相关人士来中国访问考察。整个 50 年代，中国曾"邀请了 19 个拉美国家的 1000 多人来我国访问，其中包括作家、教授、医生、律师、艺术家、企业家、国会议员以及工会、妇女等各界知名人士"①。通过文化交流增进了中国人民与拉美人民的友谊，为以后中国与拉美国家正式建交奠定了良好的基础。

4. 文化交流以互鉴共赢为目的

新中国成立后，除了向国外派出文艺团体宣传中国文化之外，还积极吸收借鉴外国的优秀文化艺术为我所有，补充丰富我国文艺事业的发展。截止到 1965 年，我国与外国共签订了 35 个文化合作协定，平均每年的文化交流项目近二百起、四五百人次；各类文化代表团互访频繁，文化交流项目也不断增加。例如，在苏联等社会主义国家的帮助下，我国引进了芭蕾舞、交响乐、歌剧、油画等许多西方古典艺术门类，培养了大批优秀文艺人才，极大地丰富和繁荣了我国文化艺术的百花园；在学习借鉴国外先进文化管理经验的基础上，先后成立了中国京剧院、中央歌剧院、中央乐团、北京人民艺术剧院等一大批完全有别于旧中国戏班子的新型文艺院团；全国各地建设了大量的影剧院、图书馆、美术馆、博物馆等公益文化设施，基本结束了旧中国文化事业积贫积弱的局面。②

---

① 丁西林：《以文会友 和气致祥 十年来中外文化交流和友好往来》，载《光明日报》，1959 年 9 月 24 日。

② 蔡武：《文化部新中国六十年对外文化工作发展历程》，载《求是》，2009 年第 15 期。

自 20 世纪 90 年代起，我国先后举办了"国际交响音乐年"、"国际民族歌舞年"、"国际美术年"等国际艺术主题年活动，集中引进 20 多个国家世界一流的高雅文化产品，在国内外引起了很大反响，为改革开放创造了良好的社会氛围。进入新世纪后，为适应社会文化发展的需要，满足人民群众日益增长的精神文化需求，我们建立了持续的国际文化交流平台，举办了"相约北京"、"北京国际音乐节"、"亚洲艺术节"、"上海国际艺术节"、"上海国际电影节"、"中国国际民间艺术节"、"中国吴桥国际杂技节"、"杭州国际动漫节"、"南宁国际民歌艺术节"、"北京国际图书博览会"、"青海湖国际诗歌节"、"新疆国际民间舞蹈节"等活动。"相约北京"联欢活动自创办以来已举办 9 届；艺术节将"古老"与"创新"、"中华"和"国际"相结合，其丰富的内容、多样新颖的风格、灵活的艺术板块和面向大众的定位，逐渐成为可以与世界知名艺术节比肩的综合性节日。其中，"相约北京——2008"活动与奥运紧密配合，引进 80 多个国家和地区的 110 个国际艺术团体，近万名艺术家参与其中，观众规模超过 300 万，是新中国建立以来规模最大的国际文化交流活动，成为"人文奥运"的最佳注脚。这些艺术节活动架设了中外人民和艺术家沟通的桥梁，同时也奠定了中国作为亚洲国际文化活动中心国的地位。[1]

同时，为加强与外国的交流合作，我国还同世界上许多国家建

---

[1] 蔡武:《文化部新中国六十年对外文化工作发展历程》，载《求是》，2009 年第 15 期。

立了文化上的合作机制。截止到 2009 年，我国已同 145 个国家签订政府间文化合作协定和近 800 个年度文化交流执行计划，与上千个文化组织保持密切的合作关系；在民间和地方，已与 120 个国家建立了 1500 对友好省州和友好城市关系，与 148 个国家的 458 个民间团体和组织建立友好合作关系。从中央到地方、从政府至民间，文化交流的规模和范围空前扩大，广度和深度不断发展，内容和形式日益丰富，渠道和层次日趋多样。近年来，我国对外文化交流项目的年均总数与人次均超过改革开放前 30 年的总和。①

5. 文化交流以双方共同参与为基础

文化交流是一种双向交流，体现了文化的传播者与被传播者之间的交互性。以中外体育交流为例，中国从 1957 年第一次派出教练员到国外执教以来，截止到 2008 年，在 51 年的时间里，中国共向 123 个国家和地区派出了 2547 名教练员，其中涉及乒乓球、体操、跳水、羽毛球、武术等 36 个大项。除此之外，部分中国教练员受聘到一些国家执教，如美国女排的主教练郎平、美国体操的主教练乔梁、澳大利亚跳水队总教练佟辉等，他们被誉为体育大使和民间大使，促进了中国和世界各国和地区运动员之间的交流与合作，推动了世界竞技体育水平的发展和提高。②

2011 年，文化部首次实施对外文化交流的"央地合作"计划，

---

① 蔡武：《文化部新中国六十年对外文化工作发展历程》，载《求是》，2009 年第 15 期。
② 《中外体育教练人员交流推动世界体育水平提高》，载《腾讯网》，2008 年 8 月 17 日。

河南作为首批9个参与"央地合作"计划的省份之一,全年与韩国首尔中国文化中心合作开展"中韩文化交流年"的相关工作。河南先后组派政府代表团、专家学者团、文化产业考察团、民俗艺术展览团、少林功夫和河南杂技表演团、非物质文化遗产考察团、摄影展览团、歌舞艺术团、宗教文化交流团赴韩国进行文化交流,分别在韩国首都首尔和光州广域市、庆尚北道、京畿道等多个城市举办了河南民俗艺术展、河南省文化说明会、中韩文化产业研讨会、中韩文化发展交流会、少林功夫和河南杂技专场演出、河南摄影图片展、中韩非物质文化遗产保护座谈会及汉语言教学和图书捐赠活动。同时,韩国也派出政府考察团、传统艺术表演团、摄影家代表团等10多个团组到河南进行交流和演出。全年共有25项交流活动,双方共有300余人参与,取得了一系列重要成果。2012年适逢中韩建交20周年,为延续"央地合作"项目,促进河南与韩国的文化交流,2012年7月,以韩国光州广域市副市长李炳禄为领队的"韩国光州市艺术团"一行50人,到河南与河南歌舞剧院共同举办了第四届"郑律成国际音乐会",为中韩文化交流书写了新的篇章。

6. 文化交流可以超越障碍直抵心灵

文化交流是人心的交流,它可以超越政治和阶级的局限,达到以文化人的目的。1953年朝鲜战争停战后,中央歌舞团在贺龙元帅的率领下赴朝鲜演出,除了慰问最可爱的人——志愿军和朝鲜人民军外,他们还曾为美国俘虏演出。当美国战俘看了中国艺术团的表演后，受到了很大的触动，有人甚至流泪。他们感慨唏嘘地说："创造了如此圣洁、美好艺术形象的民族，怎么会是'侵略者'？"这些在战场上充满仇恨的美国士兵，无情的炮火没有让他们屈服中国，文化却改变了他们对中国的看法，当然也改变了对战争的看法。

1960年，中国派出由中国京剧院和中央歌舞团组成的中国艺术团赴委内瑞拉、哥伦比亚、古巴、加拿大访问。这是中国首次派遣艺术团到这些国家交流演出，在7个多月的时间里，中国艺术团经历了当地发生军事政变等难以想象的困难，圆满完成访问任务。在委内瑞拉演出时，每个节目都能激起观众雷鸣般的掌声，每次谢幕都要延续几十分钟。虽然中国与委内瑞拉还没有建交，但演出结束后，委内瑞拉总统接见了中国艺术团全体成员。在哥伦比亚演出时，中国艺术团还赶排了该国十分流行的民间乐曲《多利门塞》，每当舞台上中国演员用中国民族乐器奏响这支乐曲时，身着盛装的绅士、贵夫人们就会一反常态，把手中的帽子抛向空中大喊大叫，连在场原本准备搞破坏的美国和台湾特务，也情不自禁地为中国艺术家的精彩表演而鼓掌，全然忘记了他们的政治任务。[①]中国艺术团到古巴访问时，古巴政府不仅承担了全部演出费用，而且艺术团到达古巴的第二天，古巴最高领导人劳尔·卡斯特罗夫妇就接见了中国艺术团并一起用餐。中国艺术团在古巴访问了2个月，在6个省演出20场。艺术团在古巴访问期间，古巴召开百万人参加的人民全国大会，

---

① 资华筠：《我所经历的"文艺外交"》，载《共和国外交实录》，第552页，中国文史出版社，2002年版。

卡斯特罗在会上高高地举起新华社驻古巴分社社长曾涛的手,当场宣布与中华人民共和国建交,命令即日起"台湾"在古巴的代表马上离开,并通过了揭露帝国主义阴谋、宣布与中国建交的《哈瓦那宣言》,并由中国艺术团团长陈忠经代表中国与古巴签署了第一个文化合作协定,艺术团的随团翻译李国新随即接到指令,留在哈瓦那参加中国驻古巴大使馆的筹建工作。中国与古巴建交,文化交流发挥了不可替代的作用,实现了中国与拉丁美洲国家外交关系零的突破,迈出了中国与拉丁美洲国家建交的第一步,中国驻古巴大使馆成了中国对拉丁美洲开展外交工作的第一个窗口和平台。[①]之后,中国艺术团又到加拿大巡演近两个月,虽然这次中国艺术团没有能按预期的目标进入美国开展交流演出,但在美国的"后院"造成了极大的影响,为中国在这一地区打开外交局面起到了积极的推动作用。

　　文化不仅可以打破阶级的局限,还可以超越政治的隔阂。20世纪60年代初期,中苏两国在政治上已经完全破裂,但之前签订的文化协定还没有终止,因此两国在1960年政治上彻底分道扬镳之后,文化上的交流还在持续。1963年,中国中央歌舞团到莫斯科访问,这是"文化大革命"前中国最后一次执行中苏两国的文化协定。由于当时中苏两国的政治关系非常紧张,剧场气氛也受到影响。由于苏联观众大多是被组织去观看演出的,所以在节目进行中观众表情一直十分凝重,节目演完也只是礼貌性的掌声——与苏联观众一向掌

[①] 周丽娟:《对外文化交流与新中国外交》,第73页,文化艺术出版社,2010年版。

声雷动、重视谢幕的习惯迥然不同。但是，当节目换景切光、剧场一片漆黑时，突然响起潮水般的掌声与喝彩。后来，中方有意拖长一点切光时间，观众非常默契地鼓掌，而灯光一亮，全场立刻鸦雀无声。这种掌声与"政治形势"密切相关的现象虽然十分罕见，但苏联人民对中国人民的热情却无法掩藏，在旅馆里苏联服务员会一个劲儿地往中国演员的碟子里添菜，走在大街上还会有陌生的苏联人抓住中国演员的手悄悄地说"乌拉，中国"，从中可见苏联人民对中国人民的深情厚谊。①

四、文化贸易

（一）文化贸易的内涵

文化贸易是以文化产品和文化服务为交易对象的贸易活动。它包括国家之间书籍、报纸、艺术品等货物的输出和输入，以及演出、电影、音像等服务的有偿提供和接受。马克思主义的经典理论把整个社会比作一座大厦，经济构成了这个大厦的基础部分，而政治、文化则属于这个大厦的上层建筑部分，即"更高地悬浮于空中的思想领域"。然而，在当今世界，文化已不再高高悬浮于经济基础之上，而是与经济、政治互相交融于一体，成为促进经济增长的直接手段，这就是文化贸易。

---

① 赵少华等：《金色记忆——新中国早期文化交流口述记录》，第87—88页，作家出版社，2012年版。

文化贸易中文化产品不是一般的商品，具有经济和文化的双重特性，因此文化贸易应该"例外"于自由贸易规则。但是，美国等少数国家则认为，文化产品与一般商品没有什么区别，极力主张文化贸易自由化。联合国教科文组织曾说："文化产品不仅具有商业价值，而且传播并建构着文化价值，对社会凝聚力有着重要的作用。文化娱乐市场实际上是一个思想、意见市场，并最终是一个身份市场。在这个市场中，各国文化产品之间的竞争在某种意义上是国家间话语权力的竞争。"由此可以看出，文化贸易不仅仅是一种商业活动，它还牵涉到一个国家的文化形象和文化安全问题，把文化产品等同于一般的商品，这是西方对中国及其他更多国家的一种误导，是一种别有用心的阴谋。

（二）文化贸易的历史

在人类历史上，文化贸易大致可分为三个阶段：商品交换阶段、机械复制阶段和信息传媒阶段。在大工业时代之前的漫长岁月里，人类的文化贸易主要是物质文化贸易，文化贸易不仅都和其他商品贸易连在一起，而且还都是采用"物物交换"的形式，我们称之为文化贸易的"商品交换"时代，时间大约为19世纪之前。

文化贸易伴随着人类的商品贸易一起产生。在公元前3000年，古埃及人在对外贸易中就有了文化贸易的成分："伴随着贸易的发展，精致的花瓶、纸草、亚麻布、珠宝等大批量生产，予以输出。早在公元前3000年，埃及就已取得了欧洲金矿采出的金子，从叙利亚买入牲畜、鱼类、酒、香，甚至是船舶与带轮子的车辆，从南方的努比亚购入象牙、黄金和鸵毛。"①古埃及人生产的那些花瓶、珠宝之类的东西以及他们从遥远的地方买回的象牙、鸵毛等物品，显然不同于满足一般生活的实用性商品，它们更侧重于精神审美的层面。再如公元前2000年至公元前1400年期间，当时的"地中海文明"已达到非常繁荣的程度，而其中的克里特文化则是其杰出的代表："克里特人的金属制造与制陶工艺都极其精湛。他们使用塞浦路斯的铜与来自远方欧洲开采的锡，锻造出了精美的短剑、长剑与其他一些青铜器具。他们的陶罐是用陶轮制造出来的，并且描绘得极为华丽，闻名于近东地区。"②克里特人生产的精美的短剑、华丽的陶罐之类的东西很显然已经超出了生活实用和战争需要的范围，已经上升到艺术审美的层面，而且这些东西在很大的地理范围内流传，说明这些东西在当时的交易已非常频繁。公元前6世纪，雅典进入繁荣发展时期，同时它的对外贸易也迅速发展起来："雅典不仅对外出售精致的瓶瓮，还输出酒和橄榄油。从雅典驶出的船舶经过了埃及、塞浦路斯与黑海，同时，还将谷物带回雅典。精美的毛织斗篷、青铜器、杯瓶之类的玩意则分别来自米利都、卡尔西斯和科林斯，富

---

① （美）海斯、穆恩、韦兰：《全球通史》，王颖译，第29页，江西教育出版社，2015年版。

② （美）海斯、穆恩、韦兰：《全球通史》，王颖译，第30页，江西教育出版社，2015年版。

裕的贵族阶级才可享用这许许多多的奢侈品。"①从中可以看到，雅典对外贸易的物品中，有了更多的奢侈品，它们逐渐摆脱了生活实用的性质，而具有了更多的艺术审美形态，成为名副其实的文化贸易。

东西方之间的文化贸易发生很早。埃及是世界上最早制造玻璃的国家，在公元前的数个世纪之前已达到相当的高度。埃及的玻璃从公元前2世纪开始，经伊朗、叙利亚、印度等国流入中国，特别是埃及生产的白色透明的白玻璃，与中国本土产的琉璃相比，更受到中国人的喜爱，并被冠以"玉晶、水精"的雅称。《西京杂记》中曾经记载汉武帝时，身毒国（即印度）进赠一个白光玻璃鞍，在暗室中能光照十多丈，深受汉武帝的喜爱。而且埃及为了扩大对中国的玻璃贸易，还专门根据中国人的需求，制作中国玻璃饰物的仿制品；《魏略》、《后汉书》中都曾记载罗马物产中有中国特有的佩饰夜光璧，很显然这些夜光璧是专门为中国设计生产的。②

中国自西汉开通陆上丝绸之路之后，中国对外文化贸易也开始逐步发展起来。当时西方对中国丝绸的大量输入，很大程度上都是出于审美的需要，这在前文中已经有过论述。当时中国与西域各国的丝绸贸易，主要是通过国家派出的使节和商人来完成的。据记载，当时中国派往西域的使节非常多："使者相望于道，诸使外国一辈大者数百，少者百余人……汉率一岁中使多者十余，少者五六辈。远

---

① （美）海斯、穆恩、韦兰：《全球通史》，王颖译，第56页，江西教育出版社，2015年版。

② 沈福伟：《中西文化交流史》，第94页，上海人民出版社，2006年版。

者八九岁，近者数岁而返。""人所赍操，仿博望侯时。""牛羊以万数，金币帛直数千巨万。"[①]这说明西汉派往西域的使团非常之多，他们不仅携带大量的礼品从事外交活动，同时还携带着大量的商品从事贸易活动。至于西域各国的商人，数量就更加庞大，他们或紧随使团之后，或直接参加使团，有的甚至还冒充使节，到中国内地从事商品贸易。"驰命走驿，不绝于时月；商胡贩客，日款于塞下。"[②]这不仅形象地说明了西汉时期对外贸易的频繁，同时也说明了汉帝国对对外贸易的重视。

西汉开辟陆上丝绸之路之后，由于受到波斯人的垄断，罗马帝国和大汉帝国都希望能从海上开辟一条直接交流的通道。通过中国人、罗马人从东西两端的努力开辟，加上沿途东南亚、南亚、阿拉伯、埃及以及古代中亚人的共同努力，从罗马到中国南海的超长海上丝绸之路终于在公元166年首次开通。这一年，一位自称大秦王安敦（罗马皇帝马可·奥勒留）派遣的使者，经海路在越南登陆，之后到达洛阳拜见东汉最高统治者汉桓帝。罗马使者向东汉皇帝所献的礼物几乎全是产自东北非洲的特产，其中就有象牙、犀角、玳瑁之类的奢侈用品，它们已不是一般意义上的商品贸易，而是具有鲜明的文化贸易的性质。

三国时期，诸葛亮为振兴蜀汉政权，不仅"以盐立国"、"以铁强国"，而且还"以锦富国"。这里的锦就是产自蜀地的稀世珍

---

① 《汉书·张骞传》。
② 《后汉书·西域传》。

品——蜀锦。巴蜀之地自古就养蚕造丝，据考古发现，在3500年前的古埃及艳后的木乃伊中，就发现了来自古蜀国的丝绸。用蜀地所产蚕丝织成的锦，因工艺精湛、质地坚韧、色彩华美而闻名天下，并被冠以"蜀锦"这一专用名称。蜀锦是当时蜀汉重要的出口产品，不仅销往曹魏、东吴两国以及东北亚的朝鲜和日本，还远销巴基斯坦、印度、阿富汗、伊朗、中东和欧洲地区。据史书记载，曹操一家祖孙三代都非常喜欢蜀锦，尽管当时蜀魏两个政权之间一直处于交战状态，但曹魏多次派人秘密地到蜀汉采购蜀锦。而东吴的孙权则经常用蜀锦奖励手下的大臣，可见蜀锦在当时的受重视程度，它所附带的文化价值已远远超过了它的一般商品价值。连诸葛亮都曾说道"决敌之资，惟仰锦耳"，可见蜀汉凭借蜀锦这一特殊的商品，赚得了不少的利润，不仅可以使蜀汉迅速地强盛起来，而且还可以支撑其不断地对外征战。①

8世纪之后，原丝绸之路上的河西走廊逐步被吐蕃切断，丝绸之路的东端只能绕道回鹘汗国，回鹘人成为葱岭以东丝绸贸易的最大中介商。后由于回鹘汗国帮助唐王朝平定了"安史之乱"，作为酬劳，唐肃宗向回鹘统帅叶护约定，每年向回鹘送绢两万匹，又立马市，双方进行"绢马贸易"。之后的唐代宗又向回鹘约定，每年收买回鹘马匹数万至10万匹，每匹马付给回鹘丝绢40匹，病马弱马照数付价。回鹘将从"绢马贸易"中获得的大量丝绢贩运到中亚和西

---

① 卜宪群等：《中国通史》，第二卷，第328—329页，华夏出版社、安徽教育出版社，2016年版。

亚各国，再换回更多的珊瑚、翡翠、象牙、琥珀、琉璃器物、安息香料这些"特殊商品"，最后又贩运给唐朝。由于回鹘人赚取两方的差价，所以从中获取了巨额的商业利润。

自唐末至宋，陆上丝绸之路基本中断，中国对外贸易主要依靠海上丝绸之路。宋代对外贸易实行比唐代更加宽松的政策，因而宋代的对外贸易比唐代更趋繁荣。宋代对外贸易的对象主要是阿拉伯人："宋时，在中国的巨商，不限于大食（指阿拉伯）商人。但就巨商有名可考者之多，及其地位之重要来说，不能不说以大食商人为第一。这一点，也可以使我们看出大食商人在蕃商中之居有领导的地位。"[①] 宋代阿拉伯输入中国的商品主要有三大类：香药（即香料和药品）、犀象（犀角和象牙）和珍宝（包括珍珠、珊瑚、玻璃、琉璃等）。其中，又以香料为之最，特别是香料中的乳香，更是被宋朝政府大量购买，而且还常常奖励做乳香贸易的商人。据记载，1077年仅广州一地就进口乳香348673斤。[②] 正因如此，香料在宋代对外贸易中占有重要的地位："大食人因乳香业之独霸，已足使他们的香料贸易在宋时南海贸易中，获得一领袖的地位。此外更加上药物和犀象珍宝，大食商人的商业地位之更为巩固，是不待言的。"[③]

元代由于疆域辽阔，在航海、造船技术上又有了新的突破，因而元代中国对外贸易的陆上丝绸之路和海上丝绸之路都保持畅通。

---

① 白寿彝等：《中国回回民族史》（上），第259—262页，中华书局，2003年版。
② 梁廷枏：《粤海关志》，卷三。
③ 白寿彝等：《中国回回民族史》（上），第292页，中华书局，2003年版。

"元朝在对外贸易等方面采取了比历代中国王朝都更开放的政策。允许民间海商经营海外贸易，甚至由政府出船出本钱'承包'给海商出海贸易。这种官商并举政策收到很大效益，不管是国家财政或地方财源都从海外贸易获得巨大利益。……中国商舶在东海、太平洋、印度洋所开辟的定期或不定期的航线以及长时间畅通的陆上丝绸之路都对中外的经济、文化交流起了极大的作用。"[1]

明朝初期的一百年间，海上丝绸之路达到鼎盛时期。特别是经过郑和七次下西洋，中国的对外贸易达到了空前的繁荣。当时郑和的船队曾把中国的丝绸、瓷器、布匹、茶叶、金银铜铁器等运至南亚及阿拉伯诸国，包括东非国家，以换取这些国家的香药及其他特产。"郑和船队每次出航，仅从内库提取的丝绸一项动辄几十万匹，瓷器作为馈赠品和贸易的交换物，成千上万件运往非洲。……郑和船队第七次出航时，明廷仅向景德镇就派造瓷器44万多件。郑和船队此次出航东非带去的瓷器大致有两类：一是赏赍品……二是'使舶贸易'制作的瓷器和丝绸布匹，用来换取当地富产的象牙、香料等。"[2]这一时期，除了丝绸，瓷器也成了中国大宗的对外贸易商品。以非洲为例，除了西部非洲被大沙漠阻隔之外，北、东、南、中部非洲都曾发现中国的古瓷。"津巴布韦遗址有11处发掘出中国的青瓷、青花瓷和白瓷。莫桑比克的布齐河三角洲发现有质量较差的表花瓷。刚果（利）中部，曾是刚果王国一部分，发现有瓷片。利比亚（曾

---

[1] 何芳川等，《中外文化交流史》，第699－700页，国际文化出版公司，2016年版。
[2] 何芳川等，《中外文化交流史》，第714－715页，国际文化出版公司，2016年版。

建立过隆达王国)等地也发现有中国瓷片。马达加斯加岛东北沿岸武黑马尔发现有15世纪青瓷。南非境内发现有14世纪青瓷,博茨瓦纳的沙谢河附近遗址也发现有青瓷。"①

明朝中叶之后,中国实行"海禁",中国与外国的海上贸易大为减少。清朝代替明朝之后,仍然实行"海禁",但许多民间商人冲破官府的限制,私自出海贩卖中国的瓷器,最远的仍可抵达非洲东部的马达加斯加沿岸,所输出的产品主要还是瓷器。16世纪之后,葡萄牙殖民者采取暴力的手段,逐渐控制了印度洋上的海上贸易,到16世纪中叶,中国的商队只到马六甲,几乎全部退出了印度洋。17世纪之后,荷兰、法国、英国的殖民势力开始不断地渗入印度洋,并夺取了葡萄牙的殖民地,这使得中国在印度洋上中断的贸易有了很小程度的恢复。中国生产的物质文化产品开始畅销欧洲。18世纪初,在法国悄然兴起了一股"中国热",这种热就是由中国的工艺品(主要是瓷器和漆器)带动起来的。"上自君王重臣,下至平民百姓,几乎无人不对中国怀有强烈兴趣,在华传教士们的出版物成了热门读物,来自中国的商品受到热烈欢迎,有关中国的消息和知识不胫而走。中国瓷器在法国拥有无数喜爱者,在17世纪中期,任何一个别墅或宫殿中若无中国瓷器点缀,便不可能被看作完美。"②

欧洲大规模的对外文化贸易发生在15世纪地理大发现之后。伴

---

① 马文赛、孟凡人:《中国古瓷在非洲的发现》,第30—54页,紫禁城出版社,1987年版。

② 许明龙:《黄嘉略与早期法国汉学》,第47页,中华书局,2004年版。

随着殖民者的对外扩张,包括文化贸易在内的一切贸易都活跃起来,逐渐形成了马克思所说的"世界市场"。然而,有意思的是,地理大发现的主要动因是因为西欧各国上层社会特别是王室对奢侈品的大量需求,他们急需东方的香料和黄金。但是,殖民者的对外贸易是不对等的,一半是贸易,一半是掠夺。例如,葡萄牙航海家达·伽马于1497年首次绕过非洲南端的好望角,沿非洲东海岸跨越印度洋最后在印度的卡利卡特登陆,实现了欧洲人首次直达东方的愿望。等到1499年达·伽马回到里斯本时,他带回的东方货物的总价值是他此次远征费用的60倍。正是这种充满无限诱惑的利润,从此打开了欧洲人对世界各地资源似乎是永无止境的欲望,世界也由此进入了数百年的殖民时代。

1588年,英国打败了西班牙的"无敌舰队",从此开始称霸海上。1600年成立东印度公司,在此后的200多年里,这个公司一直垄断着对华贸易。当时中英两国之间的贸易主要是茶叶和瓷器。从1664年起,中国的茶叶开始经由英国的东印度公司运往英国。有关资料统计:"17世纪末每年运往英国的茶叶大约是2万磅。到18世纪初,每年竟高达近2000万磅,茶已经代替咖啡成了不可缺少的饮料。"① "在18世纪的20—50年代里,茶是中国的主要出口商品。此间尽管关税不断增加,茶叶的销售在英国一直呈上升趋势。尽管茶叶价格在英国已从每磅4先令上涨到12先令,饮茶在英国却显得

---

① 萨本仁、潘兴明:《二十世纪的中英关系》,第6页,上海人民出版社,1996年版。

越来越普遍了。"① 英国东印度公司起初只运输绿茶,1760年之后开始运输红茶,中国的武夷茶、工夫茶、小种茶、贡熙茶开始畅销英国。"东印度公司从1784—1833年期间运输的茶叶所占总值的比例,保持在90%上下,在1725—1833年间,更高达94%。公司每年从茶叶贸易所获利润高达80万至100万英镑以上。"② 而中国也从茶叶贸易中获得了不少的利润:"茶叶大量输入英国,英国输华物资在铅、锡、棉花之外,却无相应的货物输出,为求贸易上的平衡,英国只得支付白银,每年从本国和印度流入中国的白银在100万两以上,最高年度(1820—1821)达到556万两以上。"③ 中英之间的茶叶贸易直到19世纪末才走向衰落。

除了英国,中国与其他国家也开展茶叶贸易。"法国在1700年设立中国公司,经营对华贸易,1728年在广州设立商馆,1776年在广州设置领事,处理商务,运输茶叶数量紧追英国。1732年丹麦派船到广州,1733年瑞典派船到中国贸易,运输茶叶。"④ 19世纪初,中国的茶叶开始远销美国。"1805—1806年度,美国船有42艘到达广州,运去茶叶9830480磅……1818—1819年度,有47艘美国船运去的茶叶,达到12035280磅,突破了1000万磅……1832—1838年间,根据美国财政部对华贸易报告,每年平均运去茶叶总数在1400

---

① 何芳川等:《中外文化交流史》,第863页,国际文化出版公司,2016年版。
② 沈福伟:《中西文化交流史》,第438页,上海人民出版社,2006年版。
③ 沈福伟:《中西文化交流史》,第439页,上海人民出版社,2006年版。
④ 沈福伟:《中西文化交流史》,第438页,上海人民出版社,2006年版。

万磅以上，1837—1838 年度更高达 16942122 磅。"①

从 1628 年起，中国的茶叶开始输入俄国，1689 年中国茶叶开始在库伦（今蒙古人民共和国乌兰巴托）与俄商交易，1723 年交易市场从库伦迁到恰克图，该地遂成为中俄两国茶叶与毛皮交易的主要市场。"俄方记载，1750 年经恰克图运到俄国的砖茶 7000 普特（一普特重 16.38 公斤）、白毫茶（红色茶叶）6000 普特；到 1810 年，这两类茶增长到 10 万普特。"② 1862 年之后，中国的茶叶开始由天津经海路运到海参崴，再转运到恰克图。"19 世纪中叶，华茶输俄平均每年 6 万公担（一公担相当于 100 公斤），1871—1880 年已增至 30 万公担。随着西伯利亚铁路的向东延伸，原本商队运输 16 个月的路程缩短到 7 周……1886 年中国出口茶叶 221 万担，运往俄国的是 60 万担。"③

19 世纪末到 20 世纪初，科技的迅猛发展改变了传统艺术的生产方式，一张传承千年、价值不可估量的艺术品可以瞬间被克隆出来。这就是艺术品的机械复制。实事上，复制不止局限于艺术品范围内，而是扩展到整个文化领域，电影、摄影、书籍、工艺品，几乎没有不可能被复制的文化产品。文化的复制不仅体现在数量的巨大上，而且还体现在"以假乱真"上。文化产品被大量地复制，促进了文化贸易的发展。我们称这一时期为文化贸易的"艺术复制"时代。

---

① 沈福伟：《中西文化交流史》，第 441 页，上海人民出版社，2006 年版。
② 斯卡里科夫斯基：《俄国在太平洋的商务》，第 141 页，圣彼得堡，1883 年版。
③ 沈福伟：《中西文化交流史》，第 449 页，上海人民出版社，2006 年版。

20世纪90年代之后,随着全球互联网的兴起,更多的文化产品被转换成了"电子流"、"信息流",人们对文化产品的消费也不仅仅局限在实物上,更多的是网络消费。我们称这一时期为文化贸易的"网络化"时代。现代文化贸易主要是后两种形式,此内容将在文化产品和文化输出中论及,这里不再赘述。

(三)文化贸易的特征

1. 文化贸易受政治和经济的影响

文化贸易是两个国家政治、经济关系发展到一定程度时才会出现的产物,而且文化贸易总是滞后于经济贸易,在两个国家贸易水平整体尚低的情况下,文化贸易很难发生。特别是当两个国家在政治上处于敌对状态时,这两个国家不仅不会有文化贸易的发生,而且连一般的经济贸易也不会发生。以中国为例,改革开放之前,中国对外文化交流都有明确的政治导向性,是政治交往的辅助手段,对外文化活动都基本上停留在狭义的文化交流层面,其主要任务是宣传中国传统文化,增进世界各国人民对中国的了解。在这些对外文化交流中,除了进口一些社会主义国家的电影和书籍之外,几乎没有什么文化贸易发生。这一时期,中国对外文化交流不仅内容形式单一,而且也只与少数的国家和地区开展文化交流,如1979年,中国对外文化交流数量仅有194起、3035人次。改革开放之后,中国打开了国门,对外文化交流迅速发展,到2006年,中国就与145个国家签订了文化合作协定,签署了752个文化交流执行计划,与近千个国际文化组织和机构开展不同形式的文化交流,全年对外文化交流数量1360起。

但是,中国在改革开放之后相当长的一段时期内,文化没有被作为国家发展战略予以重视,只作为经济发展一种补充。在20世纪90年代,提出的"走出去"战略也只是强调在经济领域,文化"走出去"还没有被提及,更不可能被提升到国家发展战略的高度。在这种情况下,中国只有大规模地进口文化产品,中国的文化贸易出现了巨大的逆差。2002年,中国首次提出文化"走出去"战略,同年12月,胡锦涛总书记在全国宣传思想工作会议上提出,要大力发展涉外文化产业,积极参与国际文化竞争。"走出去"战略在文化产业领域首次得到具体体现。2005年7月,中办、国办印发的《关于进一步加强和改进文化产品和服务出口工作的意见》指出:"各部门将在列入本目录的项目中认定一批有利于弘扬中华民族优秀传统文化、有利于维护国家统一和民族团结、有利于发展中国同世界各国人民友谊的且具有比较优势和鲜明民族特色的'国家文化出口重点项目';在符合本目录要求的企业中认定一批拥有国际文化贸易专门人才、具备较强国际市场竞争力、守法经营、信誉良好的'国家文化出口重点企业'。"标志着我国"走出去"战略在文化领域已经成型。2005年10月,十六届五中全会《关于制定国民经济和社会发展第十一个五年规划的建议》指出:"积极开拓国际文化市场,推动中华文化走向世界。"2006年9月,《国家"十一五"时期文化发展规划纲要》指出:"'十一五'时期文化发展的重点之一是:抓好对外文化贸易重大工程、项目的实施。"中国首次将文化贸易提高到"国家战略"的高度。之后，国家又出台了一系列支持国家文化出口重点项目、国家文化出口重点企业和扶植对外文化贸易的政策，包括2007年4月出台的《文化产品和服务出口指导目录》、2009年3月出台的《关于扶持培育文化出口重点企业、重点项目的合作协议》、2009年5月出台的《关于金融支持文化出口的指导意见》、2009年9月出台的《文化产业振兴规划》、2009年10月出台的《关于加快文化产业发展的指导意见》，从此中国对外文化贸易才步入正常的发展轨道。①

2. 文化贸易以输出文化产品为主

对外文化贸易是一个国家文化"走出去"的重要形式之一，它以文化产业为支撑，以输出文化产品为主要内容。世界上的文化贸易大国同时也是文化产业强国。以美国的电影为例，20世纪90年代后期，全世界电影市场的总票房大约每年为155亿美元，美国占据了整个市场的2/3，即105亿美元，其中国内市场50亿美元，国外电影票房达55亿美元。以韩国的电视剧为例，影视作品是韩国出口的主要文化产品之一，韩剧对中国、日本、新加坡、马来西亚等亚洲国家的出口为韩国赚取了大笔的外汇。据统计，2001年韩剧向海外出口9515集，收入达790万美元；2002年出口12363集，收入达

---

① 刘静、李兴：《对外文化贸易与中国文化"走出去"》，中国文通网，2011年5月26日。

1639万美元。① 以日本的动漫为例:"日本动漫在20世纪70年代末、80年代初进入中国,并对我国从70年代到90年代出生的人产生了很大的影响。有调查显示,全世界播放的动漫作品有60%以上来自日本;在10部最流行的动画中,有9部来自日本;在最受欢迎的10个动画作者中,有8个来自日本。长期以来,动漫产业为日本带来了巨大的商机,广义的动漫产业实际上已占日本GDP的10多个百分点,有力推动了日本经济的发展。"② 2003年,日本销往美国的动画片及相关产品的收入为43.59亿美元,是日本出口到美国钢铁总收入的4倍。

3. 文化贸易存在不平衡现象

文化贸易一直是"强国逻辑",绝大部分是在几个发达国家之间进行。例如,1990年,日本、美国、德国和英国是世界上最大的文化贸易出口国,占当年全部出口额的55.4%;进口也高度集中在美国、德国、英国和法国,占全部进口额的47%。③1998年,亚太经济合作组织和欧盟国家的文化进口额占全年世界总量的91%,出口额占世界总量的94%。当前,全世界放映的电影大约有85%是好莱坞生产的,1993年世界大影视公司有36%在美国,36%在欧盟,26%在日本。1997年,有超过50%的大影视公司集中在美国……整个非洲

---

① 梁岩:《中国文化外宣研究》,第149页,中国传媒大学出版社,2013年版。
② 马萱:《我国区域文化产业竞争力研究》,第183页,社会科学文献出版社,2011年版。
③ 李怀亮:《国际文化贸易概论》,第5页,高等教育出版社,2006年版。

大陆平均每年只生产42部自己的电影,其市场上95%的电影都是进口的。① "国际市场的游戏规则是由最先进的强者制定的。世界头号文化产业大国——美国——'满脸正义'地在主张文化产品的自由流通。美国的文化企业以国际市场的巨大利润为目标,以自由贸易理论为旗帜,以美国强大的经济实力为后盾,凭借着美国政府的政治和外交'保驾护航',似乎要铲除一切文化贸易的壁垒,把它们的文化产品销售到世界上任何一个角落。"② 在强势文化的冲击下,那些弱势文化的国家渐渐地失去了自己的文化身份,因为"他们的语言说得越来越少,他们的历史正在被遗忘,他们的文化走向衰弱"。法国最早提出"文化例外"和"文化多样性"的口号,以此来反对美国对外的强势文化输出。法国认为,文化产品不同于一般的商品,它既有商品的属性,又有价值观和意识形态的属性,贸易的自由化原则不适用于文化产品和文化服务。正如法国前总统希拉克批评美国时指出的那样:"每一种文化都有巅峰期,也有低潮期,无论哪种文化都应该被留在人类的集体记忆当中。当一种文化向外推进时,推进者应该扪心自问,是否应当将强势文化强加于人?"③

---

① 李怀亮:《国际文化贸易概论》,第41、42页,高等教育出版社,2006年版。
② 李怀亮:《国际文化贸易概论》,第5页,高等教育出版社,2006年版。
③ 李怀亮:《国际文化贸易概论》,第33页,高等教育出版社,2006年版。

（四）文化贸易的作用

1. 促进经济增长

文化贸易作为贸易的一种，它的直接目的就是赢利，获取经济利润，促进社会经济增长。根据联合国教科文组织的调查资料显示，过去 20 年间，全球文化贸易总额一直在持续增长，从 1980 年到 1998 年间，印刷品、文学作品、音乐、视觉艺术、摄影、广播、电视、游戏和体育用品等文化贸易的年贸易额从 953 亿美元猛增到了 3879 亿美元。① 例如，美国、日本、韩国这些世界贸易大国，同时也是文化出口大国，文化贸易在其外贸出口中占有很大的比重。据有关资料显示，20 世纪 90 年代之后，文化成为美国赚取最大经济收益的产业，美国 2001 年生产各类图书（不包括教材）5 万种，年销售额 253.8 亿美元；期刊 1.1 万多种，年销售额突破 300 亿美元；大型报业集团 130 余家，英文报纸 1480 余种，同期广告销售额近 400 亿美元；广播电台 1.2 万座，同期广告年收入 120 亿美元；电视台 1.4 万家，其中 1300 余家商业电视台，12500 家有线电视台，1996 年电视广告收入首次超过报纸，达到 425 亿美元；电影业 2000 年标记收入 77 亿美元；互联网交易，2002 年美国占全球 3330 亿美元网上交易总额的 64%；音像制品，美国音乐制品占全球音乐市场份额的 1/3 强，海外年销售额达 600 亿美元。这些统计尚不包括作为美国

---

① 丁伟：《发展中国对外文化贸易的历史机遇》，载《光明日报》，2004 年 9 月 22 日。

第三大零售业的旅游业，以及教育和会展业。①当前，全世界电影市场年销售总额为 200 亿美元，其中美国的电影就占到了 75% 的份额，约为 150 亿美元。2012 年，美国生产电影 726 部，最终发行 677 部。该年美国电影在全球市场上的票房总额为 347 亿美元。②中国 2013 年文化产品进出口总额达 274.1 亿美元，其中出口 251.3 亿美元，是 2006 年的 2.6 倍，主要以视觉艺术品（工艺品等）、新型媒介（游戏机等）、印刷品、乐器为主；文化服务进出口 95.6 亿美元。③

  事实上，文化产品具有高回报率、高附加值，其高额利润是十分惊人的。"根据詹姆斯·耶戈的统计，《我的巨型希腊婚礼》等 8 部电影的平均收益高达 15156%，也就是说它们获得的利润是它们投入的 150 多倍，这种高额利润在其他产品中是很难想象的，也是根本无法实现的。对文化产品来说，其通过贸易而带来的直接收益仅仅是利润来源的一部分，衍生的其他相关产业收入（如旅游、玩具、游戏、主题乐园等）比直接收入要高得多。例如，美国电影产业总收益的 20% 来自于银幕营销，80% 来自于后电影产品开发，即电影相关主题产品的营销。《星球大战前传》在开拍之前就已经开始赚钱，它的玩具版由世界三家最大的玩具公司竞标，仅此一项就净赚 4 亿美元，围绕电影开发的玩具有 6 大系列，共 200 余款，据测算其相

---

① 中国社会科学院"文化研究中心"：《美国文化产业一瞥》，载《文化政策调研》，2013 年第 8 期。
② 李小牧：《国际文化贸易》，第 28 页，高等教育出版社，2014 年版。
③ 李小牧：《国际文化贸易》，第 183 页，高等教育出版社，2014 年版。

关产品收入突破50亿美元。"[①]

2. 优化经济结构

文化贸易的发展始终以经济的发展为基础,但它又对经济的发展产生巨大的反作用。首先,文化贸易可以升级产业结构。文化贸易以文化产业为支撑,文化产业作为一种现代化的工业生产,凭借强大的科技和资本实力,被称为21世纪的朝阳产业。"文化产业竞争力是指一国的文化企业通过生产和销售文化产品,提供各种文化服务,占有市场和持续获取利润的能力。文化产业竞争力是文化产业现实的发现能力,也是其潜在的发展能力。"[②] 文化产业的出现改变了一些传统贸易大国的产业格局,文化产品的出口超越了原有的贸易类型。"视听产品已经成为美国仅次于航空航天的主要换汇产品,居于出口贸易的第二位。2002年,英国文化产业出口达到175亿美元,2003年成为仅次于金融业的全国第二大产业。1993年至2003年,日本商品出口总额一共增长36%,但在同样的10年内,文化产业出口额却增长近2倍,从5343亿日元上升到1.5779万亿日元,文化产业出口贸易仅次于汽车工业。"[③] 同时,文化贸易还密切了文化产业与其他产业之间的关系,促进了文化产业与其他产业之间的融合。由于文化贸易是以众多相关产业为基础,不仅能够带动相

[①] 李怀亮:《国际文化贸易概论》,第11、12页,高等教育出版社,2006年版。

[②] 马萱:《我国区域文化产业竞争力研究》,第21页,社会科学文献出版社,2011年版。

[③] 李怀亮:《国际文化贸易概论》,第11页,高等教育出版社,2006年版。

关产业的发展,还能够通过创意延长其他产业产品的生命周期,并催生出新的产业类型。其次,文化贸易改变产业的就业结构。文化贸易不仅促进了文化产业的发展,而且创造了大量的就业岗位,促使劳动力大量地向第三产业转移。"文化贸易涉及的专业领域范围很广,文化产业的产业链条长,能吸纳大量的就业者,文化贸易所涉及的行业领域既需要利用高科技生产手段来生产文化产品,同时也需要通过劳动密集型的、传统的、大众式的生产方式进行文化生产经营。这种行业的特点,就决定了文化经济发展不仅需要高素质的专业人才,还需要大量的普通劳动者。"[1] 在英国,直接从事文化产业的就业人数接近 100 万人,间接就业人数约为 45 万人,文化产业就业人数占全国总就业人数的 5%。在澳大利亚,1999 年文化产业总产值占 GDP 的 3.3%,就业人数为 34.5 万人,占总就业人数的 3.7%。2007 年至 2011 年的 5 年间,文化产业共为意大利提供了 5.5 万个新工作岗位,2012 年文化产业新增岗位达 32250 个。[2] 再次,文化贸易改变公民的消费结构。"人们首先必须吃、喝、住、穿,然后才能从事政治、科学、艺术、宗教等等。"[3] 人类社会经历了生存型社会、生产型社会和生活型社会。生存型社会人类主要消费自然资源,生产型社会人类主要消费物质产品,生活型社会人类主要消费精神产品,也就是文化产品。当前,人类正在由生产型社会向生活型社会过渡,

---

[1] 李小牧:《国际文化贸易》,第186页,高等教育出版社,2014年版。
[2] 李小牧:《国际文化贸易》,第186页,高等教育出版社,2014年版。
[3] 人民出版社:《马列著作选读》,第287页,人民出版社,1990年版。

对精神文化的消费也在呈上升的趋势。文化贸易的持续发展与人类消费结构的转变成正比，文化贸易越发达，说明人类对文化的消费比例越高；反过来亦然，人类文化消费越多，将越带动文化贸易的发展。

3. 输出意识形态

任何一种文化产品都凝聚着生产者的价值观念，这种价值观念随着文化产品的输出被一同输出，只要接受了文化产品，就会自觉不自觉地接受文化产品所带来的价值观念。"文化产品和文化服务对消费者的满足主要是心理的而不是生理的，是精神的而不是物质的，它在具有物质性、形象性的同时，更具有精神性和可持续性。文化产品和文化服务会在消费者心中留下潜移默化的影响，从而对其承载的文化观念产生某种信任感、亲切感乃至依赖感。"[①] "文化产品和文化服务具有一般商品和文化特殊商品的双重属性。一个国家的对外文化贸易，不仅仅具有经济的价值，而且具有外交、外宣功能，传播了它的意识形态和价值观念。"[②] 而且，对文化产品所蕴含的价值观念接受越多，对这种文化产品的依赖性就越强，对这种文化产品的消费就越多。"据统计，目前时代华纳、迪士尼、贝塔斯曼、维亚康姆、新闻集团、索尼、康卡斯特、环球、日本广播公司这世

---

① 李怀亮：《国际文化贸易概论》，第14页，高等教育出版社，2006年版。
② 丁伟：《发展中国对外文化贸易的历史机遇》，载《光明日报》，2004年9月22日。

九大传媒集团,控制了全球50家传媒公司和95%的传媒市场。"① 拥有这些传媒集团的国家不仅凭借它赚取了巨额的经济利润,同时还用它输出了本国的意识形态。以美国为例,全世界各地的民众,他们对"美国形象"的了解和认知,多数是通过大众传媒而获得的。"电影镜头中的美国,往往被演绎为现代片中繁华都市里的奢靡生活、西部片中广袤平原上的自由驰骋、歌舞片中明亮舞台上的尽情高歌……其他国家的人们在电影里感受到的,不仅是主人公的故事和美国文化的背景,而且还有一种美国文化所倡导的价值理念。"② 美国正是通过对其他国家的文化输出,向全世界倾销一种"消费主义"的生活观念和所谓"人权至上"的价值理念,它正在促使着全世界更多的青少年对美国的生活方式亦步亦趋,吸引着许多跨国公司中的白领阶层沉浸在对美国虚幻的想象之中,改变着许多国家的知识分子和社会精英对美国模式的模仿追随和无尽的礼赞。所以,美国文化学者托马斯·英奇就曾十分得意地说:"美国大众文化传遍了全世界,它默默地起到我国一位无声大使的作用,我们应该知道美国的大众文化是怎样向全世界宣传美国的。"③ 可以说,美国的文化产品被传播到哪里,美国的消费方式、价值观念和意识形态就会被带到

---

① 马萱:《我国区域文化产业竞争力研究》,第181页,社会科学文献出版社,2011年版。

② 马萱:《我国区域文化产业竞争力研究》,第142页,社会科学文献出版社,2011年版。

③ 李怀亮、刘悦笛:《文化巨无霸——当代美国文化产业研究》,载《红旗文摘》,2008年第16期,第35页。

哪里，最终实现其文化渗透和文化入侵的目的。"它的目的不是征服国土，也不是控制经济生活，而是征服和控制人心，以此为手段而改变两国的力量对比。"①

---

① 汉斯·摩根索：《国际纵横策论》，卢明华等译，第90页，上海译文出版社，1995年版。

第三章 对外文化交流要素

第三章 对外文化交流要素

对外文化交流是一个系统工程，它涉及文化生产、文化市场、文化法规、文化传播等。但是，作为一种基本的社会活动，它包含着四个基本概念：文化资源、文化产品、文化产业和文化输出；四个概念构成文化交流的四个基本要素，而且这四个要素又构成了一个系统的、逻辑的过程。文化资源是文化交流的逻辑起点，文化输出是文化交流的逻辑终点，文化产品与文化产业是文化交流的两个关键环节。它们的逻辑关系是：在全球化背景下，任何一种文化资源要想得到有效的保护，必须把它变成文化产品；任何一种文化产品要想具备强大的市场竞争力，必须使其形成文化产业；任何一种文化产业要想做强做大，必须进行文化输出。从文化资源到文化输出，构成了一个完整的逻辑关系。

一、文化资源

（一）文化资源的概念

何为资源？《现代汉语词典》的定义为："生产资料或生活资料的天然来源。"这个定义更侧重于资源的物质层面，如大自然赐予我们的山川、河流、矿藏等。其实，资源还有它精神的层面，那就是人类在改造世界的过程中积累起来的文化资源，如典籍、制度、遗迹、风俗、礼仪等。关于文化资源的定义，有学者做出这样的界定："人类发展过程中所创造的一切含有文化意味的文明成果以及承载着一定文化意义的活动、物件、事件以及一些名人、名城等等。"[①] 从这个定义中我们可以概括出文化资源有三个特征：一是它是在人类发展过程中，由人类有意识地去创造的，而不是自然生成的；二是它是含有"文化意味"的文明成果，是人类劳动和智慧的结晶；三是它可以表现为物质文化遗产（如长城、故宫、苏州园林等）形式，也可以表现为非物质文化遗产（如技艺、传说、名人等）形式。这个定义指出了文化资源的基本特征，但在全球化时代，文化资源又呈现出一些其他的特征，将在后文中作详细论述。

中国作为世界上唯一没有中断历史发展的文明古国，其文化资源完全可以用浩如烟海来形容。中华文明五千年的历史传统形成了一条亘古不绝的文化巨流，留下了丰富的文化资源，大致可分为历

---

① 丹增：《文化产业发展论》，第103页，人民出版社，2005年版。

史文化资源、艺术文化资源、民俗文化资源、宗教文化资源、名人文化资源、文物文化资源、遗址文化资源、建筑文化资源、饮食文化资源、武术文化资源等。不论是儒、释、道、医、易等古代文献典籍，还是文学、诗歌、戏剧、音乐、武术、杂技等各种艺术，都包含着中华民族对生存生活的自强不息，对社会责任的勇敢担当，对友谊亲情的追求珍爱，对生命境界的不懈攀登，对民族和睦的孜孜以求，对自然万物的亲和友善，对未知世界的新奇探索。它们不仅是中华民族的智慧结晶，更是全人类共同拥有的宝贵财富，也是开展一切文化交流活动的基础和凭借。

（二）文化资源的特征

1. 文化资源具有历史传承性

文化资源主要是精神活动的产物，具有历史的传承性。它不是一朝一夕形成的，也不是靠某几个人所能完成的，它是一个国家和民族经过一代又一代人的长期努力而积淀下来的。文化资源的传承性主要表现在两个方面：一是数量的增加，每一个时代在继承前代文化资源的同时，又都会留下大量的新的文化资源，就像秦长城一样，它经过后代王朝的不断修筑，特别是明代的大规模修筑，才最终成了今天的模样；二是内涵的丰富，每一种文化资源经过不同时代的阐释和升华，它总能产生新的时代意义。比如，上古神话《精卫填海》《女娲补天》虽然已在人们的口头上、书本中流传了几千年，但电视剧《精卫填海》《女娲补天》却对这两则神话进行了全新演绎，是对其文化内涵的一种丰富和发展。文化的传承性是保证文化高度稳定性的基础。

2. 文化资源具有较强再生性

文化资源与煤炭、石油、矿石等自然物质资源相比，它不是越消耗越少，而是越消耗越多，具有可再生性。比如，一个花木兰的传说可以排成戏曲版《花木兰》，也可以排成交响乐版《木兰诗篇》，还可以拍成电视剧和动画版的《花木兰传奇》。即便都是戏曲，同一个题材也可以用不同的剧种来排演，同样是杨家将中的穆桂英，她可以排成豫剧版的穆桂英，可以排成京剧的穆桂英，它们所呈现出的艺术风格自然各不相同。就是同一个剧种的穆桂英，让不同的人来演绎，由于他们在人物理解、自身条件、表演水平等方面存在着一定的差异，他们塑造的人物形象也自然会表现出不同的风格和韵味。但是，有一点可以肯定，文化资源使用次数同它的价值是成正比的，使用次数越多它的价值就越高。

3. 文化资源具有地域差异性

从时间上看，人类曾产生四大古代文明，其实它们也是四种不同的地域文化，即古代埃及文明、古代巴比伦文明、古代印度文明、古代中国文明。它们产生于不同的地理环境和文化背景之下，因而在图腾、宗教、哲学、人种等方面，也就呈现出不同的文化特质。从空间上看，当今世界文化可分为三大区域文化，那就是基督教文化、伊斯兰文化和儒家文化。由于它们有着各自的历史传统、风俗习惯、宗教信仰和价值追求，因而就存在着诸多明显的差异，有的差异还非常巨大，甚至是根本的对立。即便是同在儒家文化圈内，也存在着明显的南北之分，正所谓"骏马西风塞北，杏花春雨江南"。文化的差异性是文化产生交流、实现共享的前提。

4. 文化资源具有全球共享性

与自然物质资源的原地开发相比，文化资源尤其是非物质形式的文化资源，既可以在原地进行开发，又可以在异地进行开发，具有全球共享性。比如，产生于中原地区的包公故事在河南传统戏中多有反映，如《秦香莲》、《包公告状》等，都是家喻户晓的剧目，但包公这一题材不光被河南地方戏所演绎，几乎全国各个地方戏都有关于包公的剧目；少林功夫、太极拳都产生于河南，但目前全国乃至全世界都有少林功夫、太极拳的组织，仅美国的少林拳法联盟就号称弟子百万；美国的动画片《花木兰》、《宝莲灯》、《功夫熊猫》也都是依托中国的文化资源而创造的。这说明，一个区域的文化资源可以被不同的区域所利用。文化资源的全球共享性是文化资源成为战略资源的一个关键因素。

5. 文化资源具有供求稀缺性

什么是稀缺性？通俗地讲，稀缺性就是指资源的有限性与人类需求的无限性。如世界上的石油储量是有限的，但人类制造使用石油的机器是无限的；地球所能承载的人口数量是有限的，可人类的生育繁衍是无限的。自然资源具有稀缺性，文化资源亦是如此。文化资源的稀缺性主要表现在：一是时间愈久远其价值就愈高，一件商周时期的青铜器的价值远远大于明清时期的青铜器；二是"身份"越特殊其价值就越高，乾隆皇帝收藏过的一个玉碗，就可以卖到数千万元，毛泽东主席的一页手稿就可以卖到上百万元；三是开发的潜力越大其价值就越高，潜力越大就预示着它可能实现的产业化程度就越高，产业化程度越高就预示着它可能带来的利润就更多。文化资源的稀缺性与它的价值成正比，越稀缺价值就越高。

（三）文化资源与文化交流

正如人类的生存发展离不开自然资源一样，人类的生存发展也同样离不开文化资源。这一点毋庸置疑。从大范围来讲，人类每时每刻都生活在一定的文化环境之中，一举一动都传递着一定的文化信息，从事的每一项活动都包含着文化元素，创造出的每一件产品都体现出一定的文化属性；从小的范围来讲，人类所开展的每一项文化活动，生产出的每一件文化产品，进行的每一次文化创新，也都是以一定的文化资源为基础。文化资源作为一种特殊的资源，它存在于历史的传统之中，存在于社会的生产之中，存在于人类的活动之中。可以肯定地说，文化资源是人们从事文化生活和文化生产所必要的前提条件，换句话说，就是作为人类最基本活动之一的文化交流，其第一个最基本的要素必定是文化资源。这还基于以下几方面的考虑。

1. 文化资源是文化交流的凭借

汤因比说过:"人类已经掌握了可以毁灭自己的高科技文明手段,同时又分处于极端对立的政治意识形态壁垒,最要紧的精神就是中华文明的精髓——和谐。"[①] 尤其是20世纪以来,人类在经历了残酷战争、血腥杀戮以及严重污染之后,西方先进的科学家、思想家更希望通过吸收东方文化之精髓来弥补西方文化之不足,希望通过东西方文化的融合来挽救人类面临的诸多社会和生存危机。他们的设想是:"以东方'体验科学'基础上产生和发展起来的'心性文化',来补充'西方实验科学'基础上产生和发展起来的'物质文化'中道德心性之不足。也就是以前者文化中那特有的为公、互爱、宽容、和谐等人类中最高尚的道德观,来制约、削弱直至化解或代替后者以自我为核心的为私、对立、互不相融直至争战的道德观。"[②] 这实际上是指出了东西方文化的互补性,肯定了中华文化在构建和谐人类,打造人类命运共同体中的重要价值,同时也指出了东西方文化交流的必要性,或者说是只有通过东西文化的深入交流和有效互补,才能使人类在现代高速发展的物质科技面前不被异化。

文化交流不是空洞的海誓山盟,不是华丽的外交辞令,它要考

---

① 汤因比、池田大作:《展望二十一世纪——汤因比与池田大作对话录》,国际文化出版公司,1985年版。

② 于民:《中西文化互补论》,第4页,中国社会出版社,2009年版。

虑的第一个问题就是拿什么去交流。由于文化资源的民族性和地域性差异，并不是所有的文化资源都可以拿到世界上参与人类文化交流。这里就有一个对文化资源价值的筛选问题。2006年4月21日，中国国家主席胡锦涛在美国耶鲁大学演讲时曾说："一个民族的文化，往往凝聚着这个民族对世界和生命的历史认知和现实感受，也往往积淀着这个民族最深层的精神追求和行为准则。"这句话的意思是说，一个民族的文化同样体现着对整个世界和人类的认知，一个民族最深层的精神追求也代表着人类的共同追求，一个民族深层的行为准则也是人类应该共同遵守的准则。这就告诉我们，中华民族拿出去进行交流的文化，一定是中华文化中最具核心价值、最具普遍意义、最具发展活力的文化，一定是能够为不同民族所理解和接受并能够被不同民族所借鉴吸收的文化。

其实，对于博大精深的中华文化来说，能弥补目前人类文化发展缺陷的远不止为公、互爱、宽容、和谐等思想理念，中华文化中的很多优秀遗产对构建和谐人类、促进人类文化多样性发展都是宝贵的财富。对于民族文化资源，我们应怀有一种敬畏的心态，因为它不仅是中华民族可以骄傲的资本，同时也完全可以为全人类所共享。所以，优秀的文化资源是树立文化自信的法宝，开展对外文化交流时，必须依托中华文化中的优秀文化资源，去同人类一切优秀的文化形成互补，只有这样才能达到推动人类文明整体进步的目的。

2. 文化资源体现着民族的身份

文化资源是民族的宝贵遗产，对于这份遗产，后人必须对它进行创造性继承、创新性发展。正如毛泽东在《中国共产党在民族战争中的地位》中指出的那样："我们这个民族有数千年的历史，有它的特点，有它的许多珍贵品。对于这些，我们还是小学生。今天的中国是历史的中国的一个发展；我们是马克思主义的历史主义者，我们不应当割断历史。从孔夫子到孙中山，我们应当给以总结，承继这一份珍贵的遗产。"① 为什么要继承民族文化遗产，因为任何一个民族都处于延续和发展之中，文化遗产从根本上代表着这个民族的身份，而一个民族最本质的身份就是它的文化身份。

文化交流必须要考虑到民族的身份问题。不管世界上哪一个民族，也不管这个民族处在地球的哪一个角落，他们最不能忘记的就是自己从哪里来，这种"不忘出处"正是对自己文化身份的坚守。一个民族如果不能保持自己的文化身份，他在世界民族之林中就不可能拥有独立的地位。犹太人在失去家国的二千五百多年里，尽管他们流浪到世界各地，但他们始终保存着民族的文化经典《塔木德》，正是凭借对民族文化的记忆，他们才最终得以复国。因此，在世界文化多元一体的发展格局中，中国开展对外文化交流所凭借的载体，必须是以中国文化元素构建的价值理念、创造的文化产品、提供的文化服务。这些文化元素在哪里？它就存在于中国汗牛充栋

---

① 《毛泽东选集》，第二卷，第 533—534 页，人民出版社，1991 年版。

的文献资料之中,存在于星罗棋布的文化遗迹之中,存在于连绵不断的传统习俗之中,存在于生生不息的文化创造之中,一句话存在于文化资源之中。因此,开展对外文化交流必须首先重视文化资源对塑造民族文化身份的价值。

以中国的传统节日为例,现在国家把清明、端午、中秋像春节一样都定为法定假日,正是看到了这些传统节日对强化民族文化身份的作用。尤其是在许多国家的唐人街,每到中国的这些传统节日,华人华侨都会在那里举办庆祝活动,成了他们表达民族自豪感的重要载体。近年来,文化部在国外举办的一系列春节文化品牌活动也正是通过对中国传统节日的宣传来张扬中华民族的文化身份。这些活动不仅满足了大批海外华人华侨思乡团圆的文化诉求,同时也吸引了大批的外国人参与到中国春节的庆典中来。在外国人看来,中国的传统春节就是中华民族文化身份的标志,就是中华民族的文化符号。

文化交流不是要泯灭民族的文化身份,相反会使民族的文化身份更加突出,说到底,文化交流是在强化民族的文化身份。维护民族的文化身份,是文化自觉的表现,它反映了民族的文化独立意识。文化独立是国家和民族主权独立的一种体现,也是一个民族文化发展的根本选择。文化独立是和文化自信相辅相成的,只有有了文化自信才会有文化独立,才不会在面对一切外来文化时,产生妄自菲薄和亦步亦趋的"怪态"。

3. 文化资源事关国家文化安全

什么是国家文化安全?有学者指出,它是"反映国家政治、经济生活的文化免于外部威胁、侵害与内部的混乱、失序，保持本民族文化的独立、生存和发展，在世界文化交流与融合中保持强大的民族精神动力"①。当今世界，国家文化安全问题涉及国家的主权问题，直接关涉着国家的整体利益。从这个定义中可以看出，文化安全存在外部和内部两个问题，但不论是内部还是外部，都涉及对民族文化资源的保护问题。

  国家文化安全的内部问题主要是文化资源的破坏问题，一是由于片面思想，盲目追求经济效益而不顾文化资源的保护与传承，文化生态遭受严重的破坏，文化古迹变成了断壁残垣，民族艺术被束之高阁，传统节日变得冷清乏味；二是由于急功近利的思想，对文化资源进行无序开发、低层次开发、重复开发，致使大量的文化资源被浪费。国家文化安全的外部问题主要是文化资源的流失和被抢占。2005年10月，韩国"江陵端午祭"成功申报联合国教科文组织"人类传说及无形遗产著作"，国内一片哗然，并带来了一连串关于保护民族文化资源的反思。20世纪末，一位德国民俗学家曾花费数年时间到中国云贵地区收集少数民族的传统服饰，最后他自豪地说，一百年后中国要研究民族服饰就要去找他们了。又如产生于我国明朝时期的工艺品景泰蓝，据资料显示，目前国际市场80%以上的都是由日本生产出口的。

  21世纪的中国，文化安全面临的最大问题就是文化资源的破坏

---

① 沈洪波：《全球化与国家文化安全》，第70页，山东大学出版社，2009年版。

和流失，它对文化交流的威胁是潜在、深远而又巨大的。文化资源的破坏和流失，将会使我们失去文化交流的基础和凭借，将会模糊我们在世界民族之林中的身份和形象，进而瓦解我们民族的凝聚力、向心力和战斗力，消除我们民族的自信心、自尊心和自豪感。因此，保护民族文化资源不被破坏和被抢占，是开展文化交流必须应予以重视的问题。

二、文化产品

（一）何谓文化产品

关于文化产品的概念一直众说纷纭，目前学术界尚没有比较权威的定义，只是对文化产品大概作了一些学理上的描述。一般认为文化产品是体现人类思想观念、道德意志、审美情趣等观念形态的成果。文化产品有三种基本形式：一种是物质形式，就是说文化产品具有物质的外壳，附属于一定的载体上，如图书、报纸、期刊、电影、电视、网络等，这是文化产品最基本的存在形态；二是劳务形式，就是指文化产品并没有物质的外壳，只是作为一种活的劳动存在，如戏剧、音乐会、演唱会、论坛等；三是特殊形式，"也就是向其他产业提供文化附加值，即在其他商品的生产和销售中融入某种文化元素，使这一类商品在作为物质商品的同时还具有某种文化内涵、文化内容、文化意义，具有某种生活的象征性，这种象征性是文化的，从而使人们在消费某种物质商品的过程中，同时获得了某种精神的满足和享受"①,如消费品中的名牌效应、表演艺术中的名角效应等。

(二)文化产品与文化资源

资源是一种潜在的东西,无论地下的矿藏分布多么丰富,只有当人类把它有效地开发出来以后,它才会产生价值,才能为人类所利用。文化资源作为一种特殊的资源形式,它同样存在一个有效开发的问题,即由潜在的价值变成显在的价值。对于中国来说,要想从一个文化资源大国成为一个文化强国,还有较长的路要走,这中间最关键的就是在有效保护民族文化资源不流失、不破坏的情况下,充分利用中国丰富的文化资源,瞄准世界文化市场,创作出更多的既具有民族特色、时代特征,同时又能够与人类一切优秀文化进行交流的文化产品。

其实,文化产品一头连着文化资源,一头连着文化产业,在整个文化生产链中,它是最关键的一环。文化产品的生产大致经历了三个阶段,一是个体创作阶段,二是机械复制阶段,三是数字传输阶段。传统的文化产品概念只涉及个体的创造性,即创作主体经过艺术加工把主体的"心象"化为具体的"物象",或是创作主体经过自己的劳动把艺术作品以活的劳动形式呈现出来。前者如绘画、雕塑、书法等,后者如戏剧、音乐、舞蹈等。随着机械复制技术的出

---

① 周正兵:《文化产业导论》,第101页,经济科学出版社,2009年版。

现和数字复制技术（数字复制就是"将一个产品重新编码，然后作为自己的内容去反复重现，而自己制造的仅仅是这一内容的传播载体"）①的出现，文化产品被大规模地复制和批量生产，传统形式的文化产品的神秘"光韵"渐渐消退（"光韵"是指"一定距离之外但感觉上如此贴近之物的独一无二的显现"）②。复制技术就是对文化产品进行工业化生产，借助于文化的工业化生产，文化产品就如同工业产品一样商品化了，丧失了文化产品的独特性和神秘性。本雅明从复制技术的角度概括了这种变化："复制技术把所复制的东西从传统领域中解脱了出来。由于它制作了许许多多的复制品，因而它就用众多的复制物取代了独一无二的存在；由于它使复制品能为接受者在其自身的环境中加以欣赏，因而它就赋予了所复制的对象以现实的活力。"③这就使文化产品具有了产业化的规模特征，文化产品抛弃了传统的追求独一无二的"这一个"，开始同工业生产线的产品一样被大批量地生产，开始成了文化产业盈利的因素，同时也为文化产品开展大规模的交流提供了便利条件。

文化资源与文化产品的关系可以简单地概括为两个方面：

首先，文化资源是文化产品生产的前提和条件。在现实的沙漠

---

① 章建刚：《文化产业发展的几个基本逻辑》，载《文化与传播论坛》，第113页，中国财经经济出版社，2004年版。

② 瓦尔特·本雅明：《机械复制时代的艺术作品》，王才勇译，第90页，中国城市出版社，2002年版。

③ 瓦尔特·本雅明：《机械复制时代的艺术作品》，王才勇译，第87页，中国城市出版社，2002年版。

上，不可能建造高楼大厦，同样在文化的沙漠上，也不可能建设文化强国，文化创新必须依托一定的文化资源。一个民族文化资源的丰富程度和质量高低直接决定着这个民族文化创新的能力。就目前全国文化发展来看，有很多省份都提出了由"文化资源大省到文化强省"发展的目标，这正是看到了文化资源对于文化建设乃至经济社会整体发展的价值，各地都在不约而同地立足本省文化资源，创造富有特色的文化产品，发展具有竞争优势的文化产业，力争在建设文化强国的大合唱中，能发出自己独特的声音。可以肯定地说，能否合理有效地开发利用文化资源，直接关系到文化产品的质量及其价值的实现。

其次，文化产品是对文化资源价值的发现和提升。特定的文化资源都产生于特定的历史环境之中，并在不断的延续传承中发展到今天。有些内容仍闪耀着亘古不变的思想光芒，经过重新阐释可以直接拿来利用，即创造性地传承；有的虽然具有时代的局限性，但基本内核是合理的、有价值的，可以经过转换，使其符合当代人的需求，即创新性发展；有些内容局限于当时的时代，已经不适合今天的价值观念和审美观点，是应该进行扬弃的。当代人创造文化产品，不是一味地对文化资源的重复和累加，而是充分利用其中有价值的东西，抛弃不合时宜的甚至是错误的东西，站在当代人的价值观、审美观的基础上，对传统文化资源价值的再发现。所以，在进行文化产品生产时，首先要对民族传统文化资源进行筛选甄别，去粗存精、辨伪求真，知道哪些是需要继承的，哪些是需要创新的，哪些是需要扬弃的，这是生产文化产品的第一个前提条件。

（三）文化产品与文化交流

1. 文化产品是文化交流的主要载体

概括地讲，文化交流主要有三种形式：一是文化理念的交流，如各种国际文化论坛、文化研讨会等；二是文化技艺的交流，如奥运会、亚运会等各种体育赛事及各种国际艺术比赛等；三是文化产品的交流，如文艺演出、文物展览、书法、美术、民间工艺、图书等，其中又以文艺演出为最多。纵览中外文化交流史，文化交流主要是文化产品的交流。我们以新中国对外文化交流为例，从新中国成立到1991年，中国共派出各类艺术团组913起，约4万人次，足迹遍及140多个国家和地区。其中，派出杂技团组323起，占整个派出起数的35.4%；派出各种纯戏曲艺术团体179起，占同时期整个出访艺术团总数的19.6%；派出各种民族音乐和歌舞团体300余起，占同期派出艺术团总数的33%。同时，接待来自世界各地的外国各类艺术团组670起，约3万人次；歌舞团体217起，占33%；音乐团体和个人290起，占43%。而同一时期"中国共选派2524人次参加了228个各类国际艺术比赛，中国参赛艺术家的足迹遍布32个国家"[①]。我们再以河南对外文化交流为例，1990—1999年，河南共有对外文

---

① 文化部对外文化联络局：《中国对外文化交流概览1949—1991》，光明日报出版社，1992年版。

化交流项目360项,其中文艺演出就有90项;2000—2005年,河南共有对外文化交流项目470项,其中文艺演出就有130项。[①] 从这些数字中可以看出,文化产品尤其是文化产品中的艺术产品是文化交流的主要载体。正如习近平总书记《在文艺工作座谈会上的讲话》中指出的那样:"一部小说,一篇散文,一首诗,一幅画,一张照片,一部电影,一部电视剧,一曲音乐,都能给外国人了解中国提供一个独特的视角,都能以各自的魅力去吸引人、感染人、打动人。京剧、民乐、书法、国画等都是我国文化瑰宝,都是外国人了解中国的重要途径。"

2. 文化产品是展示民族的心灵窗口

"直接面对一个陌生的社会是学习相异的生活方式和反观自己文化的最佳前途。"[②] 那么这种"陌生感"的真正内涵是什么?它不是地理位置的陌生,也不是肤色脸孔的陌生,而是文化的陌生。当我们置身于一个历史、语言、风俗习惯等截然不同的国家和地区,之所以会感到自己仿佛是栖息在世界之外的角色,就是由于不了解这个国家和地区的文化而无法融入当地社会中去。这种陌生只有通过文化上的交流才能够消除。了解一个民族可以通过多种方式和渠道,但最有效的方式和渠道还是通过文化去了解。人类学家弗莱认为:

---

① 以上资料是笔者对《河南省志》、《河南文化志》、《河南文化文物年鉴》所做的统计结果。

② 博克:《文化震撼》,第Ⅺ页,诺福公司,1970年版;转引自陈惇、孙景尧、谢天振的《比较文学》,第430页,高等教育出版社,1997年版。

"一个民族国家的自我认同物就是它的文化,而文化是一个多层次的结构系统,在最基础的层次上,文化就是风俗和生活方式,吃、穿、说话、婚配、游戏、生产商品等等的独特方式;中间层次的文化,指的是由历史传统形成的另外一些产物,政治、经济、宗教以及其他构成民族生活并引导意识形态主流方向的制度;文化的上部层次是一个民族特有的创造力的产物,主要是文学和艺术。"①。所以只了解一个民族的服饰、饮食、习俗、宗教、制度,那对这个民族的了解是不彻底的,或者说是肤浅的,只有去了解一个民族的艺术,才能真正地了解这个民族。人类之所以选择文化产品中的艺术品作为文化交流的主要载体,不仅因为艺术品可以直接地去面对,直接地去感受,更因为艺术品是一个民族最高智慧的结晶,通过艺术品可以一下子窥视到这个民族的内在心灵。

3. 文化产品产生交流效果更快

文化交流三种基本形式产生交流效果,在时速上是不一样的,也就是说有的交流形式可以迅速地产生效果,有的交流形式则需要很长一段时间才有可能产生效果。这里可以做一个简单的比较:文化理念的交流要想见到成果,需要一个相对较长的过程,因为只有当理念变成思维模式和生活方式时,才算达到了交流目的。然而,

---

① 弗莱:《文化认同的层次》,第168—169页,印第安纳大学出版社,1993年版;转引自陈淳、孙景尧、谢天振主编:《比较文学》,第439页,高等教育出版社,1997年版。

要想实现这一目的，并不是一件容易的事情，不仅需要接受主体长时间对这种文化理念进行消化和吸收，而且还需要一定的文化背景做支撑，一种再先进的文化理念都不可能对一个对它毫无感觉的人产生影响；以形体动作、技术技巧为主要内容的文化技艺交流，同样需要一个在传递者与接受者之间的转化过程，因为高超的技艺是长期训练的结果，传递者再好的技艺也不可能一下子就能传授给接受者，必须经过接受者长期的模仿、训练和提高，才能最终转化为接受者的技艺；相对于以上的两种交流形式，文化产品的交流则更加直接，也更加方便，不管是欣赏演出，还是观看展览，抑或阅读作品，这种交流都是近距离的，都是可感可触的。可以说，文化产品是凝结的历史，是跃动的生命，它可以让接受者一下子产生共鸣。埃及金字塔的庄严肃穆，中国长城的大气磅礴，法国卢浮宫的金碧辉煌，观赏者只要身临其境，就能感受到其中的真谛与内涵；不管是观看歌剧《巴黎圣母院》、舞剧《天鹅湖》、戏曲《贵妃醉酒》，还是阅读名著《红楼梦》、《浮士德》、《战争与和平》……只要你观看或者阅读，你就能感受到它们无与伦比的艺术魅力。

4. 文化产品体现国家意识形态

文化产品的生产最终都是要体现国家的意志。因为："百余年来，以至现在，虽则经济正是趋于文化重心的途径，政治还是居于文化的重心的地位。"[①] "政治是文化的重心，而国家又为政治的核

---

① 陈序经：《文化学概观》，第378页，中国人民大学出版社，2005年版。

心。""直到现在,我们还不能找出一个或一些团体,其权力是比国家为大的,或其地位是比国家较为重要的。"①文化产品体现国家的意志,主要是通过宣传并输出国家意识形态来完成的。以美国为首的西方国家,为实现其全球扩张战略,大肆对其他国家进行和平演变,主要方式就是通过生产文化产品,向外输出他们的意识形态。尽管有西方学者提出"非意识形态化"、"意识形态终结"的理论,但他们希望终结的恰恰不是西方的意识形态,而是一切非西方的意识形态。关于文化产品的意识形态属性,在前面文化贸易中已经讲到,这里要强调的是,西方国家为实现颠覆其他国家的政治企图,有目的、有计划、有组织地输出一些虚假的意识形态,以伪装的手段、伪善的面目去引诱别人,甚至不惜故意去编织美化,以达到迷惑对方之目的。以电影《拯救大兵瑞恩》为例,来说明西方输出的意识形态的欺骗性。

这部电影讲述了第二次世界大战后期,盟军在法国的诺曼底成功登陆,身为家中四兄弟中老小的二等兵詹姆斯·瑞恩,跟随所在的部队被提前空降到法国德军后方,而他的三个哥哥在之后的两周内陆续在各地战死。美军作战指挥部为了给一个母亲留下一个孩子,就派刚刚完成登陆任务的约翰·米勒上尉带领一支八个人的小分队深入敌后,在茫茫人海、枪林弹雨中找到了瑞恩,并将其平安送回后方,最后小分队八个人全部牺牲。

---

① 陈序经:《文化学概观》,第379页,中国人民大学出版社,2005年版。

这部电影宣传了西方个体至上的价值理念，牺牲那么多人只为了去拯救一个人，只为了去安慰一个母亲，宣扬了西方所谓的尊重人性、尊重个体的观念。正是在这种观念的迷惑下，西方又进一步提出全人类的利益高于一切诺言，也就是说不论哪个国家，哪个民族，在保护个体生命上要一视同仁，其他任何国家任何民族，如果对个体生命不予以重视和保护，就是违背了人类的普遍价值观，他们都有权说不。所以，西方最喜欢拿人权向其他国家说事。其实，西方宣扬的这些观念是给别人听的，他们自己绝对不会这样做，只不过是为他们推行强权政治找一个冠冕堂皇的理由罢了。因为他们从来不会自己做出较少的牺牲，而去保护其他国家和民族的更多生命，而且西方人不仅不会做赔本生意，而且最善于牺牲别人而保全自己。从第二次世界大战后期的一个战役就可以看出他们这种理念的虚伪性。

1945年4月，苏军和盟军从东西两面开始进攻德国本土，纳粹覆灭已成定局，此时盟军和苏军都有能力发动柏林战役，彻底打败纳粹德国。但是，盟军最高统帅艾森豪威尔掐指一算，此战役打下来至少要牺牲10万人，于是他就十分果断地说，这个荣誉让苏联去夺取吧。结果，苏军在万里之外为发动柏林战役，不得不动用250万红军，最后的牺牲达32万人之多，这一数字远远高于盟军发动柏林战役预计牺牲10万人的代价。这一历史事实说明，意识形态不具有普遍性，特定的意识形态只为特定的国家和集团利益服务，它有力地揭穿了西方意识形态的虚假性。

无独有偶，中国有部电影叫《集结号》，它讲述了解放战争时期，连长谷子地接到团长命令，要他带领47个战士阻击敌人以掩护大部队撤离，并以集结号为撤退信号。在战争中，排长焦大鹏牺牲前告诉谷子地，说他听到集结号了，可谷子地说他没有听到，于是决定继续坚守下去，结果47个战士最终全部阵亡，谷子地因被炮火震晕在死人堆里最后得以生还，其他牺牲的47个战士最后却以"失踪"作结。之后，谷子地千方百计去找团长想问问到底他吹没吹响集结号，最后找到的是团长的坟头。一个司号员告诉他，其实团长从来就没有打算吹响集结号，他一开始就做好了牺牲的准备，并选择了与自己交情最好的谷子地，而把生的希望留给了他人。谷子地醒悟后，决心挖出全连47个弟兄的遗骸，为追认他们的"烈士"称号而艰难地活着……

这部作品的主题是牺牲个体而成全集体，弘扬了一种英勇的革命献身精神。于是，西方包括一些把西方想象成完美世界的人就借此发挥，认为这是不尊重人性，不尊重个体，不尊重生命。其实，集结号吹响吹不响都正常，因为流血与牺牲是战争的主旋律。像《集结号》反映的内容，在人类战争史比比皆是，如红军长征中的"绝命后卫师"红三十四师、为掩护人民群众撤退而英勇献身的"狼牙山五壮士"等。其实，像瑞恩的故事在中国早已有之，1934年5月30日《红色中华》报第三版以《勇敢坚决当红军》为题，报道瑞金沙洲坝下肖区七堡乡农民杨荣显夫妇的八个孩子一起报名当红军的事迹。当六个孩子先后牺牲后，时任红军总政治部秘书长的邓小平听说了这个感人的事迹，就派人到前线把剩下的两个孩子给老人找回来，可最后他们两个又牺牲在黄陂战场上。谁说我们不尊重个体、不尊重生命，只是战争是残酷的，战争总是要有人做出牺牲，正如李泽厚在《美的历程》中所说："历史从来不会在温情脉脉的人道牧歌中进展，相反，它经常无情地践踏着千万具尸体而前进。"①近代以来，在所有民族国家独立的过程中都曾发生过残酷的战争，都曾涌现出为国家独立和民族解放而英勇牺牲的民族英雄，他们一直受到后人的敬仰，因为他们的牺牲是为了保护更多的人，为了更多人的幸福，因而他们都受到了全人类的尊重。

（四）创造先进文化产品

我国有着丰富的文化资源，但这些资源多是农耕时代的产物，有的甚至还停留在"原生状态"，要想使这些文化资源成为开展文化交流的凭借和载体，必须将其转换成可供现代人消费的文化产品。从文化资源到文化产品，并不是一个自然而然的过程，而是一个创新的过程，因为资源是"沉睡"的东西，而产品才是"活生生"的东西。其中，关键的问题是如何开发、整合文化资源，在此基础上如何赋予这些资源以崭新的文化理念、新颖的艺术形式，使创造出来的文化产品种类不断丰富，质量不断提升。从文化资源到文化产品，要处理好以下四个方面的关系。

---

① 李泽厚：《美学三书》，第 44 页，安徽文艺出版社，1999 年版。

1. 文化资源全球化

信息社会的最大特征是信息的全球传播和全球共享。如今，我们坐在家里，可以轻而易举地检索大英博物馆里浩如烟海的图书，可以领略非洲大草原旖旎的风光，可以欣赏南极大陆上美丽的冰川……总之，地球变成了一个村落，一切都显得不再遥远。信息的全球化，必定带来文化资源的全球化，因为文化资源作为一种信息资源，它不仅可以在全球传播，同样也可以被全球共享。目前，中国有大量的文化资源被别国利用，动画《花木兰》、电影《功夫熊猫》一度成为美国的热销产品，中国的《三国志》、《西游记》也多次被日本人改编成动画，其中《龙珠》和《最游记》最有名。这个事实说明，在全球化时代，任何一个民族的文化资源已不再为这个民族所独有，对文化资源的全球争夺，强化了文化资源的稀缺性，这种争夺只会有一个结果：那就是谁积极主动，谁富有创意，谁就能占有更多的文化资源。

目前，世界各国都在积极地向联合国教科文组织申报物质文化遗产和非物质文化遗产。之所以这样做，是在给民族文化资源要一个"名分"，目的在于向世界表明"这个"是"我的"，"那个"是"你的"。这已不同于殖民掠夺时代，谁最先发现了某一个地方，谁就享有对这个地方的主权。其实，这种对文化资源主体身份的确认，是文化资源争夺的另一个表征，一旦这种"合法"的身份得到确认，就会被冠以世界"宗主"的地位。但是，文化资源的共享性、再生性却使文化资源的主体身份变得越来越不确定，今天原本属于某一民族、某一区域的文化资源，明天就有可能被其他民族、其他区域开发出新的产品。如果仅把文化资源作为自己骄傲的资本，它总有一天会被别人无偿地利用而变成别人的财富。因此，对文化资源最有效地保护不单是确立它的"宗主"身份，更重要的是对其进行有效的开发和利用。一方面可以近水楼台先得月，首先要保护好、利用好自己拥有的文化资源；另一方面，合理利用其他文化资源，丰富自己的文化，将文化资源变成文化资本，变成具有竞争力的文化产品、文化产业。在开展国际文化交流时，文化资源的全球争夺是我们面临的首要问题，因此，我们必须处理好文化资源的保护、利用和借鉴的关系。

2. 传统文化现代化

何谓传统文化？"不同的民族在不同的历史阶段和生存环境中形成了各具风格与特色的生产与生活方式，从而哺育、积淀成为富有民族特色的文化类型，其主体部分经过时代的洗礼，生生不息地延续传递至今，形成民族的传统文化。"[1] 从这个定义中可以得出这样的结论：传统文化是在历史过程与特定环境中形成的、与人们的生产生活方式相联系的、延续传递至今依然发挥作用的文化。在中国历史发展进程中，传统文化始终是民族精神的载体，也是民族精神延续的动力，传统文化不仅是文化创新的资源，更构成了今天人们

---

[1] 孙熙国、刘志国：《全球化与中国传统文化的现代转换》，第5页，山东大学出版社，2009年版。

生活的精神家园。

何为现代化？"就是肯定人类文化本身有一个发展的历史，就是发挥人类本身的自觉主动力量，通过对外在条件的认识而作出一种主动的改变，就是客观的变化环境与主观的变异能力相互影响的运动。"①现代化是人类文明的进步与提升，是人类追求更高理想境界的一种自觉活动，是现代人类必须做出的选择和必须要走的道路。

既然文化创新既不能抛开传统而另立炉灶，又必须走现代化的道路，那就存在着一个传统文化如何现代化的问题。事实上，一切传统的文化资源，在今天的历史语境下，都面临着重新阐释和创新开掘的问题。以中国传统文化中的戏曲为例，谈一下传统文化何以要进行现代转换。众所周知，戏曲是中国传统文化的重要组成部分，也是最具民族特色的艺术样式之一，戏曲中的昆曲、粤剧、京剧还分别于2001年、2009年、2010年成功申报人类非物质文化遗产名录。戏曲反映了很多中华文化的母题，如忠孝礼仪、爱国爱民、杀身成仁、舍生取义等。但是，其中的一些文化母题却与现代生活已相去甚远，有的已显得格格不入，如封建的三纲五常和宗法观念等。以传统戏曲常表现的"始乱终弃"为例，其批判的焦点常常表现在道德的层面上，问题的原因也多出于对名利的贪图。但是，在今天的社会中，很多情感问题的原因要比贪图名利复杂得多，第三者、婚外恋、两地分居、教育程度、代沟差异等已成为影响现代家庭稳

---

① 孙熙国、刘志国：《全球化与中国传统文化的现代转换》，第7页，山东大学出版社，2009年版。

定的重要原因。我们是否可以把对理念的批判转化为对现实的批判，因为那些因情感问题而导致破裂的家庭使许多未成年人跌入痛苦的深渊，少年犯罪率上升与此不无关系。第三者、婚外恋与传统戏曲中始乱终弃一样，完全应成为现代戏曲要反映的一个主题。又如经典戏曲《秦香莲》，陈世美派人追杀秦香莲，正是由于传统的伦理纲常把他逼上了绝境，特别是公主不能嫁一个曾经有过女人的男人，才导致他最终去铤而走险。如果像现代社会提倡婚姻自由，法律保护事实婚姻，陈世美也不至于为了抛弃秦香莲就一定要杀掉她。包公的铁面无私更多的是为了维护封建的伦理和皇家的面子，并不是为了保护个体的爱情权利。诸如此类的传统文化模式，对于现代人来说已不合时宜，因为它与现代的民主、法制的理念是不协调的。再如以保家卫国为主题的杨家戏，被各个剧种所传唱，杨家将的精神境界已与爱国主义、民族精神成了同一语。但是，他们与戚继光抗倭、林则徐抗英有着很大的不同。和后者相比，前者更像是一个大家庭中的内部事务。现在称中国五十六个民族为中华民族，中国历史上，各民族时而和睦相处，时而兵戈相见，在很大程度上，他们之间的斗争是一个集团同另一个集团的斗争，但归根结底还是一个大家庭的内部事务。像当年广播电视一边播放着《杨家将》的故事，政府一边又对少数民族实行着各项优惠政策，这本身就是一项矛盾的措施。因为传播民族内部的斗争，不利于当代民族的融合、交流与团结，也不利于培养中华民族整体的爱国情感。

现代化是一个全球性的概念，一切传统文化站在现代化的门槛，必须首先接受它的检验。因此,在对待民族传统文化上,我们除了怀着敬畏的心态加以保护之外,就是要促进这些传统文化向现代转换。不管什么形态的文化资源,只有当它与今天的物质生产水平相一致、与今天的精神生活相契合、与今天的社会审美相适应时,它才能够成为充满活力的"现时文化"。所以,一切传统的文化资源要想在今天继续发挥作用,必须经历一个现代的转换。

3. 民族文化世界化

何谓民族文化?简言之,就是一个民族在长期繁衍生息中共同创造并赖以生存的物质文明与精神文明的总和。说到民族文化不能不说民族性,那么何谓民族性?概括地说,民族性就是民族文化的个性和特性。民族性是民族文化发展的动力和基础,它是民族文化身份的确证,是民族文化认同的核心,民族文化一旦失去它的民族性,它就会被同化或者消失,也就失去了在世界民族之林中存在的价值。保持民族文化的民族性是全球化背景下民族文化发展的首要选择。

既然民族性对民族文化如此重要,那么为何还要实现民族文化世界化呢?我们首先应该弄明白什么是民族文化世界化。概括地讲,民族文化世界化是指将民族文化中那些能够反映人类普遍心理结构、表达人类共同文化诉求、体现人类必然发展趋势的优秀部分,通过在全球范围内的传播与交流、融合与提升,从而能够被全人类所接受。民族文化世界化是全球化背景下,民族文化发展必须要走的道路。

民族文化世界化的动力是经济的全球化,民族文化世界化的结果意味着每个民族的文化将会在全球范围内进行流转和互动,这就要求每个民族必须以开放的心态去面对异域文化,并与其进行有效的对话和交流。《共产党宣言》中早已指出:"由于开拓了世界市场,使一切国家的生产和消费都成为世界性的了……物质的生产是如此,精神的生产也是如此。各民族的精神产品成了公共的财产。民族的片面性和局限性日益成为不可能。"① 全球化时代,任何一个民族的文化发展都不可能孤立地进行,它必须融入世界文化发展的潮流。随着生产方式、生活方式、消费方式、信息传递方式的转变,一切与特定地理环境和生产方式相联系的民族文化必将突破原有的地域与民族界限去接受全人类的检验,在交锋与碰撞中回应全球化不断深入发展的实践与挑战。

发源于河南嵩山少林寺的少林功夫是中国独特的民族文化,因其融合了禅、武、医、艺等多种文化形态而具备了鲜明的民族特征。少林功夫的传播经历了一个由宗教到世俗、由中国到世界的过程,是目前中国最受世界欢迎的文化形态之一,也是中国最具世界竞争力的文化品牌之一。目前,少林功夫在世界上的影响力超过了历史上任何时候,雅典奥运会闭幕式、北京奥运会开闭幕式、"悉尼中国春节大巡游"中,都有河南少林功夫团参与表演。目前,演习少林功夫的人已遍布世界各地,尤其是在北美和欧洲,少林功夫文化更

---

① 《马克思恩格斯选集》,第1卷,第254页,人民出版社,1972年版。

是受到无与伦比的推崇，2009年8月，美国7个州的副州长及500名美国少林拳法联盟弟子到少林寺朝拜，少林寺已成为全世界功夫爱好者共同的"祖庭"。

嵩山少林寺关于少林功夫的全球推广为民族文化世界化提供了很好的借鉴，其具体的推广战略将在后面进行详细介绍。少林功夫在世界上的广泛传播，说明了文化的民族性不是自给自足、闭关自守，更不是自我陶醉、孤芳自赏，文化的世界化也不是同腔同调、同面同色，更不是一种文化对另一种文化的毁灭和取代。文化的民族性和世界化的关系可以简单地表述为：一方面，民族文化相互交流借鉴、吸收发展，形成了世界文化，民族文化越是个性鲜明，世界文化也就越丰富多彩，民族文化是世界文化的构成要素；同样，世界文化越是繁荣发展、和谐共融，越是能给民族文化创造更广阔的发展空间，提供更强大的发展动力，世界文化是民族文化发展的坚实平台。

4. 区域文化品牌化

何谓区域？根据宗教、文化、行政、地理位置等不同的标准，区域可以有不同的划分。"广义的区域本是一个地理概念，至少可分为泛区域、国家和亚区域三个层次。狭义的区域是指亚区域，它是国家范围内的不同部分，可以按地理、政治、经济和文化等相似性标准、能够区分另类区域的标准以及内部固有的混合特色标准进行划分。"[1]这里采用的是亚区域的概念,就是按照地理位置划分的不同的区域。例如,我国习惯上以秦岭淮河一线分为南方和北方,而南方又可分为江浙、湖湘、闽粤、巴蜀等,北方又可分为中原、齐鲁、三秦、关东等。

何谓区域文化?它是"在特定的地理环境和人文环境中,并在相当长的历史时期内逐步孕育而形成的,具有较强的稳定性和传承性"[2],也就是在一个相对固定的区域内长期传承并得到广泛认可的文化。在中国,由于南北东西的时空组合差异较大,于是就形成了众多特色分明的区域文化,并且都呈现出自己独特的个性,如慷慨悲歌、好气任侠的燕赵文化,崇德重法、德法兼顾的齐鲁文化,质实厚重、豪放旷达的关东文化,兼容并蓄、重视礼乐的河洛文化,纯朴诚实、守信重义的三晋文化,义利兼顾、自主开放的岭南文化,经世致用、务实践履的湘湘文化,强悍劲勇、诡秘陆离的巴蜀文化等。

何谓品牌化?就是使产品具有品牌特征的过程。按照美国市场营销协会下的定义,品牌是用来识别一个或一群卖主的产品或劳务的名称、术语、记号、象征或设计或其组合,以与其他竞争者的产品或劳务相区别。品牌是一个集体概念,它包括了商品的品牌名称、标志和商标。从品牌定义来看,品牌可以标识企业的产品和服务,

---

[1] 马萱:《我国区域文化产业竞争力研究》,第22页,社会科学文献出版社,2011年版。

[2] 贺宝林:《人类学视野下的地域文化》,载《东方艺术》,2005年第12期。

品牌可以取得消费者的信任，品牌可以使产品增值。在品牌营销的时代，品牌是身份的象征，是质量和价值的保证，是企业形象的基石，也是文化和个性的载体，在其他条件相同的情况下，消费者无疑会选择自己认可的品牌产品。就是说，一般的产品只具有普通的实用价值，而品牌产品还具有另外一种价值，这种价值就是文化上的价值。打造品牌的目的就是要满足消费者的需求，吸引消费者进行重复消费，从而获得更大的市场效益。

文化因差异而丰富多彩，也因差异而相互吸引。文化的差异性主要体现在区域差异性上，文化的区域差异性是人类开展文化交流的原动力，也是形成文化品牌的必要条件。对于地域文化来说，没有差异性就不可能实现品牌化。区域文化要想形成具有竞争优势的品牌，关键在于发现区域文化独特的价值系统和打造维护区域文化良好发展的生态环境。以文化部在全国设立的四个对台文化交流基地为例，他们都是利用自己独特的区域文化开展对台文化工作，如河南打的是"根亲文化"牌、江苏打的是"民国文化"牌、上海打的是"城市文化"牌、福建打的是"客家文化"牌。这些不同的文化品牌在对台文化工作中，发挥着不同的价值，但都是为了一个共同的目标，那就是增进广大台湾同胞对民族的文化认同感。

20世纪70年代，在北欧和法国出现了一种新型的博物馆——生态博物馆，它的基本特征可以概括为：对文化实施原地保护、动态保护和整体保护。它和传统博物馆的不同之处在于：不把文化遗产迁到其他地方而是在其原生地进行保护，不把文化遗产放进固定的馆舍而使其融入人的具体生活过程，不光保护文化遗产本身，还要保护与之相关的自然环境和社会环境。在中国，自 1995 年创建第一座生态博物馆——贵州六枝生态博物馆之后，云南、广西、内蒙古等省份也都根据自己的实际情况和文化特色，创建了具有自身特点的生态博物馆。这种从文化、人及环境平衡的生态关系出发，对区域文化进行保护开发，既是人类文化理念的进步和提升，也是区域文化可持续发展的必然选择。

区域文化品牌化，即意味着区域文化在保持个性的同时，要更具有吸引力，产生更多的文化附加值，从而更具有市场竞争力和向外传播力。中华文化由若干个区域文化所组成，这些区域文化的瑰丽多彩共同构成了中华文化的千姿百态。这些区域文化的品牌化程度越高，其民族特色就会越鲜明，中华文化在世界上的竞争力就会越强。只有不断强化这些区域文化的地域特色，打造出更多的区域文化品牌，中华文化的综合实力才能得到整体的提升。

三、文化产业

（一）文化产业的概念

文化产业的概念产生已久，且众说纷纭。联合国教科文组织对文化产业是这样界定的："按照工业标准，生产、再生产、储存以及分配文化产品和服务的一系列活动。"指出只有大批量、连续性地生产文化产品和服务才是文化产业。在我国，2001 年全国政协与文化部文化产业联合调查组对文化产业的概念作出这样的界定：文化产业是指从事文化产品生产和提供文化服务的经营性行业。文化产业是文化建设的重要组成部分，有关文化产业和公益事业共同构成了文化建设的内容。调查组对文化产业作了初步的划分，主要包括文化艺术、文化出版、广播影视、文化旅游四个领域。[①]2004年国家统计局在《文化及相关产业分类》里对文化产业作出这样的界定："为社会公众提供文化、娱乐产品和服务的活动，以及与这些活动有关联的活动的集合。"

根据以上界定，可将文化产业概括为：通过工业化和商业化方式所进行的文化产品和文化服务的生产、再生产、供应和传播。按照联合国教科文组织的归纳，它至少包括以下行业：影视业、音像业、广告业、咨询业、网络业、出版业、文化旅游业、文化娱乐业等。不论如何对文化产业进行界定，必定包含两种基本观念："其一，文化产业是指以文化为内容生产和经营符号性和信息性的产品为主的社会活动；其二，文化产业作为产业是指以创意为手段的产业化运作的经济活动。"[②]也就是说文化产业具有文化和产业的双重属性。

（二）文化产品与文化产业

澳大利亚麦觉里大学经济学教授、前国际文化经济学会主席大卫·索斯比将文化产业分为三个层次，即著名的文化产业同心圆体

---

① 周正兵：《文化产业导论》，第39页，经济科学出版社，2009年版。
② 周正兵：《文化产业导论》，第28页，经济科学出版社，2009年版。

系，这个体系包括：核心层——原创艺术创作业，包括文学、艺术、戏剧、音乐、舞蹈、工艺以及艺术场馆、博物馆、展览馆、艺术拍卖、娱乐演出等，是文化生产的具体内容；外围层——文化制作与传播业，包括电影、电视、广播、报刊、书籍及经纪人等，是专门为文化内容做传播、广告、中介做服务的；相关层——与传播文化内容和意义具有相关性的所有产品，包括建筑、广告、观光等。他在描述文化产业同心圆的外扩效应时指出："艺术居于同心圆的中心，其他产业形成的圈层环绕这个中心，并通过创意内容的运用而扩散到广的产品领域中。"①从这个体系中可以看出，文化产业主要是以生产文化产品特别是艺术品为主，文化服务以及其他相关产业都是围绕文化产品的生产而存在的。"文化产业有时也叫内容产业，这是因为文化内容产品很重要；内容产品的好坏决定了产业链的深度和广度。"②综合而论，在整个文化产业链中，文化产品处于最基础地位，没有文化产品的生产，就不可能有文化产业的形成。

虽然文化产品对文化产业起着决定性的作用，但并非所有的文化产品生产都能形成文化产业。例如，一些非遗产品由于已远离了产生它的历史环境和文化土壤，它只能拿到博物馆里欣赏，或为学术研究提供证据，不具备形成产业的条件。只有那些富有创意、成规模化生产又有巨大市场潜力的文化产品才可能形成文化产业。文化产业被称为"朝阳产业"、"无烟工业"，很多学者还习惯把文化产

---

① 周正兵：《文化产业导论》，第31页，经济科学出版社，2009年版。
② 陈少峰、朱嘉：《中国文化产业十年》，第8页，金城出版社，2010年版。

业称为"创意产业"。文化生产的终极目的就在于"文化创意"的生产，没有文化创意就没有真正意义上的文化产业，文化产业的文化生产和扩大再生产，本质上就是文化创意的生产和扩大再生产。英国创意产业特别工作组首次对创意产业进行了定义："源于个人创造力与技能及才华、通过知识产权的生成和取用、具有创造财富并增加就业潜力的产业。"[①]文化创意产业是一种文化创新活动，它是以传统文化资源为依托，依靠创造者的智力、灵感和天赋，借助现代的高科技对传统文化资源进行包装、改造和提升。高知识性、高融合性、高附加值是文化创意产业的基本特征。

（三）文化产业与文化交流

前文已经论及，文化产品包含着意识形态、价值观念和生活方式，文化产品的输出实际上也是意识形态和价值观念的输出。西方大国对我国及其他国家的文化渗透与和平演变，就是凭借其集资本优势、传播优势、科技优势、市场优势于一体的文化产业，输出大量携带着鲜明意识形态和价值观念的文化产品，不仅赚取了巨额的经济利润，同时也达到了瓦解其他民族价值观念和文化自信的目的。因此，要想应对西方文化的强势渗透和严峻挑战，我们也必须以同样的手段做出回应，那就是以我国丰富的文化资源为依托，大力发展文化产业，加快推进中华文化"走出去"的步伐，在国际文化的

---

① 周正兵：《文化产业导论》，第35、36页，经济科学出版社，2009年版。

交流竞争中占据文化发展高地，获得先发制人的话语权。根据政治经济学中生产、分配、交换、消费原理，生产是决定性的，它支配着其后的分配、交换和消费。在全球化时代，文化作为一种消费的商品，对其起决定作用的当然是文化生产。文化产业具有文化属性，它要进行文化产品生产；文化产业又有经济属性，它要进行文化输出获取利润。因而，文化产业一头连着文化产品，一头连着文化输出，对文化交流中起着巨大的支撑作用。文化产业对文化交流的支撑主要体现在以下四个方面。

1. 内容支撑

前文说过，文化交流的第一个前提是拿什么去交流。文化产品尤其是文化产品中的艺术品，始终是文化交流的主要载体。而文化产品特别是艺术品又是文化产业的核心层，所以文化产业对文化交流的支撑作用，首先体现在内容的支撑上。文化产业又称为"内容产业"，始终是内容为王、创意制胜，作为文化产品批量化、规范化、集约化生产的文化产业，其核心是文化创意，也就是说能够形成产业化的文化产品必定具有"你无我有，你有我新，你新我快，你快我精"的创新特征。中国的文化产业虽然起步较晚，但发展势头很猛，而且在充分吸收人类许多成功经验的基础上，实现了跨越式发展，具备了更宽阔的视野和更前瞻的眼光，完成了从"模仿"向"原创"的转型，不仅催生出更多的新兴文化业态，让人民群众拥有了更多的文化产品，同时也为文化交流提供了更多的文化资本。

2. 技术支撑

文化产业是一种高科技产业,以电子计算机和现代通讯为主体的信息技术在文化产业中被广泛应用,因而文化产业都呈现出高知识性、高智能化的特征。文化产业之所以能推动文化交流,在于其"提供了表达、传播文化及其观念的工具、手段和方式",从人类文化发展来看,"人类文化的进步紧紧依存在传播文化的媒体技术的进步,可以说,文化的传播媒体及其技术的进步是文化进步的重要条件和标志"①。不管是产品生产、现代包装的传统文化业态,还是传媒经营、数字娱乐等现代的新业态,都与科技的进步紧密联系。例如,电影、电视等产品制作,都要通过光电技术、计算机仿真技术、传媒技术结合才能完成。正是文化产业与现代高科技的充分结合,才使文化产业实现了跨区域、跨国界的经营发展,实现了文化的无差别、无障碍传播,推动了人类文明的交融共享。

3. 人才支撑

正如前文所说,文化产业是高科技产业,是集人才、技术、文化、资本于一体的密集型产业,但说到底,文化产业是一个高端人才聚集的产业。"在知识经济时代,文化产业将成为龙头性驱动性的产业,其他产业和文化产业之间存在密切联系,文化产业可以推动

---

① 沈洪波:《全球化与国家文化安全》,第188页,山东大学出版社,2009年版。

制造业的结构升级，也可以拉动其他产业的消费。文化产业不仅自身发展，也要推动其他产业发展。所有的硬件几乎都需要文化设计和内容产业的驱动。"[①]文化产业之所以能够带动其他产业的发展，在很大程度上都是依靠高端人才来完成的。尤其是那些知名的国际文化产业集团，聚集着大量的高端创意、经营管理、市场营销、跨文化交流、投融资等多种复合型人才，这些企业不仅促进了高科技人才的国际合作，而且也促进了高科技人才的快速流动，为文化交流提供了很好的智力与人才支撑。

4. 资金支撑

文化产业是一种经济活动，都是建立在雄厚的资本基础之上。北京大学文化产业研究院陈少峰教授在谈及文化产业的特点时曾说，文化产业是"以文化元素作为产品原材料的经济活动，即它是文化和经济的结合，而且经济的属性远高于文化的属性"[②]。文化产业首先是一种经济活动，其次才是文化上的交流，或者说，文化产业是在获取经济利润的同时，对文化做了宣传和推介。以电影和音像制品为主体的美国文化产业，在2000年出口额已经超过了它的飞机制造业和军火工业，成为美国的第一大出口产业。观看美国出口的电影是必须先付费才能实现的文化消费，但美国电影在全世界产生的影响，是任何宣传或教育都难以抗衡的，这等于一种对文化交流的

---

① 陈少峰、朱嘉：《中国文化产业十年》，第10页，金城出版社，2010年版。
② 陈少峰、朱嘉：《中国文化产业十年》，第2页，金城出版社，2010年版。

间接投资。同时，文化产业所获得的利润还可以直接投资文化交流，如为一些友好交流、产品推介、内容包装、文化研讨、展览演出等提供资金上的支持等。

（四）培育优势文化产业

文化产业可以增加文化产品的高技术附加值或高文化附加值，文化的产业化程度是一个国家综合国力的重要参考指数之一，也是一个国家开展对外文化交流的重要动力之源。"美国对别国特别是对第三世界国家大量倾销其文化产业，作为主要的渗透手段，在'莺歌燕舞'中来实施文化侵略。这不仅使美国在全球范围内赚取了巨额金钱，而且加强了美国霸权主义和强权政治的扩张。"[①]可见，没有优势文化产业的支撑，民族文化无法提升，更无法保证自己的文化安全。因此，一个国家的文化要想真正具备参与世界竞争的能力，必须培育强大的文化产业。由文化产品形成文化产业，需要注意以下几个问题。

1. 政策支持

由于文化产业的经济属性和意识形态的双重属性，它历来都是国家发展战略的重要内容，因此文化产业的发展总是随着国家的政策改变而变化。一个国家对文化产业的政策扶持程度，总是源于对

---

① 李怀亮、刘悦笛：《文化巨无霸——当代美国文化产业研究》，载《红旗文摘》，2008年第16期，第35页。

文化性质的认识程度，这一点，从我国文化产业的发展历史就可以看出来。文化产业作为一种新兴产业，在中国是改革开放之后的事情。1985年国务院转发了国家统计局《关于建立第三产业统计的报告》，把文化艺术作为第三产业的一个组成部分列入国民生产统计项目中，首次确认了文化艺术可能具有"产业"性质；1991年，国务院批转《文化部关于文化事业若干经济政策意见的报告》，正式提出"文化经济"的概念，1992年国务院出版的《重大战略决策——加快发展第三产业》一书，首次提出"文化产业"的概念；2002年党的十六大报告明确提出"积极发展文化事业和文化产业"，首次把"文化事业"和"文化产业"区分开来，并把文化产业定性为"繁荣社会主义文化，满足人民群众精神文化需求的重要途径"，这是我党在文化理论上的一个重大创新与突破。[1]上述情况表明，没有国家从顶层设计层面对文化产业进行政策支持，就不可能有文化产业的繁荣发展。

目前，中国特色社会主义市场经济体制正在逐步走向完善，但从总体上看，文化市场的规则仍然滞后于经济市场的发展。正由于此，中国的文化产业仍处于探索和爬升阶段，与发达国家相比，在资金实力、科技水平、市场运作、创新能力和市场竞争等方面仍然存在着比较大的差距。要改变这一局面，首先是国家进一步优化文化产业环境，完善文化产业政策，支持文化创新，树立和培育"大

---

[1] 以上参考陈泰锋：《后WTO过渡期我国文化产业的内涵及其战略选择》，载《文化研究》，2005年第7期，第7页。

文化"、"大市场"、"大发展"、"大交流"的理念,加速文化产业的结构升级,尽快与国际文化市场真正接轨,全面提升我国文化产业参与国际竞争的整体实力。

2. 整合资源

文化资源的整合总是发生在一个相对独立的文化空间里(特定的区域范围内)。任何一个相对独立的文化空间都不只存在一种文化形态,而是一个多种文化形态相互关联的文化系统。正是这种相互关联的不同文化形态,为区域文化发展文化产业储存了潜在资源。但是,从农业社会延续过来的这些文化资源是分散的、零星的,甚至是"沉睡"的,要想激活这些文化资源,必须对其进行"唤醒"与整合,必须对其灌注现代的文化理念,赋予其现代的文化形式,最终形成区域文化品牌。

首先,要对文化资源进行定位,确定哪些资源具有产业开发潜力。并不是每一种文化资源都可形成产业,只有那些特色鲜明、价值独特的文化资源才有可能形成产业优势。对中国而言,体大虑周、博大深邃的哲学文化,上极天文、下穷地纪的中医文化,瑰丽多姿、高度综合的戏曲文化,五彩斑斓、引人入胜的民俗文化,磅礴大气、自成体系的建筑文化,它们都是极富中华民族特色的文化资源,闪耀着中华文化的智慧光芒,当然也是中国最具开发潜力的文化资源。以河南为例,至少有四种文化资源在全国有着独一无二的优势:戏曲资源,河南有全国剧团最多、从业人员最多、受众人数最多的地方戏——豫剧；文物资源，河南地上、地下文物资源都占全国第二，馆藏文物占到全国的八分之一；功夫资源，河南是少林功夫和太极拳的发源地，少林功夫是世界上演习人员最多的功夫；根文化资源，河南是中华始祖黄帝的诞生地，是甲骨文的发祥地，是客家人寻根的终点。这些资源不仅可以打造成河南地方文化名片，更具备潜在的产业开发优势，如果合理开发利用，可以打造成中原文化的产业集群。

其次，要发展能与世界接轨并占据世界文化发展制高点的文化实体。光有文化资源而没有开发文化的实体，再好的资源也只能是静静地"沉睡"。而现实的实际情况是，不是"巧妇难为无米之炊"，而是"好米遇不上好厨"。在很长一段时期内，政府一直扮演着管文化与办文化的双重角色，政府既是文化资源的拥有者，又是办文化的实体。这种计划经济体制下的发展模式，严重影响了区域文化产业化的发展。政府的管理成本不仅越来越高，而且越来越显得力不从心。解决这一问题的唯一办法就是吸纳民间资本投入文化产业发展，形成民间文化生产力，一方面弥补政府资金的不足，另一方面形成更多的文化实体。在这一过程中，政府要真正转变角色，进一步明晰政府的服务职能，提高对文化的管理水平，完善文化管理制度和文化发展政策，有效整合民间资本，最大限度地激发民间文化生产力，释放民间文化资源的能量，引导和规范民间文化实体规模化发展，把民间文化资源真正转化为现实的文化生产力，实现政府文化力量与民间文化力量的良性互动，形成推动文化产业发展的合力。

3. 有序开发

何谓有序开发？就是针对某种文化资源，在充分论证的基础上，有组织、有计划、科学规范地进行开发，既不是开发主体一时的心血来潮，也不是大家的一哄而上。有序开发的好处在于：它可以保证资源不被浪费，可以使资源实现最佳配置，可以形成文化发展合力。但是，目前在很多地方，人们都把那种具有开发潜力的文化资源当成了香饽饽、摇钱树，都想搬到自己家门口持为己有，导致的结果是大家都来开发，最后形成一种无序开发的局面，有的地方甚至还出现了破坏性的开发。造成文化资源无序开发的主要原因是地方政府的职能缺位，在文化发展上缺少长远规划、追求短期效益、监管软弱无力造成的。要改变这种局面，地方政府必须承担起管文化的责任。

以河南登封少林功夫产业化为例，目前对其进行产业开发的有嵩山少林寺、少林寺旅游景区、武术学校、实景演出、舞台剧等不同的项目。这些项目的开发主体又归于不同部门管理，如：嵩山少林寺归宗教部门管理，少林寺景区归旅游部门管理，少林武术学校归教育部门管理，创作舞台剧的院团归文化部门管理，而大型实景演出则是独立的文化企业。这些不同的管理部门之间并没有一个有效的协调机制，政令多出的现象普遍存在，对开发主体缺少统一的组织管理，致使少林功夫得不到整体性地开发。少林功夫虽然有多个实体开展对外交流活动,但他们都是各自为政,彼此之间很少往来沟通,有时甚至还出现相互拆台的恶性竞争现象,极大地削弱了少林功夫对外传播的整体实力。

近年来,由于过分追求经济效益,少林功夫世俗化倾向越来越明显。即便是受政府监管的文化实体,也都存在着盲目地上项目、盲目地开展对外交流的现象。而一些资质较差的民间团体和个人,更是千方百计地逃避政府的监管,带着粗劣的产品走出去进行文化交流,使少林功夫的神圣地位受到减弱。更甚者,一些不法人员冒充少林武僧,甚至冒充少林寺方丈,利用普通百姓治病健身的心理,兜售假药,贩卖假冒伪劣的宗教用品,欺骗民众,捞取钱财。这种情况不仅扰乱了正常的文化市场秩序,形成违法乱纪现象,同时也极大地损害了少林僧人的形象和宗教情感。

4. 保持特色

特色是一个事物或一种事物独特的外部特征和内容价值,外部特征表现为事物的风格、样式、色彩、结构等,内容价值表现为事物的历史内涵、文化意蕴、审美价值等。事物特色是由事物存在的特定时空环境所决定,是一个事物或一类事物所独有的并区别于其他事物的显著标志。而文化产业的特色是由文化产品的特色所决定的。文化产品的特色越强,这种文化产品就越容易形成文化产业,就越具有市场竞争能力;相反,没有特色的文化产品,不仅形不成文化产业,也不容易在历史的发展过程中被传承延续。一句话,特色是文化产品的生命,也是文化产业的基础,没有大量的具有鲜明特色的文化产品的生产,就不可能发展出具有竞争优势的文化产业。

以我国目前的城市建设为例,出现了"千城同构、千山同面"的现象。到处都是拔地而起贴着瓷砖的高楼,所不同的就是瓷砖颜色的差异;马路两旁都是闪着亮光的不锈钢护栏,所不同的只是马路的宽窄而已;大街上行驶的都是冒着长长尾气的汽车,所不同的只是堵塞的程度不同罢了……所以,仅从城市的外观,我们已很难分辨出这个城市的地域特征,更看不出它的文化特色。城市的现代化建设,考虑更多的是现代化的科学技术,唯独不考虑能不能体现这个城市的文化个性,能不能彰显这个城市的文化特色。再以当前的旅游景区为例,同样存在着严重雷同化的现象,你建个水上乐园我也建个水上乐园,你搞个拓展训练基地我也搞个拓展训练基地,你做个玻璃吊桥我也做个玻璃吊桥……他们只知道进行硬件建设,全然不知打造自己的个性特色。

城市和景区建设如此,文化产品的生产亦是如此。以当前的戏剧创作为例,一个显著现象就是"大腕"们满天飞,他们到处去搞策划,到处去当教练,简直到了无所不能的地步,不论是什么样的剧种,也不论是什么的艺术样式,他们都可以去当编剧,都可以去当导演,甚至还可以亲自出马登台表演。举一个例子就可以看出这些"大腕"的威力:在一届全国性的艺术节上,一共有16台参赛剧目,其中就有7台剧目出自一个导演之手;在一届省级戏剧大赛上,有23台剧目参赛,其中有6台出自一个编剧;有一个地市,投资上千万元打造一台舞剧，主演全部是外聘演员，给领导汇报演出后，就作了鸟兽散，排出来五年总共演出不到20场……诸如此类的事情不胜枚举。事实上，当前这些"满天飞"的"大腕"们，决定着全国艺术创作的样式和走势，其直接的结果是，不仅使这些所谓的大制作艺术理念重复、艺术样式雷同，而且还弱化了众多剧种的地方特色，尤其是在地方戏曲的语言和音乐上，如不懂地域文化的传统，根本无法体现出地方戏曲的文化特色。打造地域文化品牌，发展特色文化产业，必须重视地域的文化传统，必须培养自己的人才队伍。否则，地域文化的特色将会被现代科技和那些满天飞的"大腕"们慢慢地"吞噬殆尽"。

5. 扩大消费

文化消费是指用文化产品或服务来满足人们精神需求的一种消费。扩大文化消费无疑是文化产业追求的最大目标，文化消费的多少直接决定着文化市场的繁荣程度。目前，我国居民文化消费总量低，文化消费结构层次低，文化消费意识淡漠，直接影响到我国文化产业的发展。

我们曾做过一个调查，一个县级剧团2010年全年演出500场，但全部是集体出资或者个人包场，没有一场是市场化的演出。从这个事例可以看出，当前的戏剧市场需求依然很大，但观众的戏剧消费意识却非常淡漠。其实，目前不止戏剧如此，所有的文艺演出几乎都是如此，观众观看文艺演出的热情虽然很高，但他们已习惯了免费享用，如果让他们掏五元钱去买一张票，他们就会表现出很大的不情愿，甚至干脆就彻底放弃，他们宁可花更多的钱去进行其他方式的消费，也不愿花较少的钱去进行文化消费。这说明观众的文化消费愿望还不够强烈，也说明文化产品的市场供求还存在着严重的失衡现象。

因此，要想繁荣文化市场，必须首先培养观众的文化消费观念，只有这样才能为文化的发展找到真正的动力源。这就涉及消费者的文化素质问题。"这里的文化素质，既包括公民的教育、知识和文化修养，也包括可以结合娱乐和艺术的文化欣赏和消费水平。后者与文化产业的发展之间具有密切的联系。……公民的文化素质，特别是受教育水平、文化艺术领悟力和文化消费水平等方面不断提升，对于精品文化产品和项目的甄别能力不断提高，将促进文化产业领域企业竞争力的持续提升。"[①]消费者的文化素养直接决定着他的文化消费观念，要想提高消费者的文化消费意识，必须引导消费者树立正确的文化消费观念，强化对文化消费的经济调控，加强文化消费的法律建设，合理进行文化消费的行政管理，把广大人民群众的文化消费真正提高到一个新水平，助推我国文化产业的发展。

---

① 陈少峰、朱嘉：《中国文化产业十年》，第5页，金城出版社，2010年版。

四、文化输出

（一）文化输出的概念

何谓文化输出？就是将一个国家的文化产品和文化服务向其他国家销售或投放，以赢得他国的认同并赚取他国的外汇。从输出主体来看，文化输出不同于文化展示，前者侧重于理念输出，后者侧重于形式输出；从输出对象来看，文化输出不同于文化霸权，前者是主动接受，后者是被动接受；从输出方式来看，文化输出不同于文化侵略，前者是和平式输出，后者是暴力式输出。文化输出以文化产业为基础，发达的文化产业会对文化输出提供强有力的支撑，而文化输出也会反过来促进文化产业的发展。需要说明的是，在文化交流的实践中并不是每一种文化产品必须形成文化产业后才能进行文化输出，但文化产业对文化输出的决定性作用是毋庸置疑的。

（二）文化输出的类型

1. 文化理念输出

文化理念输出就是一个民族的核心价值观念以及这个民族对人类文化发展主张和心态的输出。文化理念的输出通常借助一定的组织机构，比较成功的如德国的歌德学院。歌德学院建立于1951年，建立的目的就是让全世界的人都明白，德国不光是一个希特勒的独裁的德国，还是一个歌德、贝多芬、康德的文化的德国。从20世纪70年代到80年代，所有的欧洲人都知道了当时的德国已不再是纳粹时候的德国，而是是一个开放、民主、平常的德国。截止到2016年，歌德学院已遍布全球78个国家和地区，共有分支机构144个。

此外，世界上还有许多机构，其设立的目的也是为了输出文化理念。例如，英国于1934年创立的英国文化委员会致力于海外的英语教学，被称为全球最成功的语言推广机构。目前，该组织在全球的活动遍及111个国家的229个城市，雇员7300人。在中国的北京、上海、广州、重庆等城市都设有办事机构。西班牙于1991年创立了塞万提斯学院，与以西班牙语为官方语言的20多个国家开展合作，共同推动全世界的西班牙语教学和西班牙其他官方语言的教学，传播西班牙语文化。目前，塞万提斯学院在30多个非西语国家设有机构，分院遍及世界4大洲。这些组织都是借助推广语言而达到输出文化理念的目的。

新世纪以后，为加快推进中华文化"走出去"战略，满足世界各国对汉语学习的需求，中国开始在海外建立以教授汉语和传播中国文化为宗旨的孔子学院。从2004年开始，我国在借鉴英国文化委员会、歌德学院、法语联盟、塞万提斯学院等机构经验的基础上，成立了由11个部委组成的"国家汉语国际推广领导小组办公室"（简称"汉办"），并开始在世界上与有需求、有条件的国家建立"孔子学院"，并在北京设立了"孔子学院总部"。2004年6月15日，国家主席胡锦涛出席了第一所孔子学院——乌兹别克斯坦塔什干孔子学院合作协议签字仪式。到2007年，中国已在海外建立孔子学院128所，其中，亚洲46所，欧洲46所，北美洲26所，非洲6所，大洋洲4所。

国内有51家高校参与了孔子学院的合作办学，国外承办院校和机构126所。全球孔子学院秉承"和为贵"、"和而不同"的文化理念，向世界推广中国语言文化，推动中外文化的交流与融合，为发展中国与世界各国的友好关系，增进世界各国人民学习中国语言文化提供了良好的场所和条件。2006年1月11日《纽约时报》载文《中国的又一热门出口品：汉语》称："中国正在利用汉语文化来创建一个更加温暖和更加积极的中国形象。"9月1日《华尔街日报》载文《汉语推广热全球》称："中国政府的汉语推广战略的高明之处在于，推广教育和语言有助于加深外部世界对国家的了解，是扩大一国影响力的最有效的途径；战舰能让别国人暂时臣服，而让他们理解你的语言却能使大家成为朋友。这个主意真的很高明！"新加坡《联合早报》载文称："孔子学院的推广，有助于外界了解中国，消除外界对中国和平崛起的误解。"[1] 据统计，在2010年的前三个季度，世界各地孔子学院共开设各类汉语课程8000多班次，注册学员23万人，举办各种文化交流活动6600多场次，参加者达260余万人。截至2015年底，中国在世界上134个国家和地区建立了500所孔子学院和1000个孔子课堂，学员总数达190万人。孔子学院已成为世界各国人民学习汉语和了解中华文化的园地、中外文化交流的平台、加强中国人民与世界各国人民友谊合作的桥梁。

---

[1] 梁岩：《中国文化外宣研究》，第93、94页，中国传媒大学出版社，2010年版。

2. 文化产品输出

文化产品输出是文化输出的主要方式，它与文化贸易紧密地联系在一起。在古代社会文化输出的主要内容是书籍和字画。以中国与日本为例，中国自隋唐起就开始向日本输出书籍。唐朝末年日本学者藤原佐世编撰的《日本国见在书目录》记载，当时日本从唐朝进口图书1579部、16790卷。南宋刊刻的每藏500函、6000余卷的《大藏经》，通过日本僧人至少向日本输出10藏以上。唐朝时，长安等寺院的壁画、佛像画已销往日本。983年，日本僧人奝然从中国购买十六罗汉画带回国内，此后，中国罗汉画数次输出日本。元代时，日本僧人购买了包括文与可画的竹、韩干画的马、戴嵩画的牛、张僧繇画的龙等很多中国画带回国内。至明清时，中国的字画继续流入日本，深得日本贵族的喜爱。①

第二次世界大战后，以电影、电视、动漫为主的影视产品成了文化输出的主要内容。当前，世界几个主要文化产业大国都是以输出影视产品为主：日本以输出动漫为主，韩国以输出影视剧为主，美国以输出电影大片为主。以美国输出的大片为例，1998年欧盟放映的电影70.2%来自于美国，10.3%是欧盟与美国合拍的，完全由欧盟制作的影片只有17.1%。2007年欧盟放映的电影中美国电影占59.1%，欧美合拍的占9.8%，完全由欧盟拍摄的占28.9%。与美国相

---

① 以上资料参考中国知网山东大学博士论文，张斌：《国际文化贸易壁垒研究》，2010年4月5日。

临的加拿大，进口美国电影占本国放映电影的百分比由1970年的39.7%上升到1990年的63.9%，到2007年达到88.9%。一直与美国敌对的古巴，1970年只有8.9%的美国电影在本国播放，到了1993年美国电影的比例达到了40.9%。①

据日本有关方面公布的数字，2002年日本动画片在美国的销售额达43.6亿美元，是美国进口日本钢铁产品价值的3倍多。2004年，日本国内电影院上映的动漫片约为81部，日本的电视台每周播放动漫节目80多集，一年播放的动漫作品节目接近4000集。在日本所有的出版物中，漫画读物占了40%，平均每天有25本漫画单行本问世。"目前全球播放的动画节目约有60%是日本制作的，世界上有60多个国家播放日本电视动画，40多个国家上映其动画电影，许多日本动画形象已经成为各国观众耳熟能详的明星人物。2005年日本动漫市场达到2339亿日元规模，动漫产业产值占日本国内生产总值的20%，已经成为日本第三大产业。"

3. 文化服务输出

根据2004年国家统计局颁布的《文化及相关产业分类》，文化服务业包括新闻服务、出版发行和版权服务、广播电视电影服务、文化艺术服务、网络文化服务、文化休闲娱乐服务和其他文化服务等七类，以及文化用品、设备及相关文化产品的生产和文化用品、

---

① 以上资料参考中国知网山东大学博士论文，张斌：《国际文化贸易壁垒研究》，2010年4月5日。

设备及相关文化产品的销售等辅助产业。

文化服务业是以知识为基础、以服务为手段的新兴行业，它具有高知识性、高附加值和新组织方式、新营销模式等特征，是现代服务业的重要组成部分。文化服务业市场是以商品形式进入流通领域的文化产品和文化娱乐经营活动。其主要包括演出、会展、娱乐、音像、艺术品、书报刊、网络文化、动漫游戏、影视制作、文化印刷、民间技艺、艺术培训等。文化制造业和文化服务业是构成文化产业的两个基本要素，前者以文化产品生产为主，后者以文化娱乐经营为主。

（三）文化输出与文化交流

在全球市场一体化的格局中，文化输出是一个国家文化发展必须要走的道路，它既是文化生产的终极目的，也是文化交流的逻辑终点。文化输出的结果主要是文化消费，对于文化产品的生产主体来说，只有文化输出才算完成了从文化资源到文化消费的生产过程。文化输出以文化产业为支撑，以赚取利润为目的，并伴随着生活方式和价值观的输出。也就是说，在文化输出的三种主要形式中，文化理念输出是间接的、隐含的、无法量化的输出，它总是依附于文化产品和文化服务输出之中。相比文化理念的输出，文化产品和文化服务输出是直接的、明显的，而且是可以量化的。对于一些国家和民族来说，在文化交流中他们可能只有文化展示，可能只有文化服务，而没有真正的文化输出，因为只有文化理念的输出，才是文化交流的高级形态，是文化输出的最根本目的。文化输出的作用主要体现在以下四个方面。

1. 文化输出可直接转化成文化生产力

文化输出与文化贸易紧密地联系在一起，在很多时候文化输出就等于文化贸易。在文化交流中，文化贸易是主流的部分，非营利性的文化交流只起辅助作用。一个国家输出文化产品的多少，反映着这个国家文化生产力的高低，也是一个国家综合国力强弱的体现。当今世界上的发达国家无一不致力于本国文化的输出。文化输出可以收回成本、实现盈利，可以为扩大文化再生产提供资金和基础设施。世界上所有的文化产业大国都是通过文化输出来支撑本国文化生产力的发展。例如："2001年以来，美国电影业得自国外的票房收入一直处于增长状态，尤其从2004年开始，来自国外的票房收入加快增长，使2008年的国外票房收入比2004年增加了12.9%，占全部票房收入的2/3。海外票房的重要性不言而喻。美国的版权产业（包括电影产业）始终居于世界领先地位，很重要的一点是得益于国际市场的带动作用。对那些适于大批量制作的电视产业、书报杂志、流行音乐、动漫游戏而言，通过国际贸易打开销路，是产业做大做强的重要途径，韩国和日本的网络游戏、日本的动漫莫不如此。"①

中国在文化输出过程中，存在着资源多而产值低的问题，中国

---

① 以上资料参考中国知网山东大学博士论文，张斌：《国际文化贸易壁垒研究》，2010年4月5日。

的文化贸易逆差问题一直非常严重。以中国2005年主要文化产品的贸易额为例：图书类进口额16418.35万元，出口3287.19万元，之比为4.99倍；音像制品类进口1953万元，出口211万元，之比为9.16倍；版权类进口10894万元，出口1517万元，之比为7.18倍。[①]另一组数字也同样令人深思：2005—2006年，韩剧占我国各省电视剧时间25%，且都是黄金时间；日本动漫占儿童节目10%；韩国、日本、德国、美国的游戏占我国网络游戏市场份额75%。[②] 2011年2月28日，中央外宣办举行的新闻发布会宣称，2010年中国的版权贸易引进输出比从2005年的7.2∶1变为2010年的3∶1。值得欣喜的是，近年来我国文化贸易长期的逆差现象出现了很大改观，以2018年我国对外文化贸易为例，"文化产品出口总额925.3亿美元，进口总额98.5亿美元，顺差826.8亿美元，规模较去年同期扩大4.3%。……文化服务出口72.9亿美元，较上年增长18.2%。……文化服务进口273.4亿美元，较上年增长17.7%"[③]。与历史上相比，当前中国对外文化贸易虽然实现了大跨度的发展，但我们应清醒地看到，中国要成为文化输出强国，任务依然非常艰巨，还有很长的路要走。

[①] 以上资料来源于国家新闻出版总署编制的《2005年全国新闻出版业基本情况》。
[②] 马向敏：《当前我国文化服务贸易浅析》，载《黑龙江对外贸易》，2007年10期，第32页。
[③] 于帆：《2018年我国对外文化贸易实现快速增长》，载《中国社会科学网》，2019年03月17日。

2. 文化输出最终是输出文化理念

文化交流的最终目的是文化理念的输出,即通过自身的文化价值观念去影响进而改变他人的生活方式,以提升自己文化的影响力和竞争力。文化产业具有经济和文化的双重功能,所以其在向全球输出文化产品时,不仅能够扩展经济市场,获得大量的经济利润,还可以通过文化产品承载的生活方式和价值观,进行文化理念的输出。通过提供的信息和娱乐,进而影响接收者的思想和行为。著名学者王岳川曾说,美国以"三片"文化向全球输出其文化理念,"大片(指电影)"控制着别国人的审美欣赏,"薯片(快餐文化)"控制着别国人的消化胃口,"芯片"控制着别国人的文化创造性和文化安全性。这种文化输出实际上是和文化扩张、文化霸权连在一起的。对于中国而言,我们输出的文化既不是 19 世纪西方人眼中的那种落后愚昧、衰败脆弱的文化,也不是"中国威胁论"制造者所宣扬的那种冲突性文化,而是经过汰变的创新文化,具体的做法是拿中国的"三和文化"——家庭里是和睦、社会中是和谐、国际上是和平,去挑战西方的"三争文化"——个人之间是竞争、群体之间是斗争、国际之间是战争,使中国的文化思想成为人类的文化思想,使中国文化不仅成为构建和谐人类的思想武器,并且直接参与这一构建过程。①

---

① 王岳川:《西方的"三争文明"与中国的"三和文明"》,载《中国青年报》,2013 年 7 月 4 日。

3. 文化输出能够带动其他产业输出

以优势文化产业为支撑的文化输出不仅可以直接赚取经济利润,还可以为其他产业提供文化附加值,促进其他产业的发展,并带动其他产业输出。以河南为例,自新世纪之后通过在境外及国外举办一系列文化交流活动,成功实现了"文化搭台,经贸唱戏"的目的。例如,2008年河南举办的"第十届亚洲艺术节",打破以往不涉及经贸议题的惯例,共邀请接待80家企业参加项目考察工作,发放招商资料3000多套,签订11个合作项目,合同、协议总额达37.87亿美元,涉及多个行业领域;2009年举办的"中原文化澳洲行"暨"悉尼农历春节大游行"活动,不仅把诚挚的友谊和文化的芬芳传递到遥远的澳洲,河南还与澳方签订合作项目22个,其中,贸易项目4个,合同金额8.6亿美元;外资项目12个,合同金额17.2亿美元;外经项目1个,合同金额1.2亿美元;服务外包项目和研发中心合作项目4个,合同总金额27亿美元。河南省和澳大利亚新南威尔士州还签署了友好省州协议。悉尼市长摩尔女士说:"中国河南省与新南威尔士州、悉尼市的合作迈出了可喜的第一步,这也让我们对未来充满期待。"

4. 文化输出可确保国家文化安全

面对西方强势文化的挤压和人类文化多样性发展的共同诉求,我们必须在保证国家文化安全不受威胁和侵害的前提下,获得生存和发展的权利和空间。如果说世界上最好的防御是进攻,那么确保文化安全最好的方法就是文化输出。国家文化安全"根本的任务与目标是保障国家文化的独立性,并通过维护使中华优秀文化在世界文化之林得到传承与发扬"[①]。"文化的多样性必须通过持续不断的文化创新和文化输出才能保证,而只有为世界文化所容纳和接受的文化才是安全的文化。"[②]世界上的文化强国无一例外都是文化输出大国,只有输出更多的优秀文化,才能在国际文化竞争中赢得主动权。中国要想成为文化强国,必须采取一切手段扩大文化输出,只有那样,"中华文化才能凭借自身的潜力、实力和魅力立足于世界文化舞台,赢得自身的世界文化地位"[③]。

(四)文化输出的原则

文化输出是文化交流的最终目的,也是扭转文化贸易逆差的根本措施。文化输出必须以确立与我国政治、经济大国地位相适应的文化大国的身份为宗旨,不论是文化产品、文化服务还是文化理念,输出的文化必须能代表国家和民族的形象,必须能在人类文化"多元一体"的格局中占有一定地位,必须能对世界文化的整体发展产生积极的推动作用。文化输出要遵循以下几个原则。

---

① 沈洪波:《全球化与国家文化安全》,第169页,山东大学出版社,2009年版。
② 沈洪波:《全球化与国家文化安全》,第171页,山东大学出版社,2009年版。
③ 沈洪波:《全球化与国家文化安全》,第171页,山东大学出版社,2009年版。

1. 整体输出

中华文化走出去必须是"一盘棋"战略，即把全国各种优秀地域文化全部纳入到中华文化走出去的整体框架之中。这里涉及中央与地方、地方与地方、官方与民间的沟通与合作问题。要想实现中国文化的整体性输出，必须建立以中央为主导、以地方为主力、以民间为主体的对外文化交流格局。应将各地最优秀的文化资源整合一体，形成强大的文化合力；加强中华文化走出去的顶层设计与统筹协调，避免重复输出和资源浪费；更不能无原则地降低输出门槛，让粗制滥造的低级文化走出去。据《对港澳台文化交流年鉴》(2010)统计，2009年全国对台文化交流达3000次以上，人数过万，但很多项目并没有达到预期交流的目的，一些项目甚至还引起了对方的反感，主要原因就是相似内容的重复交流过多，使交流失去了新鲜感和吸引力。

2. 精品引领

文化交流的规律之一是由强势文化到弱势文化的流转。所谓强势文化是指凝聚着人类更多思想智慧、更易引起人类审美愉悦、更能提高人类生存能力的文化。所以在文化输出时，必须输出具有深厚文化底蕴、鲜明民族风格和浓郁时代精神的文化。这里有一个问题，就是中国有许多优秀的文化可以走出去，但却不能保证走出去的文化都是最优秀的。这就涉及国家对文化输出的监管问题。对此，要建立对外文化交流的评估机制，确保输出的文化是最能代表国家文化发展水平的先进文化。例如,某年在澳大利亚举办的一次全球宗教交流大会上,河南嵩山少林寺方丈应邀出席,但他到达澳洲之后,不想竟有六个"少林寺方丈"先他到达,不仅成为笑料,更严重地影响了中国的文化形象。

3. 产业驱动

发挥国有文化出口重点企业的骨干作用,加快各地对外文化贸易基地建设,完善海外文化投资结构布局,扩大境外优质文化资产规模,引导非公有制文化企业积极参与文化出口重点项目,加快培育一批有实力、有竞争力的外向型文化企业,不断提升文化产品和文化服务的出口水平,更好地推动中华文化走向世界。例如,禅宗祖庭嵩山少林寺近年来一直致力于少林文化的海外推广,并成立了少林寺无形资产管理有限公司、少林寺文化传播有限公司,形成了一条巨大的产业链。截止到2015年,嵩山少林寺已经在美国、法国、澳大利亚、德国、俄罗斯、意大利等国家建立了30多个中国少林文化中心,学员超过300万人,其中非华裔学员更是占到了90%以上。这些"洋学生"不仅学习禅武合一的少林功夫,同时还学习中国的语言、历史及生活方式,中国少林文化中心在海外传播少林功夫的同时也宣传了中国文化。

4. 选准区位

人类文化交流史表明,有共同文化传统和价值认同的国家更容易发生文化交流,有共同合作基础和相似国情的国家更容易发生交流，有共同遭际命运和政治诉求的国家更容易发生交流。因此，文化输出应注重区位选择，不同的区域应制定不同的交流策略，实现不同的交流目的。首先是地缘相近、历史上同属一个"文化圈"的周边国家和地区，其目的是巩固发展，深化合作；其次是建立友好关系和签订文化合作协定的国家和地区，其目的是拓展空间，扩大影响；最后是文化上差异较大的国家和地区，其目的是消除误解，增进友谊。做好文化输出的区位选择，可以避免文化输出的盲目性、重叠性和短期性，从而提高文化输出的针对性、实效性和可持续性。

5. 遵守惯例

文化输出要遵守的惯例包括不同国家的特殊惯例和人类都必须遵守的共同惯例。首先，文化输出要学好用好世界贸易的基本规则，探索符合国际惯例和市场运作规律的营销方式，推进出口平台和海外营销渠道建设，加大对国际文化市场开拓力度，扩大中国文化产品和服务在国际市场上份额，在交流过程中掌握真正的话语权。其次，在遵守国际共同惯例的同时，还要注重研究交流国家和地区不同的文化观念、价值取向和意识形态，主动适应交流国的文化市场规则和受众接受习惯，在差异的基础上寻找更多的共通共融之处，按照输入国的市场需求和消费者的欣赏习惯，进行文化产品的生产和创造，以取得预期的交流效果。

6. 重视译介

语言是文化的载体和重要标志，语言的使用是国家和民族主权的表现。语言既是一座桥，又是一堵墙，语言译介在文化交流中具有举足轻重的作用。如果译介不准或错误，不仅会阻碍正常的交流，还会产生不良的负面影响。例如，一道具有中原特色的凉菜"夫妻肺片"，就曾被译成"夫妻双方的肺片"，吓得外国人不敢品尝，造成了极大的误解。"应当把文化作品或者产品的翻译介绍，包括不断提高翻译水平和规模提升到文化推广战略的高度，让各国人士通过他们的母语来深入理解和欣赏中国文化。"[①]因此，文化交流中的译介既要跨越语言障碍搭建沟通的桥梁，又要保留中华文化的意蕴和个性，以确保中华文化的精神内涵不变质、不走样。

---

① 陈少峰、朱嘉：《中国文化产业十年》(1999—2009)，第244页，金城出版社，2010年版。

第四章 对外文化交流目标和任务

第四章 对外文化交流目标和任务

21世纪的中国,对外文化交流的根本目的在于通过对中华文化的输出,实现中国价值、中国智慧、中国精神的国际表达,推动中国综合国力的全面提升,实现中华民族伟大复兴的中国梦。对外文化交流的基本原则是"以我为主,多出进好"。"以我为主"就是首先在保证国家文化安全,实现既定交流目标的前提下,积极主动地开展对外文化交流,不论对外文化交流输出多少内容,维护国家文化安全永远是第一位的,任何违背这个原则的交流活动都是没有意义的。"多出进好"就是要充分发挥民族文化的优势,大力输出民族文化的核心价值理念、优秀文化产品和优质文化服务,同时引进人类一切优秀的文明成果为我所用,"进好"的目的是为了能够更好地"多出"。要实现对外文化交流的目标,最核心的任务是充分利用宝贵的民族文化资源和优秀的人类文化资源,增强民族文化的创新能力和传播能力,不断拓展官方和民间交流两种渠道,推动优秀的民族文化占领国内和国际两个市场,让民族文化既能独树一帜,又能全球共享。

一、利用两种资源

如前文所述,文化资源是文化交流的逻辑起点。对外文化交流所涉及的文化资源有两种:一是宝贵的民族文化资源,二是优秀的人类文化资源。这两种文化资源不仅共存,而且共生,它们之间既有各自独立的传承发展系统,又有彼此之间的交叉与补充。两种文化资源对于对外文化交流的作用各有侧重:民族文化资源是一个民族的文化血脉,它侧重于继承和发展;优秀的人类文化资源是人类文明多样性的生动体现,它侧重于借鉴和吸收。不论是继承还是借鉴,它们对于对外文化交流来说都是必不可少的内容。

(一)宝贵的民族文化资源

民族文化资源是一个民族世代相传的价值观念、宗教信仰、风俗习惯和生活方式的总和,其核心是一个民族的文化传统。对外文化交流的主体不论是国家、族群还是个人,首先要涉及交流主体的身份问题。这个身份的核心就是,你是谁?你从哪里来?要到哪里去?只有知道我是谁,才能知道对方是谁;只有知道我是从哪里来,才能知道我要到哪里去。而文化传统恰恰是一个国家和民族的身份象征,也是这个民族的文化基因和血脉。文化传统对于文化的意义,如同自然资源对于生物的意义一样,自然资源破坏会改变自然的生态系统,最后导致物种的灭绝,文化传统破坏会阻断文化的传承,最终导致一个民族的灭亡。

第四章 对外文化交流目标和任务

中国作为一个文明古国，在哲学、宗教、艺术、文学、建筑、民俗、武术、饮食、中医、养生等众多领域，都留下了丰富的遗产，这些遗产是中华文化走向世界的重要凭借和宝贵资源。当人类站在现代文明的门槛，面对地区间不断发生的各种冲突，中华民族该拿什么样的文化去贡献给人类呢？毫无疑问，只有中华文化中的内核和精髓，才能与人类一切优秀文明同频共振，共同指引人类走向光明的未来。中华文化中"自强不息"的奋斗精神、"精忠报国"的爱国精神、"恋家念祖"的内聚精神、"有容乃大"的天下精神、"天人合一"的和谐精神，不仅是激励中华民族实现伟大复兴的思想源泉和精神动力，也是处理国际事务、解决国际争端的重要准则。特别是中华文化所崇尚的"和而不同"、"己所不欲，勿施于人"的文化精神，更是成了全球化时代人类文化多元发展的基本理念和共同诉求。从这个意义讲，中华文化不仅是一种独特的民族文化，同时也是一种具有高度普适性的世界文化。促进人类文化多样性发展，需要有中华文化的参与；推动人类文明的共同进步，需要有中华文化的支撑。

然而，长期以来中国对外输出的文化往往只是一种"碎片化的文化"，既不是中国文化中的精髓，又不是一个完美的整体，有时仅仅依靠华丽的服装、奇异的脸谱去满足外国观众的文化猎奇心理，甚至变成了一种自娱自乐式的观光旅游。这不仅不能达到提升中华文化软实力的目的，还会使外国观众对中国文化产生严重的误读，甚至会让中国文化扭曲变形，进而影响外国观众对中国文化的认知。

可以肯定地说,在未来国与国之间的文化交流中,中国最有影响力的文化产品必定是以中国文化理念为指导、以中国文化元素为构件、以输出民族精神为目的的作品,那种靠借用外来"新潮观念"而无视民族历史的所谓"文化创新",那种为了迎合外国观众而对民族文化削足适履、降格以求的做法,只会损害民族文化的形象,降低民族文化的品位。因此,中国文化走向世界必须立足于民族文化的深厚传统,必须传达中华文化最核心的思想观念,必须展示中华文化最独特的美学神韵,必须张扬中华文化最普世的价值追求。一句话,中国文化走出去既要堂堂正正、完整无缺,又要潇潇洒洒、大有作为。

(二)优秀的人类文化资源

西方国家自工业革命以来,特别是进入信息化社会之后,积累了海量的科技成果和管理经验,不仅推动了人类文明的巨大进步,而且也使人类的生活状态发生了根本的变化。这些科技成果和管理经验,无疑是值得发展中国家借鉴和学习的。但是,目前一个基本的事实是,正如外国人对中国的文化了解不够一样,中国人对世界的了解也非常不全面。尽管目前中国出国考察、交流、学习、旅游的人很多,但更多的人可能看到的只是西方国家丰富的物质文化和灯红酒绿的生活方式,而没有看到人类在精神层面的整体提升,也就是说在大多时候,中外的交流更多的还停留在物质文化层面,而精神文化层面的交流却相当肤浅。对于大部分中国人来说,他们的外国之旅纯粹就是一种物质对感官的刺激，根本没有上升到精神文化交流的层面。

有人曾对到日本旅游的中国游客进行调查，问他们对日本最深刻的印象是什么？几乎全是说日本的商品丰富、街道干净、服务态度好，却没有人去思考日本的街道为什么干净，没有人注意到这背后是日本人所崇尚的公共伦理道德。例如，1994年广岛亚运会闭幕式结束后，8万人的体育场内竟没有发现一片垃圾，全世界的人都认为这是一个"奇迹"，不约而同地发出惊叹：可敬又可畏的日本民族！相比之下，中国实行"五一"黄金周的第一年，北京天安门广场竟然日产生垃圾5吨多。著名风景区东岳泰山，每天要从山上清理出游客留下的垃圾超过8吨，有的还需要清洁工人借助专门的工具，下到几十米甚至上百米深的悬崖下面去捡，而所产生的垃圾要靠人工用肩挑至数百米外的垃圾转运站，然后再利用货运缆车和卡车运送下山。据统计，泰山全年运下山的垃圾达2000吨以上。这种现象如果是在日本，那简直是不可想象的事情。

我们学习外国的优秀文化，不仅要学习人家在经济、科技、军事等方面的先进成果，更要学习人家崇高的人文精神和先进的思想观念。有这样一个真实的事例，一对中国新婚夫妇到瑞士去滑雪，一到那里就遇到了雪崩，只好先住在宾馆里等待。两天之后天一放晴，就有一架直升机直接降落在他们所住的宾馆前，两个警察直接去敲他们的房间门。两个中国人感到很吃惊，不知道出了什么事。结果警察一看他们安然无恙，就很高兴地走了，并说我们已经注意你们两天了,看到你们两天没有走出宾馆,担心你们会出什么意外,现在没事就一切都好。从中可见瑞士人对外国游客高度的责任感,景区不只是负责对游客收取门票,更重要的是还要对游客的安全负责。还有一个真实的事例,一个中国人在法国开车自驾游,一个大雨天车滑进路边的沟里。这时一个法国人驾着一辆小汽车停在他的身边,主动冒雨下车帮他推车。可一个人的力量太小,雨又下得特别大,车无论如何也开不出来。于是,那个法国人开着自己的车就走了。中国游客非常沮丧,心想这下可没有人再来帮自己了。正在他无奈之时,那个法国人又回来了,这次他开的不是小汽车,而是一辆大卡车,并带着绳索,一下子就把他的车从沟里拉了出来。中国人连声说谢谢,那个法国人摆摆手说,不用谢,你以后遇到这样的事情,也像我一样去做就好了,说完头也不回地走了。

因此,中国的崛起和民族的复兴不仅需要继承宝贵的民族文化传统,还需要积极借鉴人类一切优秀的文化成果。但是,有一个基本的前提,必须坚持"以我为主"的原则,必须奉行鲁迅提出的"拿来主义"。其原因在于,人类文明发展的漫长性和曲折性,导致了人类文化资源的千差万别,这其中虽然存在某种共同的价值取向,如善良、母爱、和谐等理念,但更多的是以不同的形式展现在世人面前,甚至在某些方面还存在着价值观的严重对立。这个事实告诉人们:任何一种文化都是糟粕与精华共存,借鉴其他民族文化,必须以引起文化共鸣为前提,必须输入具有某种普遍价值的文化内容。如果拿来的东西不适合自己生存和发展,不能对本民族的文化产生积极的促进作用，借鉴就会流为一种形式，输入的文化不仅不能丰富民族文化，促进民族文化的发展，还会对民族文化的发展造成误导，甚至会形成巨大的阻碍。一个国家和一个民族，只有立足本国的传统，发展自己的文化，才能寻找到真正的光明和未来。正如印度诗人泰戈尔1925年在美国以《我们不向别人借贷历史》为题发表的演讲所说："我们印度必须坚定地不向别人借贷历史，假如我们抹杀自己的历史，就无异在自杀。你所借来的不属于自己的东西只会摧毁你的生命。"

二、培养两种能力

文化力是文化作用于社会、组织和个体所产生的效力，也是一个民族和国家发展的原创力，它包括文化的传承力、创新力、凝聚力、吸引力、感染力、传播力、适应力等。开展对外文化交流，扩大对外文化输出，最关键的是要培养文化的创新力和传播力。因为，对外文化交流首先要输出具有原创力的先进文化，具有原创力的文化才具有国际竞争力，创新是文化发展的永恒主题。同时，还必须具有强大的传播能力，把先进的文化传播出去，是文化发展的最大目的。没有创新能力，对外文化交流就失去了有力的凭借；没有传播能力，再先进的文化也不可能真正地走向世界。创新与传播，是对外文化交流的两翼。

（一）文化创新能力

对外文化交流的实践表明，不是每一种文化都可以拿到世界上去交流，只有那些立足民族文化传统、具有现代审美理念和真正创新力的先进文化才可以去参与对外文化交流。对外文化交流，尤其是文化贸易，是以创意产品为载体，以创意产业为支撑。一个民族的文化要想真正地走向世界，必须在更高的形态上完成现代转换，必须具备与人类一切优秀文明对话交流的品质，必须站在全人类的高度输出本民族文化中最有价值的思想和内容，成为人类和谐发展的重要思想源泉。这不仅是全球化时代每个民族发展自己文化的内在逻辑和必由之路，更是每个民族对人类文明发展应该承担的文化责任。

正是由于上述原因，很多国家在促进文化产品出口时，都极力鼓励创意产品，并以国家的名义在很多方面予以指导。例如，英国1998年就成立了创意产业输出顾问团，为创意产业提供咨询，协调创意产品出口，不仅加强了创意产业与政府的合作，而且也促进了国家其他机构对创意产业的了解，为创意产业开拓海外市场提供了巨大的援助。德国也是如此，为了确保德国产品具有恒久的品质和影响，德国不光注重西门子、大众、奔驰等这些世界级的知名品牌，甚至一支铅笔、一把勺子都要展现德国人独特的创意和细腻的心思。2011年，欧盟甚至还宣布了一个预算为18亿欧元的"创意欧洲"计划,旨在通过这个计划促进欧洲文化和创意产业的发展。①

为什么对外文化交流要强调文化创新呢?是因为全球化是一个不以人的意志为转移的时代进程,也是一种不可逆转的历史趋势,它标志着人类进入一个新的发展阶段。全球化确实为人类各种文明之间的相互交流提供了前所未有的便利和平台,但同时它也对各种文明发出最严厉的忠告:不要故步自封,更不要夜郎自大,必须通过在更高层面、更大范围内的相互交流与吸纳,创造出一种更为先进的文化形态,否则无论做出何种努力,都将难以守住原有的疆域,直至从地球上消失。正是鉴于此,英国前首相撒切尔夫人才说:"中国不会成为世界大国,因为中国没有自己足以影响世界的思想体系,经济上再发展也不过是欧美世界的制造厂而已。"作为中国人,也许这样的话听起来不大舒服,但千万不能忽视其中蕴含的道理:一个在文化上不能创新的民族永远不会成熟,一个不能输出思想的国家只能步人后尘,因为历史发展的进程从来都是被传播新观念的人主宰着。在全球化时代,如果一种文化太囿于自己的传统和原有的疆域,甚至太过于自恋和短视,只知道以己观己而不知以世界观己,那么它就会丧失自我更新的能力,导致其在各种文化碰撞中败下阵来。

那么,如何培养文化创新能力呢?道路只有一条,那就是将宝贵的民族文化资源和优秀的人类文化资源进行良好继承和科学吸纳,

---

① 李小牧:《国际文化贸易》,第66页,高等教育出版社,2014年版。

创造出既能保持民族文化特色、又能适应国际市场的文化产品。在此,以一部戏剧作品为例,来阐述文化创新与文化交流的关系。由剧作家陈涌泉编剧、豫剧表演艺术家李树建领衔主演、河南豫剧院二团演出的大型新编历史剧《程婴救孤》,讲述了春秋时期晋国大夫赵盾一家300余口被奸臣屠岸贾所害,只剩下公主(赵盾之子赵朔之妻)腹中的胎儿幸免于难,草泽医生程婴等人冒死救孤并慷慨赴义的悲壮历史。该剧自2002年搬上舞台以来,先后荣获国家"文华"大奖、国家舞台艺术精品工程十大精品剧目奖、中宣部"五个一工程"优秀作品奖、中国戏曲学会奖等诸多国家大奖,成为当代豫剧的扛鼎之作。与此同时,《程》剧还多次代表国家到世界各地进行交流,先后赴意大利、法国、美国、泰国、巴基斯坦演出,开创了中国地方戏首登百老汇舞台的先河;戏曲电影《程婴救孤》荣获中国电影华表奖、第15届洛杉矶国际家庭电影节最佳外语戏曲片奖,填补了中国戏曲电影在该领域里的空白。

《程》剧从演遍国内到走向世界,始终贯穿着一种强烈的文化输出意识,意在通过与不同文明的激烈交锋,让民族文化得到检验与提升。事实上,《程》剧也实现了这一目标,不论是在香港的地标性建筑葵青剧院,还是在金碧辉煌的罗马音乐厅,不论是在美丽的法国港口城市巴约纳,还是在美国百老汇世界顶级的艺术殿堂,它都以其鲜明的民族特色和巨大的艺术魅力,不断地在当地掀起"中国戏曲热",成为中华文化走向世界的一张名片。《程》剧在世界上的成功巡演,提振了中华文化在国际舞台上的影响力,也为民族文化参与人类跨文化交流积累了宝贵的经验。《程》剧成功的因素很多，但主要缘于三方面的突破和尝试：

在历史与艺术之间，《程》剧体现出一种高度的文化自觉。艺术侧重于审美，而文化侧重于认知，只有当艺术具备了丰富的文化内涵，才能够准确地传达出亘古不变的历史精神。《程》剧虽然改编自元杂剧《赵氏孤儿》，但改编者突破了原作的复仇主题，着力张扬这一题材中所蕴含的民族精神，具备高度的文化自觉和强烈的文化自信。程婴等人舍身救孤的目的不是为培植一颗复仇的种子，而是出于对社稷的匡扶，对道义的担当，对诚信的承诺，对信仰的坚守，体现了一个民族在大是大非面前应有的态度和良知，也是华夏五千年文明得以传承延续的文化基因。《程》剧所传达的热爱和平、追求正义、忍辱负重、舍生取义的精神不仅是中华民族的，也是全人类所共有的宝贵精神财富。这种普世的价值取向，犹如一支耀眼的火炬，使《程》剧穿越了历史和国界，架起了中西方文化沟通互信的桥梁，成为外国人了解中国历史，了解中国文化，了解中国人的精神世界和价值诉求的重要载体。

在传统与现代之间，《程》剧着重突出人的主体价值。改编者一改原作忠奸斗争的简单框范，集中展示主人公的心路历程和精神世界，表现他在绝境之中的不屈与坚韧，彰显出生命的巨大能量。程婴16年的育孤过程，如同《老人与海》中老渔夫圣地亚哥与大海83天的生死搏斗，如同《热爱生命》中独自跋涉在广袤荒原上的淘金者与饿狼比拼生命的极限，他们的行为都展示了人类的刚毅与执着，使生命放射出耀眼的光芒。同时,《程》剧还塑造了一个可歌可泣的英雄群像,视死如归的老臣公孙杵臼、慷慨就义的将军韩厥、宁死不屈的丫环彩凤……他们在生命即将结束时,都选择了站着死,没有选择跪着生,这种生命的气节和尊严闪现出光辉的人格魅力。只有精神的胜利才能使人感动,只有生命的力量才能彰显人类的伟岸。世界上不论哪一个民族,他们的血液里都蕴藏着对生命的敬畏,一旦被唤醒就会立即产生心灵上的共鸣。《程》剧正是凭借对生命的崇高礼赞,让它能够超越国界,感动了不同肤色的观众。

在民族与世界之间,《程》剧主动营造和谐交融的文化空间。用最美的中国声音讲述最美的中国故事,是中华文化走向世界的前提条件和理想追求。戏曲作为中国独有的民族艺术形式,就是最美的中国声音之一;最能体现中华民族精神的题材内容就是最美的中国故事。而《程》剧恰恰具备了这两个要素,它用中国最大的地方戏剧种豫剧,去演绎最能体现中华民族精神的历史题材,传达出中华民族积淀深厚的理性精神和人格风范,为中国由区域大国走向世界大国树立了良好的文化形象。同时,《程》剧为适应交流国观众的欣赏习惯,在保证艺术形式和内容完整的前提下,做了相应的改变与调整,如对剧目进行压缩、配备中英文及当地语言字幕、加强剧目宣传推介、遵守交流国的市场规则等,使交流国的观众在欣赏《程》剧时由习惯的对异域文化的"猎奇"上升到真正的平等"对话",从而营造出一种和谐的交流环境,使它成了能够代表中华文化创新发展的精品力作,站到了中华文明与人类文明交流的前沿。

（二）文化传播能力

是不是有了先进的文化之后，文化就可以轻松地走向世界呢？答案当然是否定的。我们知道，原子弹是维护一个国家独立和安全的国之重器，但光有原子弹还不够，还要有把原子弹打出去的能力，只有打出去才会有真正的威慑力量。于是就有了陆基导弹，光有陆基导弹还不够，还要有二次核打击能力，于是又有了海基导弹。文化传播亦然，先进的文化就是文化中的"原子弹"，如果想让它发挥作用，还必须有发射它的"文化导弹"，也就是说，一个民族的文化光有创新能力还不够，还必须具有先进的传播和输出能力。在全球化大背景下，传播广度决定着影响深度，文化的传播能力直接决定着文化的影响力。一个国家文化的影响力，既取决于文化内容是否原创，也取决于传播能力是否强大。原创产品是"原子弹"，传播能力是"运载火箭"，只有两者结合，才能对其他民族产生真正的影响。

培养文化传播能力，也是中国共产党十八大以后关于文化建设的一个重要命题。2013年12月30日，习近平总书记在中共中央政治局第十二次集体学习时指出："提高国家文化软实力，要努力展示中华文化独特魅力"，要"把跨越时空、超越国度、富有永恒魅力、具有当代价值的文化精神弘扬起来，把继承传统优秀文化又弘扬时代精神、立足本国又面向世界的当代中国文化创新成果传播出去"。他还指出："要以理服人，以文服人，以德服人，提高对外文化交流水平，完善人文交流机制，创新人文交流方式，综合运用大众传播、群体传播、人际传播等多种方式展示中华文化魅力。"在这里,习总书记指出了提高中国文化软实力的重要途径就是把最优秀的民族传统文化和当代创新文化通过各种渠道传播出去,同时要做到"以理服人,以文服人,以德服人",把提高文化软实力和增强文化传播力紧密地结合在一起。

作为一项复杂的人类活动,文化传播有其特殊的规律,它是由文化自身的属性所决定,这在前文已经论述过。在此要强调的是,强大的文化传播能力,首先源于对文化传播规律的认识和遵循,否则,再先进的文化也不可能很好地传播出去。中国文化要想很好地走向世界,必须遵循文化的传播规律,必须创新文化的传播机制,必须营造良好的文化传播态势,这是开展对外文化交流必须首先解决的问题。文化的继承、创新和传播是当代文化发展的三大课题。文化只有传播才会产生交流,只有交流才能理解,只有理解才能吸收,只有吸收才能进步。也就是说,只有建立中外文化大交流、大合作的格局,才会有中华文化大繁荣、大发展的成果。

三、拓宽两种渠道

对外文化交流渠道主要有两种,即官方交流和民间交流。官方交流是对外文化交流的主要渠道,很多对外文化交流项目都是由国家直接组织进行的,如在外国举办的中国国家年、中国文化年、中国文化月等重大文化交流活动,不仅由国家直接组织,而且是由国家最高领导人亲自谋划和直接参与的。民间交流是官方交流的补充,主要有两种形式,一种是由国家组织、受国家支持的交流活动,一种是由社会组织和个人自己组织的交流活动。不论是官方交流还是民间交流,都是国家外事工作的重要组成部分,他们都代表着国家和民族的形象,都关涉到国家的战略利益和文化安全。正是在这个意义上讲,"外事无小事"。

(一)官方交流渠道

新中国成立初期,中国对外文化交流工作实行集中统一领导、归口管理的体制,不管是官方交流还是民间交流,都是在国家的统一掌控下进行的。1949年11月,文化部设立对外文化联络事务局,负责本部业务范围内的对外文化交流工作;1951年,该局改由中央人民政府政务院文化教育委员会领导,1955年改名为对外文化联络局。1958年成立对外文化联络委员会,直属国务院管理,撤销对外文化联络局,同时规定文化部、高教部、卫生部、国家体委、广播局、园林局、宗教局、中国科学院、新华社、中国文联、作家协会等部门和机构的对外文化交流活动要接受对外文化联络委员会的领导,这些部门和机构的对外文化交流项目都要报对外文化联络委员会审批或经其转报国务院审批,外事经费由其统一划拨,形成了集中管理体制。[1]1953年,中共中央成立了国际活动指导委员会,作

---

[1] 李喜所等:《五千年中外文化交流史》,第5卷,第22页,世界知识出版社,2002年版。

为"党中央领导下管理人民间国际活动的党内组织,主要任务是帮助中央在思想、政策、方针和计划方面对人民间国际活动进行指导与检查","工作范围仅限于指导人民间的国际活动,主要包括参加非政府性国际组织、国际会议与各国人民间友好活动,但应与政府性的国际活动互相联系配合"[①]。

新中国初期的对外文化交流是有组织、有计划地按照与其他国家签订的文化交流协定进行的。1950年2月签订的《中苏友好同盟互助条约》中提到,发展和巩固中苏两国之间的经济和文化联系。1951年4月,中国与波兰签订了《中波文化合作协定》,规定建立中波两国在文化、教育、艺术、科学等各方面的直接联系与互助。到20世纪50年代末,中国与所有社会主义国家先后签订了单独的政府间文化合作协定,"用条约的形式,规划了彼此之间不断发展的文化交流活动"[②];中国与埃及、也门等国家签订了文化合作协定;"同四十多个国家签订了广播合作协定或电影合同"[③]。同时,中国还与很多国家签订了文化合作执行计划,详细规定了交流项目。可以看出,中国与社会主义国家以及部分亚、非国家在教育、科技、文学艺术、电影、戏剧、体育等方面进行的广泛交流与合作,在很大程度上是根据双方签订的文化合作协定和计划进行的。

---

① 《建国以来刘少奇文稿》,第5册,第122页,中央文献出版社,2008年版。
② 洪深:《新中国五年来的对外文化交流》,载《新华月报》,1954年第11号。
③ 丁西林:《以文会友 和气致祥 十年来中外文化交流和友好往来》,载《光明日报》,1959年9月24日。

第四章 对外文化交流目标和任务

新中国的对外文化交流事业不仅得到了国家的大力支持,而且也得到了党和国家领导人的高度关注和指导,他们不仅作出具体指示,而且经常审查出国艺术团的演出节目,会见来访的外国文化友好代表团,观看他们的演出或者率团出国访问。1952年12月,中国政府派出由宋庆龄任团长的108人的代表团参加在维也纳举行的世界和平大会。周恩来在出发前接见代表团时说:"你们这一百〇八将都是各界杰出的代表,要各显其能,广交朋友,要如实宣传新中国,让各国代表通过你们,看到新中国人民的精神面貌。"[①]1956年5月,中国京剧代表团受中国政府派遣,以民间形式出访日本,周恩来亲自过问演出的全部剧目。同年,上海京剧院在访问苏联之前,毛泽东、刘少奇、周恩来、陈云在中南海怀仁堂接见了全体演员,周恩来亲自选择剧目,并对出国期间的工作作了具体指示。同时,周恩来还多次会见来华的外国文化团体。

开始于20世纪80年代的海外中国文化中心建设是我国加强对外文化交流、推动中华文化走向世界的战略选择。党的十七大以后,在国外的中国文化中心建设受到中央领导高度重视,党和国家领导人多次视察文化中心,或出席见证与设立中心有关协定谅解备忘录的签字活动,并作出一系列重要指示,中国文化中心建设进入快速发展的新阶段。同时,中国文化中心传递了中国政府重视不同文明间的对话交流,展现中国和平、友好、开放、自信的姿态。2009年,

---

① 刘庚寅:《民间外交——半个世纪的辉煌》,载《友声》,2004年第4期。

党和国家领导人在出访期间 7 次视察我驻外文化中心,在国事活动中 3 次见证中外设立文化中心政府文件的签署。2010 年至 2016 年,文化中心配合高访多达 14 次,胡锦涛主席见证了中蒙互设文化中心协定的签署,并在访问加拿大期间宣布将在加拿大设立中国文化中心;吴邦国委员长访问塞尔维亚期间见证了中塞关于互设文化中心谅解备忘录的签署,访问泰国期间为曼谷中国文化中心奠基;温家宝总理视察首尔中国文化中心,访问蒙古期间为乌兰巴托中国文化中心揭牌,访问巴基斯坦期间签署了中巴互设文化中心谅解备忘录,访问匈牙利期间签署中匈互设文化中心谅解备忘录;李长春同志访问德国期间视察柏林中国文化中心,访问土耳其期间见证中土签署互设文化中心谅解备忘录;习近平主席访问新加坡期间为新加坡中国文化中心奠基;贺国强同志访问法国时视察巴黎中国文化中心;俞正声同志访问法国时视察巴黎中国文化中心。中央领导视察文化中心,在富有中国文化气息的环境里,通过文化中心的平台与驻在国社会各阶层人士进行面对面的零距离接触,在轻松活泼的氛围里,展示出我领导人的亲民形象,传递出我国重视文化交流的姿态,深受到访国公众的欢迎。

(二)民间交流渠道

民间交流作为对外文化交流的一种重要形式,其往往早于官方交流,这在人类文化交流史上是有很多先例的。例如,中国与印度的文化交流,中国有确切记载的官方交流最早见于《史记》,书中记载西汉张骞出使西域的大夏国（今阿富汗一带）时，曾见到大夏国有"邛竹杖、蜀布"，他就问这些东西是从哪里来的，大夏人就告诉他说："吾贾人往市之身毒。身毒在大夏东南，可数千里。其俗土著，大与大夏同，而卑湿热蕴。其人乘象以战。其国临大水焉。"①身毒就是今天的印度，这说明张骞出使西域之前，中国与印度已经有一定程度的民间商贸往来，否则中国的商品不会经印度又流入大夏。其实，在印度的典籍中对中国的记载比《史记》对印度的记载更早，成书于公元前3世纪的印度典籍《政事论》中，就曾提到过中国的名字，只不过中国这个词对应的是"秦"字，这说明，当秦国还是中国西部一个小国时，就与印度有了一定程度的接触。而成书于公元前5世纪左右的《山海经》之《大荒西经》中记载一个寿麻国："有寿麻之国。南岳娶州山女，名曰女虔。女虔生季格，季格生寿麻。寿麻正立无景，疾呼无响。爰有大暑，不可以往。"据考证，这个寿麻国就是中印度恒河平原上的大国摩揭陀。而《山海经》的描述也符合印度的特征：一个人站在太阳底下看不见自己的影子，高声疾呼而四面八方没有一点回音，而且天气异常炎热，一般人不能前往。这说明在秦之前，中国与印度已经有了交流。②

有的民间交流虽然没有官方支持，但其产生的影响却非常巨大，取得的成效一点也不亚于官方交流。梅兰芳在20世纪30年代出访日本和美国，是一种典型的民间交流，而且完全是以个人的名义进

---

① 《史记·大宛列传》，第3166页，中华书局标点本，2008年版。
② 沈福伟：《中西文化交流史》，第30页，上海人民出版社，2006年版。

行的。但是，梅兰芳此次出访的目的绝不是为了个人的一己私利，而是为了宣传中国的京剧艺术。1930年，梅兰芳自筹经费，在中国外交人员的支持和帮助下，率中国京剧艺术团赴美国访问演出。这是中国京剧第一次到美国交流演出，当时美国正值大规模的经济危机，但梅兰芳在纽约演出的票价一度由6美元被炒到16美元。梅兰芳到达纽约时，针对美国政界要人想先睹梅兰芳风采的想法，中国驻美公使伍朝枢特约梅兰芳到华盛顿作首场演出，当时美国总统胡佛因没有赶上看梅兰芳演出，他还特地提出希望梅兰芳能够再到华盛顿演出。半年之中，梅兰芳在美国的纽约、西雅图、华盛顿、芝加哥、洛杉矶、圣地亚哥、旧金山、檀香山等城市演出72场，受到美国政府和人民的一致欢迎，梅兰芳不仅传播了中国的京剧艺术，同时也与美国观众结下了深厚感情，促进了中美两国人民的友谊。

民间交流的意义还在于，当两个国家还没有正式建交的时候，它可以代替官方交流的角色。新中国成立初期，为了发展同中国没有建交国家之间的关系，就曾大力开展民间文化交流，以达到"民间先行，以民促官"的目的。即先通过民间文化交流来增进彼此之间的了解和友谊，为建交创造必要条件，最后实现正式建交。周恩来曾经指出："两国人民之间的关系不能单靠职业外交家去进行，更多地应该依赖两国人民直接来进行。"[1] "外交是通过国家和国家的关系这个形式来进行的，但落脚点还是在影响和争取人民，这是辩证

---

[1] 世界知识出版社：《中华人民共和国对外关系文件集》，第4集，第501页，世界知识出版社，1958年版。

的。"① 在周恩来的主持下，20世纪50年代先后成立了中国人民外交学会、中国国际贸易促进会、中国人民对外文化协会等民间团体，以及中苏友好协会、中缅友好协会、中印友好协会等对口友好组织，并以这些团体的名义邀请和接待世界各国人士到中国访问，通过他们把中国介绍给各国人民。同时，中国也派出相应人员出国访问，与各国人民建立友好关系，促进官方态度的变化。例如，中国人民外交学会积极开展与中国没有外交关系的西方资本主义国家的半官方人士（如政党领袖、国会议员以及退休的高级党政领导人士）的友好交往，就取得了很好的效果："外交学会的民间外交对在西方资本主义世界改善新中国外交形象，发挥了不可替代的作用，声誉卓著。"②

20世纪50年代，中国同西欧大多数国家及日本等国没有外交关系，彼此之间主要是通过民间外交进行交往。这些机构虽是"民间团体"，但大都受政党和政府相关部门的领导支持。例如，1954年由中国人民保卫世界和平委员会、中国文联等10个人民团体联合发起成立中国人民对外文化协会，作为专门负责与世界各国进行各种民间文化交流的部门，"对外文协工作接受中央国际活动指导委员会领导，与原国家对外文化联络局合署办公"③。可见，20世纪50年

---

① 中华人民共和国外交部、中共中央文献研究室：《周恩来外交文选》，第52页，中央文献出版社，1990年版。
② 郑言：《外交纪实》（一），第181页，世界知识出版社，2007年版。
③ 中共党史人物研究会：《中共党史人物传》，第63卷，第260页，中央文献出版社，1997年版。

代中国对外文化交流主要是在政府主导推动下展开的,民间组织特别是地方、企业、团体等社会各界力量在对外文化交流中发挥的作用有限。

民间交流的作用不仅体现在两个陌生的国家之间,更体现在两个有着历史隔阂,甚至是处于两个敌对的国家之间。在这种情况下,民间交流是唯一可行的途径,并成为官方交流的前奏和序曲。中国与日本的正式外交就是由民间交流打开的。在新中国成立一周年后,日本的有识之士就成立了日中友好协会,但当时日本政府受到美国的压制,和美国一样对中国采取敌对政策,一些日本民众由于不了解中国,对中国也存在着隔阂和疑惑。在这种情况下,毛泽东、周恩来创造性地提出了人民外交的战略思想,提出了"民间先行,以民促官"的对日外交方针,最后促成了中日两国正式建交。

中国与美国的交流也是从民间交流开始的,而且一直是民间交流带动官方交流。由于美国在20世纪40年代支持国民党政府发动内战,后来又打着联合国的名义发动朝鲜战争,中国被迫进行抗美援朝,致使中美两国存在着极深的隔阂。1953年朝鲜战争停战后,美国又对中国发出了一系列的核威胁,两国的关系依旧十分紧张。在这种情况下,中国希望通过民间交流的渠道打开与美国交流的大门,正如毛泽东指出的那样,"寄希望于美国人民"。中国不仅时刻向美国敞开外交大门,而且高度关注美国人民的生活,特别是对美国黑人的解放运动寄予了深切的同情和强烈的支持,同时还多方采取主动,积极寻找机会,力图敲开中美两国文化交流的大门。1955

第四章 对外文化交流目标和任务

年中美两国关系终于出现了契机,此年7月访法的中国艺术团团长同美国人人歌剧团团长在法国相识,经过交流并达成美国人人歌剧团到中国演出《波吉与贝斯》,中国艺术团再访问美国的协议。这本是一个千载难逢的良机,但却遭到美国政府的强烈反对,协议最后被迫中止。之后,美国著名记者、中国人民的朋友斯诺先后三次访华,中国政府又寄希望于斯诺这样的美国友人,毛泽东每次都与斯诺进行长时间的谈话,希望通过他向美国人民表达中国人民的友谊。1960年和1964年斯诺访华时,先后出版了《大洋彼岸:今日红色中国》和《漫长的革命》,他第三次访华时,还受邀登上天安门城楼,成为荣登天安门城楼国庆观礼的第一位美国人。1970年12月18日,毛泽东在同斯诺谈话中,向美国领导人传达了重要信息:"如果尼克松愿意来,我愿和他谈,谈得成也行,谈不成也行,吵架也行,不吵架也行,当作旅行者也行,当作总统也行。总而言之。都行。"翌年,在毛泽东、周恩来的决策和领导下,发生了打开中美两国人民友好往来大门的"乒乓外交",最终促成尼克松总统访华,中美僵局被真正打破,文化交流的大门也随之被打开。

下面,以河南与美国俄勒冈州13年(2000—2013年)的文化交流为例,阐述民间交流与官方交流的关系。俄勒冈州(Oregon)位于美国西北太平洋沿岸,北接华盛顿州,东界爱达荷州,南邻内华达州与加利福尼亚州,西濒太平洋,面积25.1万平方公里,在美国50州中位于第10位,首府塞勒姆(Salem)。俄勒冈州气候温和,季节分明,经济发达,文化繁荣,是美国重要的高科技中心和金融中心。坐落于俄勒冈州科瓦利斯市的俄勒冈州立大学,1858年由美国总统亚伯拉罕·林肯亲自主持建立,是美国最著名的高等院校之一,以该校为中心建立起来的高科技研发基地在美国有着重要的影响力。

俄勒冈州非常重视对华关系,早在1984年即与中国福建缔结了友好省州。1999年9月13日,为庆祝中华人民共和国成立50周年和表彰华人为发展俄勒冈州经济文化所做的贡献,俄勒冈州州长约翰·基察伯发表公告将1999年10月定为"杰出华人月"。2000年1月,俄勒冈州建立了"美中可持续发展中心",又在上海设立了驻中国商务代表,旨在促进与中国的交流与合作。2012年3月1日,"中国－俄勒冈经济发展与合作"论坛在该州波特兰市举行,双方一致同意在商业、旅游、教育、文化等方面加强交流,促进双方共同发展,为俄勒冈州与中国进一步合作奠定了良好的基础。

河南与俄勒冈州的文化交流起始于2000年。这一年俄勒冈州议会议员巴巴拉·诺斯带领由俄勒冈州立大学音乐系主任马兰·卡尔松、俄勒冈州亚洲事务委员会主席彼特·梁(华裔)等组成的小型艺术团到中国交流考察,希望与中国建立持续长久的交流合作。当俄勒冈州艺术团到河南考察时,演出了弦乐四重奏,并考察了河南的文化景点。河南省文化厅给予了积极回应,时任河南省文化厅厅长的孙泉砀亲自陪同他们参观,并详细地为他们介绍了中原文化的传承发展、历史价值及河南经济社会的发展状况,俄勒冈州艺术团一行感觉收获很大,表示愿与河南开展长期持续的交流合作。就这样,河南与俄勒冈州拉开了文化交流的序幕。俄勒冈州与河南有着

第四章 对外文化交流目标和任务

诸多相似之处，构成了两省州合作发展的前提条件。俄勒冈州自然生态良好，州内多高原丘陵，森林占全州面积一半，这种独特的自然环境，使得该州的农牧业比较发达，是个典型的农业州，这一点与河南农业大省的省情基本相似，都面临着发展工业的历史趋势；由于俄勒冈州位居美国西北角，且四周有高山大川阻隔，相对来说比较偏远闭塞，这种地理位置与河南省作为一个内陆省份也十分相似，都存在着扩大对外开放的时代需求。不同的是，俄勒冈州是美国最发达的州之一，而河南则是一个欠发达的内陆省份，两省州之间互补性很强；同时，河南是中华文明的发源地，特别是建设中原经济区、打造华夏历史文明传承创新区之后，为两省州之间的交流合作提供了巨大的发展空间。两省州通过十几年持续的文化交流，不仅促进了两省州的深入了解和广泛合作，而且带动了河南与美国其他州的交流，以其丰富的交流成果，成为中国对外文化交流的一个亮点。河南与美国俄勒冈州13年的交流历程、交流特点和成功经验，成为中美乃至中外文化交流的一种新的模式，它充分体现了文化交流以民促官的特征。

河南与俄勒冈州的文化交流大致分为以下三个阶段。

第一阶段：2000－2002年。作为对俄勒冈州首次到河南访问的回应，2001年6月，河南组派由省政协主席林英海为团长的河南省政府代表团访问了俄勒冈州，随团前往的还有一个由河南民乐、杂技组成的小型艺术团。访问期间，河南艺术团进行了精彩的演出，俄勒冈州人民第一次看到了来自中国河南的艺术形式，河南代表团还与俄勒冈州政府教育部门就下一步双方互派艺术门类教师及交换留学生等事宜达成了协议。同年12月,俄勒冈州文化代表团到河南开展文化交流,举办了"中国河南－美国俄勒冈文化交流月"活动,时任河南省副省长的贾连朝接见了俄勒冈州文化代表团,美国驻中国大使馆特使威廉·雷诺也专程从北京到河南观看交流演出。

2002年3月,俄勒冈州文化代表团再次到河南进行为期15天的访问活动,指挥家马兰·卡尔松与河南省交响乐团合作举办了两场交响音乐会。同年9月,河南在俄勒冈州举办了"河南文化周",内容包括民乐演奏、图片展览及中国传统文化讲座,进一步加深了俄勒冈州人民对河南的了解。2003年5月,河南计划组派以艺术教师为主体的文化艺术团赴俄勒冈州开展文化交流活动,后由于"非典"而被迫取消。

第二阶段:2004－2007年。2004年9月,受文化部和河南省政府委派,河南文化代表团一行25人,由河南省文化厅厅长郭俊民任领队,赴华盛顿参加"国际少儿艺术节"和"第六届中国文化节",赴河南省友好省州堪萨斯进行访问演出,参加芝加哥华人"庆祝中华人民共和国成立55周年"国庆大游行。期间,河南文化代表团专程到俄勒冈州开展了一系列的文化交流活动,将中断一年的交流活动重新延续起来。

2005年3月,俄勒冈州文化代表团到河南进行系列交流活动,与河南省歌舞剧院合作演出"友谊之声"交响音乐会。时任河南省委副书记的王全书、副省长王菊梅接见了代表团成员。访问期间,俄勒冈州文化代表团与河南省有关部门就两省州建立进一步友好关系和开展新的交流合作进行了商谈,并签署了有关备忘录。5月,受俄勒冈州立大学音乐系的委托,俄勒冈州钢琴家图图诺夫来到河南,就河南与美国俄勒冈州互派艺术教师进行短期教学项目与有关部门进行具体商谈。7月,河南文化艺术团赴俄勒冈州进行文化交流活动,双方就进一步合作的具体细节进行了商谈并达成了初步意向,俄勒冈州还提出由双方政府指派专门人员成立"俄勒冈－河南联合工作小组",具体操作两省州在各个领域的合作项目。俄勒冈州州务卿、州议会主席等会见了河南文化艺术团,并转交了一封库龙格斯基州长给王菊梅副省长的信,希望扩大文化交流成果,推动双方合作发展。

2006年6月,在俄勒冈州参议院主席的邀请下,河南省政府代表团访问了俄勒冈州首府,双方就进一步扩大经济、教育、文化等领域里的合作达成共识。俄勒冈州州长宣布了一项特别公告,宣布2006年6月6日作为俄勒冈州与河南省的"友好交流关系日"。9月,俄勒冈州和俄勒冈州尤金市文化代表团对河南进行友好访问,马兰·卡尔松指挥河南省歌舞剧院交响乐团举办了"纪念莫扎特诞辰250周年交响音乐会",并在焦作举办了"天籁之音——亚历山大·图图诺夫钢琴独奏音乐会"。

2007年5月,两名来自俄勒冈州立大学音乐学院的教授到郑州大学西亚斯国际学院,与该校的打击乐团进行三周的交流演出。2007年7月,河南艺术团在俄勒冈州举办了"中国河南－美国俄勒冈文化活动周"。俄勒冈州政府为了保证此次交流活动的成功，不惜高额租金为河南艺术团租借全州最大、最豪华的剧场，俄勒冈州交响乐团为河南演员伴奏演唱河南民歌《兰花花》，充分体现了俄勒冈州政府对发展与河南友好关系的重视。河南艺术团在俄勒冈州的彼特兰、尤金、科瓦利斯等6市进行了10场巡回演出，在该州第二大城市尤金市图书馆举办了"河南图片展"及捐赠200本介绍河南文化历史和旅游风光的图书"捐书仪式"。俄勒冈州州长索多·科隆斯基签署了一个宣言，宣布2007年7月24日为俄勒冈州与河南省"友好邦交日"。9月，河南又组派文化交流团一行13人赴俄勒冈州6个城市开展交流。2008年，由于河南承办第十届亚洲艺术节等重大对外交流项目，没有举办与俄勒冈州的文化交流活动。

第三阶段：2009—2013年。2009年10月，俄勒冈州文化代表团到河南访问，与河南省歌舞剧院进行交流演出，参观了河南省图书馆和河南省艺术幼儿园，观看了河南省豫剧二团荣获"国家舞台艺术精品工程"剧目《程婴救孤》，马兰·卡尔松称赞这是一部优秀的剧目，希望它能到俄勒冈州演出。

2010年10月，新任俄勒冈州立大学音乐系主任斯蒂芬·泽克一行到河南访问，与河南省歌舞剧院合唱团、郑州大学西亚斯国际学院商谈合作事宜，为第二年的交流做前期准备。2011年3月，45名俄勒冈州立大学合唱团成员到河南开展为期10天的交流访问，音乐家马兰·卡尔松、拉里·强森和亚历山大·图图诺夫与河南省歌舞剧院交响乐团在河南艺术中心共同演出，马兰·卡尔松还被郑州大学西亚斯国际学院聘为名誉教授。

2011年1月，应俄勒冈州州长邀请，河南省组派豫剧《程婴救孤》剧组赴俄勒冈州交流演出，向美国人民展示了中原传统文化的巨大魅力，受到俄勒冈州观众的热烈欢迎。3月，俄勒冈州文化代表团一行57人到河南进行友好访问，与河南交响乐团、河南省大河女子合唱团和郑州师范学院合唱团合作举办了两场"友谊之声——中美交响音乐会"。期间，还先后赴河南大学、河南师范大学和郑州大学西亚斯国际学院举办了三场合唱音乐会、三场座谈会、一场交响乐讲座，并商谈了双方教育合作事宜。

2012年10月，俄勒冈州亚洲事务委员会主席彼特·梁携华裔企业家一起到河南考察，并洽商次年河南艺术团赴俄勒冈州交流演出事宜。2013年1月，文化部组派由少林功夫、华夏古乐、河南民乐组成的河南艺术团一行30人执行"欢乐春节"演出任务，赴美国俄勒冈州进行文化交流。河南艺术团历时18天，先后在俄勒冈州阿什兰市的南俄勒冈州大学、科瓦利斯市的俄勒冈州立大学、加利福尼亚州圣克鲁兹市的加州大学分校、堪萨斯州海斯市海斯堡州立大学及洛杉矶等地举办了10场演出，各地约有7000名观众观看了河南艺术团的演出。

河南与俄勒冈州的文化交流取得了丰硕的交流成果，成为河南对外文化交流的一个亮点。并呈现出以下几个显著特点：

（1）持续交流。河南与俄勒冈州自2000年启动文化交流以来，截止到2013年，双方共举行各种形式的交流活动19次，约占同时期河南与美国文化交流总数（131 次）的 15%，成为新世纪以来河南与外国开展文化交流次数最多的地方。13 年间除了 2003 年和 2008 年双方没有互派文化交流团之外，其他每年都有交流项目，2005 年和 2007 年每年交流都达 3 次之多，成为双方交流次数最多的年份。河南与俄勒冈州的文化交流主要采用交替互访的形式，有时同年双方互派代表团进行交流，有时隔年双方轮派代表团进行交流，每一次交流都是前一次交流的继续，同时又为下一次的交流提前做好了谋划，具有明显的连续性。

（2）逐步拓展。河南与俄勒冈州的文化交流经过 13 年的发展，交流内容从最初单纯的文艺演出，逐步扩大到文化、教育、经贸、图书馆、博物馆等多个领域的交流与合作，展现出一个广阔的发展前景。河南的特色文化少林功夫、河南杂技、华夏古乐、豫剧、民乐等艺术形式相继走进俄勒冈州，2010 年河南还特地组派国家舞台艺术精品工程剧目豫剧《程婴救孤》赴俄勒冈州演出，受到了俄勒冈州人民的热烈欢迎和高度认可。十几年来双方共同举办了一系列的演出、展览、参访、研讨、讲座等文化交流活动，交流的范围几乎涉及文化艺术的各个领域，双方还在文化生产、艺术教育、博物馆建设、图书馆管理等领域达成多个合作意向，为双方的进一步合作发展奠定了良好的基础。

（3）辐射周边。河南与俄勒冈州的文化交流除了覆盖俄勒冈州的主要城市之外，还辐射到与俄勒冈州相邻的美国其他地区。洛杉矶是赴俄勒冈州的必经之地，河南多次借赴俄勒冈州交流的机会，在洛杉矶举办文化交流活动,以扩大与美国的文化交流成果。例如,2007年7月河南艺术团赴俄勒冈州交流期间,受洛杉矶"国际艺术创作公司"总裁沃伦·克理斯汀的邀请,河南艺术团在洛杉矶市莎士比亚剧场、洛杉矶市沃特·瑞德中学及杰克丹尼社区中心礼堂举办了三场演出。同时,河南还积极拓展与俄勒冈州周边地区的交流,如2013年1月河南艺术团赴俄勒冈州交流时,就曾到加利福尼亚州、堪萨斯州等地开展交流演出活动,不断扩大与美国的交流范围。

(4)官民并重。河南与俄勒冈州的文化交流由民间交流拉开帷幕,并受到官方的重视,以后逐步扩展到官方交流,遵循文化交流由民间到官方的一般发展过程。2001年俄勒冈州文化代表团访问河南期间,就与河南省政府关于建立友好省州进行了初步商谈。2005年河南艺术团赴俄勒冈州时,库龙格斯基州长还转给王菊梅副省长一封信,表达进一步加强交流合作的愿望。2006年,为了表彰马兰·卡尔松为两省州交流合作所做的贡献,河南省人民政府省长李成玉亲自为马兰·卡尔松颁发了2006年度"黄河友谊奖"。2007年河南文化代表团访问俄勒冈州期间,俄勒冈州州长签署宣言,宣布7月24日为俄勒冈州与河南省的"友好邦交日"。在宣言中指出:鉴于加强俄勒冈州和中国河南之间相互理解及友谊之重要性,鉴于互不干政,彼此尊重为基础建立友好关系之重要性,鉴于珍重友谊,促进教育、经济、社会理解与互惠互利的合作之重要性,鉴于对促进双方共同关切的问题和相互利益而进行的交流之重要性,郑重宣布2007年7月24日为俄勒冈州与河南省"友好邦交日",并鼓励俄勒冈州州民共庆。之后，在官方的支持下，双方的交流获得了很快发展，并逐步走向深入。

（5）影响深远。河南与俄勒冈州的文化交流为两省州的合作发展曾发挥出重要的促进作用。2002年，由于河南派往美国的一个交流团出走了几个人，美国大使馆对河南进行严厉制裁，凡是河南赴美国交流团一律不给签证。当年俄勒冈州文化代表团到河南访问时，特邀美国大使馆官员来河南观看演出，促使美国大使馆派参赞威廉·雷诺到河南访问，并接受了时任郑州市市长陈义初送给美国大使馆的锦旗，威廉·雷诺回北京后说服美国大使馆，解除了对河南赴美国的制裁。河南与俄勒冈州的文化交流促进了俄勒冈人民对中国的认识，在当地掀起了学习汉语的热潮，2007年在第74次俄勒冈州立法会议期间，州议会在第三项决议中敦促俄勒冈的大学、社区学院和二级学院"鼓励俄勒冈的学生学习汉语普通话，创造到中国学习的机会"。俄勒冈州比尔副州长在致河南省李克常务副省长的信中说道："通过这些交流，我们双方的人民互相都有很多收获，而我们在俄勒冈州和河南省所做的工作，也为发展中美之间关系做出了贡献。我希望我们这个已经开始发展的文化与教育活动能继续得到您的支持，也希望这个成功的交往会成为高级别政府官员互访的基础。"

河南与美国俄勒冈州文化交流取得了一定的经验，并形成了固定的模式，总结起来有以下几条：

（1）既注重与美国热点地区的交流，又注重与美国边远地区的交流，通过与俄勒冈州的持续交流实现以点带面，扩大与美国的交流范围。相对于美国的洛杉矶、华盛顿、纽约等热点地区，俄勒冈州属于美国的边远地区，那里人口稀少，华人不多，中国艺术团很少到那里交流演出，俄勒冈州民众直接面对中国文化的机会较少，对中国的了解大多源于美国一些片面甚至失实的报道。随着中国在世界上影响力的不断提升，包括俄勒冈州在内的美国边远地区了解中国和中国文化的愿望日趋强烈，他们更加需要了解一个真实全面的中国，这为中国与俄勒冈州开展文化交流创造了较好的条件。河南抓住这个难得的机遇，不断扩大与俄勒冈州的文化交流，并以俄勒冈州为中心和据点，不断将交流辐射到俄勒冈州的周边地区，带动了河南与整个美国西北部地区文化交流的发展。事实证明，这种深入边远、中心开花、辐射周边的交流模式，能够起到以点带面的作用，是新时期以来河南与大国开展文化交流的一种成功尝试，取得了良好的交流效果。

（2）既注重在舞台上展示中国文化，又注重在舞台下推介中国文化，在输出中国文化产品的同时输出中国文化理念，促进美国人民对中国文化的认知。河南每次组派艺术团到俄勒冈州开展文化交流，除了在主要城市举行正规的演出之外，还深入到从大学到幼儿园的各类学校、社区、公园、养老院等场所开展灵活多样的演出活动，将交流的范围扩大到最大限度。为了适应美国观众的欣赏习惯，艺术团特别强化与观众的互动环节，每次演出结束后，艺术团都会安排与观众的交流时间，艺术家们还会邀请观众走上舞台，或欣赏富有特色的民族服饰，或尝试演奏中国乐器，或学习中国功夫的简单招式,或与中国的艺术家进行直接的对话,让俄勒冈州的观众近距离、面对面地感受中国文化。为配合舞台上的演出,还举办了各种形式的图片展、座谈会、艺术讲座、学术交流等活动,对中国文化进行系统全面的推介,让美国观众在观看中国文化形式的同时,又了解了中国文化的历史传统和价值理念。实践证明,在对中国文化进行展示的同时,加强对中国文化的宣传推介,可以起到事半功倍的作用,让美国观众对中国文化由形象感知上升到理性认知,使文化交流真正深入到美国观众的心灵深处。

(3)既注重文化本身的交流,又注重教育、经贸等其他方面的交流,通过文化交流不断拓展与美国的交流领域。河南与俄勒冈州的交流以文化交流为主体,同时兼顾教育、经贸等其他领域,不断丰富交流的内容,促进双方的友好合作。俄勒冈州立大学音乐系主任、著名指挥家马兰·卡尔松多次与河南省歌舞剧院交响乐团合作进行公益演出,并以此为契机,促进俄勒冈州多个城市的文化部门与河南省文化艺术研究院、河南省图书馆等单位开展交流研讨,奠定了两省州文化交流的良好基础。由于俄勒冈州文化代表团是以州立大学为主体,河南一开始就将与俄勒冈州的文化交流扩展到教育领域,多次安排俄勒冈州文化代表团到郑州大学、河南大学、河南师范大学、河南艺术职业学院、河南理工大学、郑州大学西亚斯国际学院等高校进行交流,促进了郑州大学等河南多所高校与俄勒冈州立大学建立了长期的合作关系。与此同时,还通过文化交流促进了河南与俄勒冈州经贸等领域的交流,河南省农业厅与俄勒冈州农牧部门就奶牛养殖和牛奶生产已达成了多项合作协议，并取得了初步的合作成效。

（4）既注重与政府团体之间的交流，又注重与个体之间的交流，发挥文化润物无声的作用，达到以文化人的目的。十几年来，河南与俄勒冈州开展文化交流时一直重视个体之间的交流，通过改变个体对中国文化的认知进而改变群体对中国文化的态度。俄勒冈州第一次派代表团到访河南时，俄勒冈州立大学著名指挥家马兰·卡尔松就对中原文化产生了深厚的兴趣，河南抓住这一时机及时向其详细介绍了中原文化历史传承和价值理念，让马兰从此迷上了中国文化。在之后的交流过程中，马兰一直是俄勒冈州与河南交流的中坚力量，参与了两省州所有的文化交流项目。作为一名著名的大学教授，马兰在美国属于主流社会的人，他对中国文化的态度直接影响着他身边的人，通过他的努力带动了一大批俄勒冈人到河南开展文化交流活动。其实在来中国之前，马兰对中国历史特别是对毛泽东抱有很大的偏见，但通过与河南开展文化交流，彻底改变了他对中国的态度，让他成了一个沟通中美关系的文化使者，也成了一个毛泽东迷。如今的马兰每次到中国都喜欢买许多毛泽东像章，他的办公室里挂满了各种各样的毛泽东像章。河南交流团每次到俄勒冈州交流时，马兰都会身佩毛泽东像章，手里拿着中国国旗，不住地用中文高呼"中美友谊万岁"。同时，马兰还把他唯一的女儿送到中国来工作，目的是让她学习中国文化，将来为中美之间的交流发挥作用。

（5）既注重文化交流项目的组织策划，又注重文化交流人才梯队的建设，体现以人为本、合作发展的时代主题。文化交流说到底是人的交流，能否培养出一支高素质的人才队伍直接决定着文化交流的成效。在过去的十几年里，俄勒冈州主要依托俄勒冈州立大学，音乐系主任马兰一直发挥着两省州文化交流使者和桥梁的作用。马兰退休后，斯蒂芬·齐尔克接任音乐系主任一职，他上任之后，河南就马上组派代表团赴俄勒冈州借文化交流之际向斯蒂芬·齐尔克表示祝贺，并与他详细洽谈两省州未来文化交流的构想，双方的坦诚交流达成了许多共识，使两省州开展十几年的文化交流得以很好地延续。河南省文化厅还借马兰到中国探亲之际，派人专程赴深圳探望马兰及其女儿，感谢他们为传播中国文化所做出的不懈努力，并欢迎马兰的女儿在中国工作期间多到河南参观考察，接过父亲手中的火炬，将俄勒冈州与河南的文化交流继续发扬光大。同时，河南还抓住俄勒冈州卢拉舞蹈团、"洛杉矶三月四日"管弦乐团到河南交流演出的机会，及时启动了"海外艺术进校园"活动，到河南多所高等院校开展巡回演出，吸引更多的年轻学子关注参与对外文化交流事业的发展，为两省州的文化交流培养新生代的力量。

四、开拓两个市场

文化市场是文化产品生产、交换、消费和提供文化服务的活动场所。文化市场具备三个条件：一是有可以用来交换消费的文化产品和文化服务；二是有组织这种活动的生产者、营销者和消费者；三是要符合交换的规律和条件。对外文化交流面对两个市场，即国内市场和国外市场。

（一）国内文化市场

对外文化交流之所以要重视国内市场，主要的原因在于，国内市场能够对出口产品进行培育。输出的文化产品如同自己养大的孩子，能否被他人所接受、所喜爱，关键在于自己的孩子是否培养得优秀。试想，如果一个孩子从小得不到正确的引导和教育，缺乏毅力，没有斗志，甚至不懂规矩，品质恶劣，这样的孩子迟早会成为社会的累赘，甚至会成为社会的罪人，终究会被这个社会淘汰掉。输出的文化产品亦然，如果一种文化产品没有经过国内市场的检验，没有赢得国内观众的认可，缺少形式上的创新和内容上的厚重，只是一个没有艺术生命力的"文化侏儒"，将这样的文化产品带到国际市场上肯定不会受到欢迎。市场是残酷的，它只为强者提供生存的空间，如果让劣质的文化产品走出国门，那它不仅不能弘扬民族的文化精神，而且还会损害国家的文化形象。

因此，输出的文化产品首先要在国内市场上进行打磨，要在与观众的不断交流中进行完善，只有牢牢占据国内市场的文化产品，才有可能走向国际。"在强调全球化意识时，必须明确：我们的文化产品必须以国内市场作为基本的立足点。有关研究表明，好莱坞电影之所以能够雄霸全球，其主要的原因便是它拥有世界上最大的国内市场。同样，韩国电视剧在走出国门时，也以国内市场作为主要立足点，确保本国的收视率。……如果一国的文化产品不能在本土市场取得良好业绩，那么'走出去''全球化'只能是空谈。"①

从更深层的意义上讲，一种文化产品只有"留得住"，才能"出得去"。"留得住"就是经过历史和人民的检验，能够被传承下去成为经典；"出得去"就是真正的艺术经典可以超越国界，被全人类所接受和认可。人类文化交流史表明，那些能够跨越国家、民族、文化界限的文化产品，必定是久演不衰的精品力作，必定是能够代表这个国家和民族创造力的巅峰之作。一个连本国观众就不认可的作品，它不可能流传下去成为经典，当然也不可能传得出去赢得国际社会的认可。

当前，我国的文化产品生产速度惊人，加上国家先后出台实施了一系列扶持文化生产的良好政策，如国家艺术基金等，又加速了文化生产的过程。但不可否认的是，我们生产的文化产品虽然数量庞大，但精品却相对较少，能够留下来成为经典的作品就更少，"有数量没质量，有高原没有高峰"的现象不可能在短时间内得到彻底的改观。这正是中国生产的文化产品缺乏国际竞争力的根本原因。

（二）国际文化市场

在全球化时代，任何一种民族文化都应该有拿到世界上去交流

---

① 李怀亮：《国际文化贸易概论》，第30页，高等教育出版社，2006年版。

的勇气与构想，因为，只有在与人类一切优秀文明的交流碰撞中，民族文化才能找到自己的位置，才能够真正地去了解世界，才能够真正地去认识自己。然而，当前的文化输出中，人们存在着两种错误的观念：一是在创作追求上，为了能让生产的文化产品走出去，故意削足适履，肆意颠覆民族的文化理念，解构民族的文化传统，以达到迎合国外观众的目的。这种创作倾向脱离了深厚的民族文化土壤，一味地步人后尘，因此它不可能站在人类文化发展的制高点上，不仅不可能占领国外市场，连国内市场也不能占领，最终也只会成为主角死后的那个可怜的丑角形象。全球化时代，任何一种文化产品都必须做到"有始有终"，"始"就是民族文化传统，"终"就是国际文化市场，这不仅是全球化时代文化创新发展的内在逻辑，也是对外文化交流要遵循的过程。二是在效果评价上，认为只要走出的产品就是好产品，仍然相信外国的月亮比中国的圆，外国的观众比自己的观众审美能力强，在国外赢得了一点掌声就沾沾自喜，就以为自己已经站在了民族与世界对话的最前沿。虽然走出去的产品不乏精品力作，但走出去的产品中未必都是精品，绝对有次品，甚至有废品。其中的原因有多个方面，首先是当前国际交流渠道已经实现多样化，出国交流已不再是一件困难的事情，只要双方达成协议就可以成行；其次是国家在对输出文化产品的质量监管上没有做到严格把关，只强调了输出渠道的合法性，没有对输出产品的质量做硬性的要求。这就导致了当前有大量的二流、三流的文化产品走向国际市场，更有人为了达到某种个人目的，采取非法手段输出文化产品，严重损害了中国的文化形象。

韩国在解决这个问题上的做法很值得我们借鉴。在文化对外输出上，"韩国还设立了许多机构推广韩国文化，从组织上保证'韩流'的影响力。包括：在首尔建立'韩流发祥园地'；在北京、上海等地建设'韩流体验馆'；由民间专家学者组建'亚洲文化交流协会'，对出口的文化内容进行质量把关，防止因出口劣质文化产品而降低外界对'韩流'文化产品的信任度；对'韩流'文化盛行国家和地区的使领馆加派文化官员；成立'韩国文化振兴院'，在'韩流'影响大的国家和城市设驻外办事处；在韩国多个城市举办过多届'韩流商品博览会'等。通过'韩流'，韩国提升了国家形象，韩国文化在世界风行。而韩国制定的文化立国战略和一系列文化政策，为韩国带来了很多实实在在的收获"[①]。

一种文化产品能够很好地占领国外市场，一般都要经过本土化、国际化、全球化的过程。本土化就是占领国内市场。文化产品不同于一般的商品，它具有意识形态的属性，生产出来的文化产品必须首先占领国内市场，满足人民大众的需求，然后才是对外交流。由于民族文化传统的差异，能占领国内市场的文化产品不一定都适合进行对外交流，但真正能走出去的文化产品绝对是具有民族深厚传统、能代表民族当代创造力、能与人类一切优秀文化交流对话的优秀产品。这就是文化产品的国际化。而文化产品的全球化，是指经

---

① 曾河山：《从英法韩文化战略看国家形象的塑造》，载《对外大传播》，2007年第2期。

过本土化培育、国际化的推广之后，形成了品牌优势，既具有民族文化的个性，又具有人类文化的共性，能够跨越语言、地域、文化的种种障碍而被全人类所接受。下面以少林功夫的国际推广为例，阐述民族文化如何去占领国际市场。

发源于河南嵩山少林寺的少林功夫，是目前中华文化走向世界的一个知名品牌，成为人类宝贵的文化遗产。少林功夫走向世界的过程就经历了本土化、国际化和全球化三个阶段。1982年以前，是少林功夫本土化时期。少林寺始建于北魏太和十九年（公元495年），是北魏孝文帝元宏为安顿印度僧人跋陀落迹传教而建，因坐落于河南登封少室山五乳峰下的山林之中而得名。北魏孝昌三年（公元527年），印度高僧菩提达摩不远万里来到中国，又几经辗转最后到达少林寺，在跋陀开创的基础上，他广收信徒，创立禅宗，少林寺从此日益兴盛，成为禅宗祖庭。少林寺有爱国爱教的优良传统，历史上，国家民族陷入危亡处境时，少林弟子及少林俗家弟子曾多次挺身而出，为挽救国家民族做出过巨大的贡献。特别是隋朝末年，少林寺志坚、昙宗等十三棍僧，在秦王李世民讨伐王世充的征战中，立下汗马功劳，得到李唐王朝的赏赐，少林功夫从此名扬天下。少林功夫很早就在国外传播，据史料记载，最早将少林功夫传到国外的是明朝末年的陈元赟，他于1619年东渡日本，1635年在江户（今东京）国昌寺开始传授少林功夫。清朝初期，随着大批华人向海外迁移，许多精于少林功夫的人进入东南亚诸国，少林功夫开始传向世界。

新中国成立后,少林寺作为我国重要的文化遗产,受到党和政府的高度重视,早在 1963 年少林寺即被列为河南省文物保护单位。在改革开放之初的 1978 年 9 月,河南省外事办公室、河南省文化局、登封县(今登封市)人民政府就协同有关文物保护单位,共同组成"河南省整修少林寺领导小组",对少林寺进行全面的整修。从 1979 年开始,在之后的十几年内,国家建设部、河南省政府、河南省旅游局、河南省财政厅等各级主管部门,持续投入巨资对少林寺及少林景区进行改造建设。例如,1979 年河南省旅游局投资 17 万元,对少林寺千佛殿、地藏殿、塔林进行重建和维修;1980 年河南省旅游局投资 82 万元,对少林寺天王殿、达摩亭等设施进行重建和维修;1982 年河南省旅游局投资 100 万元,用于少林寺多个项目建设,同年,少林寺被国务院公布为第一批国家重点风景名胜区;1983 年河南省旅游局投资 111 万元用于少林寺建设项目。在当时那个物质还十分匮乏的年代,政府不惜投入巨资对少林寺进行整修和保护,这种行为体现出一种高度的文化修复和传承意识,为日后少林功夫向外传播奠定了必要的物质基础。如果没有改革开放之后,政府对少林寺一系列重要的保护措施和巨大投入,传承千年的少林功夫可能就失去了必要的传承凭借,也就不可能会有后来风靡世界的火爆了。

1982 年到 1990 年代末期,是少林功夫的国际化时期。历史上,少林寺也曾数度辉煌,最兴盛时有土地 1 万多亩,楼台殿阁 5000 多间,僧徒 2000 多人。可少林寺却劫难不断,尽管它有 1500 多年的传承历史,积淀了深厚的文化底蕴,但 1981 年拍摄电影时,少林寺到处是断壁残垣，被火焚烧的痕迹仍依稀可见，进出寺院只有一条土路，两边的野草有一人多高，寺里十几个和尚守着28亩薄地艰难度日，寺院的经济来源，主要是向游人卖大碗茶。对少林功夫传播起决定作用的，是1982年河南与香港合作拍摄的电影《少林寺》。

《少林寺》是由香港中原电影制片公司与大陆合作摄制的一部动作电影。故事讲述了隋朝末年，隋将王世充在洛阳自立为王，滥施暴政，民怨沸腾，功夫名家"神腿张"反抗暴政，被王世充侄子王仁则杀害，其子小虎逃至少林寺被武僧昙宗所救。小虎为报父仇，拜昙宗为师，学习少林功夫，并落发为沙弥，法号觉远。秦王李世民为讨伐王世充，偷渡黄河时被王仁则兵马围困，觉远等施计解救，李世民得以逃脱。王仁则诬陷少林寺通敌谋反，放火焚烧少林寺，众僧浴血奋战，昙宗等人战死。后李世民率兵攻陷洛阳，王仁则士兵哗变，觉远手刃王仁则。为继承昙宗遗志，觉远受戒为僧。李世民立碑表彰少林寺众僧义勇，自此少林寺习武风盛，少林功夫名扬天下。

电影《少林寺》于1982年开始在中国大陆公映，仅国内的观影人数就达到5亿人次，当年以1角钱的票价创下了161578014元的票房纪录。同年1月，《少林寺》在香港公映，作为第一部在香港上映的内地功夫片，《少林寺》在香港创下1616万港元的超高记录，一举打破香港功夫片历史最高卖座纪录。不仅国内各界人士对《少林寺》称赞有加，同时也轰动了国际影坛。由于《少林寺》摄制时即被各国片商抢购版权，因此它摄制完成后迅速在多个国家同时公映,在美国的纽约、旧金山,泰国的曼谷,澳大利亚的悉尼,菲律宾的马尼拉等地映出期间,均打破华语片的卖座纪录。在日本,《少林寺》创下40亿日元的票房纪录,日本《朝日新闻》发表题为《大成功!中国影片〈少林寺〉》的文章说:"今年初它以东南亚为中心,席卷各国电影市场……无论在何地都引起人们强烈反响。"在泰国,《少林寺》成为一些电影院起死回生的影片,泰国一家报纸发表文章称《少林寺》"开创了真功夫电影的先河",一些泰国华侨看完电影激动得热泪盈眶,他们自豪地说:"影片为中华民族争了气,武术的真功夫仍在中国!"《少林寺》在美国放映时,台湾一家报纸发表文章介绍说,观众比以往看大陆影片都热烈,在美国影坛造成了"震荡"。《少林寺》在韩国映出时,也创下51亿韩元的票房纪录。

  电影《少林寺》的成功上映,让嵩山脚下这座千年古寺一时成为世界关注的热点,迅即在国内外兴起了一股学习少林功夫的热潮,"到少林寺去"成为那个时代无数热血青年的英雄梦想,不知有多少懵懂的少年,在看了几十遍《少林寺》后,索性背起行礼到少林寺去拜师学武。同时还吸引了国外大批慕名而来的游客,少林寺成为各国游人向往的旅游胜地。根据统计,1974年至1978年到少林寺旅游的人数总共有20万左右,而1982年一年到少林寺的游客就达到了70多万人次,1984年更是达到历史最高纪录260万人次。电影《少林寺》不仅成了一部风靡世界的经典之作,而且还推出了一个知名的地方文化品牌——少林功夫。1986年至2006年,少林寺接待国家领导人41起,接待外国交流团队177个,其中外国领导人27起;

第四章　对外文化交流目标和任务

外出访问交流 44 起，开展国内外重大宗教活动 61 起……少林功夫完成了从本土走向国际的华丽转身。

新世纪之后，是少林功夫的全球化时期。这一时期，少林功夫得到了空前的传播，从亚洲到美洲，从非洲到欧洲，从普通民众到各国精英阶层，无不对少林功夫发出由衷的赞叹。2006 年 3 月俄罗斯总统普京访问中国时，专程到少林寺参观，盛赞少林文化"不仅对中国人民有意义，而且对全世界的人民都有意义"；2008 年 12 月南非总统曼德拉接见少林寺方丈释永信时也盛赞少林文化"具有全人类的价值，应该得到每个人的尊敬与赞赏"。特别是 2009 年 3 月 18 日，美国加州举行"少林寺日"确立五周年庆典活动，少林寺派出功夫团应邀出席；5 月 18 日至 23 日，少林功夫表演团赴巴黎联合国教科文总部参加"世界多元文化周"活动。少林功夫在海外的这两次成功演出受到党和国家领导人的高度重视，政治局常委李长春、国务委员刘延东、文化部部长蔡武先后作出批示，要求加大对少林文化的宣传力度，整合资源，精心策划，扩大少林文化的国际知名度和影响力，为促进中华文化走出去、提升中国文化软实力做出贡献。为落实中央领导的批示精神，拓宽少林文化对外交流渠道，也为打造地方文化品牌总结经验、提供思路，文化部外联局与河南省文化厅于 2009 年 8 月 26 日至 28 日，对少林文化的现状及对外交流情况进行了调研。11 月 4 日，河南省文化厅又会同河南省外办、郑州市政府赴北京参加了文化部举办的少林文化"走出去"研讨会。

目前，嵩山少林寺作为传承少林文化的主要机构，正在按照

"政府支持、民间运作、统筹规划、整合资源、传承为本、面向全球"的发展思路,大力促进少林文化向全球传播。主要措施有:一是在全球设立或认证的各种少林培训机构38个(截止到2016年),正在向少林寺申请办理认证手续的机构有135个,全球自发成立的各种涉"少林文化"机构接近10万个,2010年和2011年分别倡导成立了少林欧洲联合会和少林北美联合会,此外,还有澳洲、南美、东南亚的少林文化组织也纷纷要求建立当地的少林文化联合会;二是在海外建立少林文化中心,已在亚洲、欧洲、北美洲、南美洲、澳洲30多个国家建立了少林文化中心,少林文化中心和少林功夫在国外成为中国传统文化的象征;三是加强对海外少林功夫学员的培训,2013文化部正式在少林寺设立海外少林功夫学员培训基地,截至2019年,已成功举办了7届"非洲武术学员来华培训班",为非洲数十个国家的140名学员进行了培训。这一合作项目是贯彻国家关于在中非文化交流与合作中切实做到"真"、"亲"、"实"、"诚",坚持"宣传政治上平等互信、协助经济上合作共赢、落实文化上交流互鉴"指导思想的重要体现,对进一步加强中非文化交流与合作具有重要意义。

第五章 对外文化交流未来展望

第五章 对外文化交流未来展望

人类进入 21 世纪后,国际政治、世界经济发生了重大变化,经济全球化、政治多极化、文化多元化的趋势日益明显,文化在国际交往中的作用更加突出。特别是"9·11"事件之后,世界主要大国都意识到树立国家良好形象事关国家的长治久安,并且都把加强对外文化交流作为树立国家形象的重要手段。例如,美国国务院在 2003 年成立了文化外交咨询委员会,旨在研究如何增加文化外交项目的运用和政策的制定,并向国务卿提出建议;2004 年,日本外务省设立了文化交流部,旨在向全世界推广日本文化。同时,世界文化一体化与世界文化多样性的矛盾也更加突出,西方国家凭借其强大的现代文化产业和现代传媒手段,仍然坚持与宣传西方文明中心论,认为文化全球化就是西方文明对其他文明的同化过程;与此相反,在发展中国家世界文化多元化的呼声不断高涨,认为民族性才是文化的主要特征,文化的多样性才是世界文化发展的主流和趋势。这种交流与渗透、碰撞与激荡成为人类文化发展的基本态势。

而中国,随着综合国力的不断提升,已经从世界的边沿逐步走到了世界的中心,世界了解中国的愿望不断增强,同时向世界展示中国的大国形象也显得愈加重要。在这种背景下,中国尊重并支持人类文化的多样性发展,更加重视对外文化交流在国家外交大局中的作用,大力推动中华文化走出去,这首先体现在国家对对外文化交流的顶层设计上。党的十六大报告指出:"世界是丰富多彩的。世界上的各种文明、不同的社会制度和发展道路应彼此尊重,在竞争比较中取长补短,在求同存异中共同发展。"、"当今世界,文化与经济和政治相互交融,在综合国力竞争中的地位和作用越来越突出。文化的力量,深深熔铸在民族的生命力、创造力和凝聚力之中。"、"着眼于世界文化发展的前沿,发扬民族文化的优秀传统,汲取世界各民族的长处,在内容和形式上积极创新,不断增强中国特色社会主义文化的吸引力和感召力。"、"继续广泛开展民间外交,扩大对外文化交流,增进人民之间的友谊,推动国家关系的发展。"第一次把对外文化交流作为外交工作的一个重要组成部分写入党的全国代表大会报告,从此对外文化交流的地位被提升到空前的高度。

2006年以后,文化作为国家核心竞争力的重要组成部分获得了更加普遍的共识,向世界全面介绍中国的文化传统、价值理念、发展道路、民族精神,扩大中华文化在国际上的影响力,也成了提升中国文化软实力和综合国力的重大国策,并从国家顶层设计上继续推动中华文化走向世界。党的十七大报告指出:"加强对外文化交流,吸收各国优秀文明成果,增强中华文化国际影响力。"党的十七届六中全会进一步强调要"推动中华文化走向世界"和"积极吸收借鉴国外优秀文化成果"。2011年胡锦涛总书记在庆祝中国共产党成立90周年大会上指出："要着眼于推动中华文化走向世界,形成与我国国际地位相对称的文化软实力,提高中华文化国际影响力。"这一系列重大决策部署高屋建瓴,凝聚了中国共产党在新时期推动中华文化走向世界,促进人类文明进程的战略思考和理论成果,进一步确立了对外文化交流在开创中国特色社会主义事业中的重要地位和时代意义,中外文化交流开始进入快速发展阶段。

2012年党的十八大报告指出："扩大文化领域对外开放,积极吸收借鉴国外优秀文化成果。"2013年《中共中央关于全面深化改革若干重大问题的决定》指出："坚持政府主导、企业主体、市场运作、社会参与,扩大对外文化交流,加强国际传播能力和对外话语体系建设,推动中华文化走向世界。"2014年3月27日,国家主席习近平在巴黎联合国教科文组织总部发表演讲时提出："文明因交流而多彩,文明因互鉴而丰富。文明交流互鉴,是推动人类文明进步和世界和平发展的重要动力。"此后,他又在不同场合多次强调:"纵观人类历史,不同文明交流互鉴,让世界更加丰富多彩,也为不同国家和民族加强合作提供了强大支撑。"2017年党的十九大报告指出:"加强中外文化交流,以我为主、兼收并蓄。推进国际传播能力建设,讲好中国故事,展现真实、立体、全面的中国,提高国家文化软实力。"2019年5月15日,国家主席习近平又在"亚洲文明对话大会"开幕式上指出："文明因多样而交流,因交流而互鉴,因互鉴而发展。""交流互鉴是文明发展的本质要求。只有同其他文明交流互鉴、取长补短，才能保持旺盛生命活力。"这一系列重大战略总署，标志着中外文化交流从顶层设计到现实实践，都进入了最好的历史发展时期。

鉴于中外文化交流的发展趋势和我国现实发展需要，对外文化交流应从理论和实践两个方面予以加强。

一、对外文化交流应成为推动学术创新的源泉

研究某一事物的目的是认识和把握它的发展规律，进而能更好地促进它的发展。人类不同文明之间的交流经过几千年的发展，已经积累了丰富的经验，并总结出许多成熟的理论，这无疑是开展对外文化交流的宝贵财富。但是，面对新的国际环境和历史趋势，中外文化交流又呈现出许多新的特点，并提出一系列亟待解决的现实课题，这就需要从理论上及时进行研究，并形成具有民族特色的话语体系。

在文化研究领域，关于文化遗产、文化产业、地域文化等方面的研究成果较多，关于对外文化交流方面的著述却相对较少，特别是对新中国成立以后对外文化交流方面的研究成果，不论是"史"还是"论"都是寥若晨星，这在前面对外文化交流述评中已经提及。就目前对外文化交流所取得的学术成果来看，其研究内容还比较单一，研究视野还比较狭窄，研究水平还比较低下，尚没有形成完整的、系统的并能和这个时代接轨的理论体系。虽然早在2011年文化

部就曾下文提出，要加强对对外文化交流的战略和理论研究，加强跨文化对话和基础研究，但近十年过去了，至今已然成果甚少。和日益繁荣的对外文化交流事业相比，对外文化交流的理论研究明显滞后，并成为阻碍对外文化交流发展的深层问题。

目前，对外文化交流普遍存在着重展示轻输出、重实践轻理论的现象。很多大型的对外文化交流活动，过后除了一些新闻报道和影像资料外，很少有人从学术上对其进行观照；特别是一些走出去的交流项目，结束后连一个详细的记录和总结都留不下来。这不能不说是对外文化交流的一种损失，因为一切活动都留不下鲜花和掌声，只能留下经验和理论。面对人类不同文明之间日益密切的交流，中华文化走出去更需要理论上的支撑，对外文化交流在学术研究上的失语，既不利于学术创新，也不利于中国对外文化交流的开展。因此，对外文化交流今后不仅应成为学术研究的对象，同时更应成为学术创新的源泉。特别是关于对外文化交流的基础理论研究、发展战略和前瞻性研究、传播推广研究、舆论宣传研究、评估体系研究等，都已经到了必须进行深入系统研究的时候了。

二、对外文化交流应成为文化发展的重大战略

2016年12月31日，中办、国办联合下发了《关于进一步加强和改进中华文化走出去工作的指导意见》。《意见》指出："着力加强中华文化走出去的顶层设计和统筹协调，着力创新中华文化走出去的内容形式和体制机制，着力增强中华文化的亲和力、感染力、吸

引力、影响力，向世界推介更多具有中国特色、凸显中国精神、蕴含中国智慧的优秀文化，提升国家文化软实力，维护国家文化安全，为实现'两个一百年'奋斗目标、实现中华民族伟大复兴的中国梦营造良好的国际环境。"这是新中国成立之后，首次以"两办"的形式下发的关于推进中华文化走出去的重要文件，将对外文化交流提升到空前的高度，将软实力建设与硬实力建设提升到同等的地位，预示着中外文化交流将开创一个崭新的未来。目前，在对外文化交流上有三种错误认识比较普遍：

一是认为对外文化交流只是一种临时性的外事活动，而不是一项长久性的文化工作，更没有将其上升到国家发展的战略高度。持这种观点的人，多数是没有亲身参与过对外文化交流实践的人，在他们看来，对外文化交流就是一种与外国人的一种特殊交流。其中，也不乏一些文化主管部门的领导，在他们看来，对外文化交流只不过是完成国家交办的外事任务，甚至认为对外文化交流就是一种参观考察活动，"走出去"只求安全去、平安回，"引进来"只求不出事、安全走。在这种观点的支配下，只把对外文化交流当成了一种特殊的任务，这是一种典型的短视行为。

二是认为推动中华文化走出去是一件为时尚早的事情，中华文化还没有到可以走出去的时候。持这种观点的人认为，当前文化建设还有很多事情没有做好，文化的发展与社会的前进还有很多不和谐的因素，文化发展的首要任务是先做好国内的事情，而不是急于去输出中华文化。甚至还会认为，我们还没有创造出真正能够参与人类交流的文化。这是一种典型的文化保守主义，要知道在全球化背景下，任何一个民族不可能独立地栖息在世界之外，同样任何一种文化都不可能坐下来孤芳自赏，封闭的结果只能会加速灭亡。

三是认为对外文化交流没有发挥应有的作用，输出中国文化甚至是一种劳民伤财的事情。持这种观点的人提到，在国外的一些艺术节上，或是大学校园里，对中国的文化展演表现得比较冷淡，以此认为中国的文化根本无法去影响外国人。殊不知，外国人对中国文化的冷漠，正是中国文化走出去得太少。一见钟情的前提首先是见，只有交流才有可能产生美好的感情。对外文化交流亦然，文化潜移默化的作用不是通过一次、两次交流就能体现出来的，它是一种长期持续作用的结果。

文化是一个民族保持生机与活力的源泉，更是一个国家软实力的重要组成部分。要想了解一个民族，必须去了解它的文化；要想树立一个民族的形象，最终的任务是树立它的文化形象。加强本国文化的对外传播，尤其是输出最具原创力的先进文化，已成为所有世界大国共同的发展战略。因此，在文化发展的战略选择上，要改变"过去那种把对外传播局限在发布一些消息、销售一些出版物、接待一些友好人士、开办一些展览的观念和作为"[①]，把对外文化交流作为展示国家形象的一种重要手段，把对外文化交流提升到事关国家长治久安的最高战略上来。

---

① 沈苏儒：《开展"软实力"与对外传播的研究》，载《对外大传播》，2006年第7期。

主要参考文献

一、专著

1. 周正兵:《文化产业导论》,经济科学出版社,2009年版。

2. 沈洪波:《全球化与国家文化安全》,山东大学出版社,2009年版。

3. 于民:《中西文化互补论》,中国社会出版社,2009年版。

4. 陈少峰、朱嘉:《中国文化产业十年》(1999—2009),金城出版社,2010年版。

5. 周丽娟:《对外文化交流与新中国外交》,文化艺术出版社,2010年版。

6. 刘克利、栾永玉:《中国文化体制改革与建设研究》,中国人民大学出版社,2009年版。

7. 艺衡:《文化主权与国家文化软实力》,社会科学文献出版社,2009年版。

8. 梁岩:《中国文化外宣研究》,中国传媒大学出版社,2010年版。

9. 林金水:《福建对外文化交流史》,福建教育出版社,1997年版。

10. 刘圣宜、宋德华：《岭南近代对外文化交流史》，广东人民出版社，1996年版。

11. 黄利平等：《足迹从丝路延伸：中国古代对外文化交流》，人民日报出版社，1995年版。

12. 左芙蓉：《北京对外文化交流史》，四川出版集团巴蜀书社，2008年版。

13. 周永卫：《两汉交趾和益州对外关系研究 以若干物质文化交流为主》，汕头大学出版社，2009年版。

14. 刘恒武：《宁波古代对外文化交流：以历史文化遗存为中心》，海洋出版社，2009年版。

15. 庄恩平：《东西方文化差异与对外交流》，华东理工大学出版社，1998年版。

16. 关世杰：《21世纪我国对外文化交流发展战略研究报告》，北京大学国际关系学院，1999年版。

17. 蔡尚伟、温洪泉等：《文化产业导论》，复旦大学出版社，2006年版。

18. 刘玉珠、柳士法：《文化市场学》，上海文艺出版社，2004年版。

19. 孙维学等：《新中国对外文化交流史略》，中国友谊出版公司，1999年版。

20. 文化部外联局：《中国对外文化交流概览1949－1991》，光明日报出版社，1993年版。

21. 葛慎平等：《金桥新篇——新中国对外文化交流 50 年纪事》，文化艺术出版社，2000 年版。

22. 孙熙国、刘志国：《全球化与中国传统文化的现代转换》，山东大学出版社，2009 年版。

23. 马克思恩格斯选集（第一至四卷），人民出版社，1995 年版。

24. 胡定民：《河北省区域创新系统研究》，河北科学技术出版社，2005 年版。

25. 《河南省志·档案卷》，河南人民出版社，1994 年版。

26. 《河南省志·外事卷》，河南人民出版社，1993 年版。

27. 《河南省志·文化卷》，河南人民出版社，1994 年版。

28. 河南省文化厅史志办：《河南省文化志》，1990 年版。

29. 河南省文化厅史志办：《河南文化文物年鉴》（1992－2014 共 21 卷）。

30. 刘继南等：《文化模式与传播方式》，北京广播学院出版社，2003 年版。

31. 何新：《论中国历史与国民意识》，时事出版社，2002 年版。

32. 关世杰：《跨文化交流学》，北京大学出版社，1995 年版。

33. 李怀亮：《国际文化贸易概论》，高等教育出版社，2006 年版。

34. 沈福伟：《中西文化交流史》，上海人民出版社，2006 年版。

35. 李小牧：《国际文化贸易》，高等教育出版社，2014 年版。

36. （美）海斯、穆恩、韦兰：《全球通史》（上下），王颖译，江西教育出版社，2015年版。

37. 赵少华等：《金色记忆——新中国早期文化交流口述记录》，作家出版社，2012年版。

38. 何芳川等：《中外文化交流史》（上下），国际文化出版公司，2016年版。

二、博士、硕士论文

1. 李忠杰：《中国文化外交研究》，中央党校博士论文，2006年。

2. 纪延昌：《文化交往规律论》，中央党校博士论文，2002年5月。

3. 张斌：《国际文化贸易壁垒研究》，山东大学博士论文，2010年4月。

4. 徐小明：《全球化背景下的中国文化外交》，贵州师范大学硕士论文，2009年。

5. 于明玲：《21世纪的中国文化外交措施研究》，广东外语外贸大学硕士学位论文，2006年。

6. 纪延昌：《新中国文化外交的历史轨迹探析》，山东大学硕士论文，2008年。

三、文章

1. 王岳川：《西方现代性弊端与中国可持续"文化输出"》，载

《中国网》，2009 年 03 月 21 日。

2. 熊金星：《文化输出与责任》，载《光明日报》，2010 年 3 月 31 日。

3. 李佳：《守正创新与文化输出——王岳川谈中国文化立场与文化身份》，载《中华读书报》，2010 年 6 月 2 日。

4. 王岳川：《中国文化软实力与文化安全》，载《光明日报》，2010 年 7 月 29 日。

5. 《北京大学研究生学志》专访王岳川：《新世纪中国文化创新之路》，载《价值中国网》，2009 年 11 月 5 日。

6. 孟晓驷：《中国文化外交显魅力》，载《人民日报》，2005 年 11 月 11 日。

7. 雷慧英：《近代福建与日本的贸易及文化交流》，载《福建学刊》，1998 年第 2 期

8. 邵军永：《全球化背景下文化发展的世界化和民族化》，载《河北师范大学学报》，2007 年第 5 期。

9. 王岳川：《新世纪中国身份与文化输出》，载《广东社会科学》，2004 年第 3 期。

10. 靳利华：《新世纪中国文化外交战略的构建》，载《石家庄学院学报》，2008 年第 4 期。

11. 石善涛：《改革开放以来中国文化外交的理论与实践》，载《中国社会科学院研究生院学报》，2008 年第 6 期。

12. 胡文涛：《解读文化外交：一种学理分析》，载《外交评论》，

2007 年第 3 期。

13. 张清敏:《全球化环境下的中国文化外交》,载《外交评论》,2006 年第 1 期。

14. 胡显章:《全球化背景下的文化多样性与文化自觉》,载《清华大学学报(哲学社会科学版)》,2007 年第 3 期。

15. 余熙:《科学发展观与对外文化交流》,载《长江论坛》,2004 年第 5 期。

16. 罗建波:《构建中国崛起的对外文化战略》,载《现代国际关系》,2006 年第 3 期。

17. 邢悦:《对外决策中的文化因素》,载《国际论坛》,2002 年第 6 期。

后　记

15年前,一个极其偶然的机会,我临时替代别人参与了一次大型文化交流活动,从此我却爱上了这个事业。有人说,能够持续关注一个领域5年,就会成为这个领域的专家。可对于对外文化交流,我已持续关注了15年,但也没能成为这个领域的专家,这足见我不是一个有悟性的人。可我偏偏痴心不改,偏偏在这个领域里坚持前行,于是就有了这本《对外文化交流导论》。

2006年6月,我被借调到河南省文化厅外事处,参加"情系中原——两岸文化联谊行"的组织接待工作,没想到一次临时的借调竟让我与对外文化交流结下了不解之缘。活动结束后,我负责撰写了活动综述,又从工作组织、活动意义和亲历感受的角度分别撰写了三篇文章(后全部收录在活动资料汇编中)。由于长时间连续伏案工作,最后累得7节颈椎竟然有5节突出,最严重时感觉脖子支不起头,坐几分钟就得躺下休息。适逢单位组织体检,当医生看了我的脑部彩超后,先问我是不是省直医保,我说是,他说你今天就赶快住院治疗,如果不抓紧治疗,然后他甩着手很幽默地说,你到老了可能就是这样……他的言外之意就是，如果我的颈椎突出得不到很好地治疗，我老了可能会出现半身不遂甚至是偏瘫不起，因为当时我的颈椎突出已导致我脑供血严重不足，以至于三伏天我走在树荫下，就会感觉浑身发冷。

活动结束后，我本该回单位正常上班，但此时偏偏又出现了另一个插曲。由于接下来外联处还要再承办一个文化部交办的大型对外交流项目——"艺海流金——中原之旅"，依然需要大量人员参与其中。鉴于我在上一个活动中的表现，文化厅领导就与单位领导进行沟通与协商，并征求我个人意见，希望我能继续参与下一个活动。为了执行领导的决定，最后我就选择了继续留在外联处工作。为此，还招来了一些非议，认为我这是"不务正业"。但幸运的是，在接下来的两年多时间里，我又参与了20多次对外文化交流活动。特别是2008年春节前夕，我第一次出境到中国澳门，参加文化部举办的"澳门内地春节习俗展"。还记得在珠海拱北海关过关时，看到成群结队的澳门同胞，提着袋子到珠海购买过节的物品，让我深切地感受到，这血浓于水的民族亲情是永远无法割裂的。在澳门展览期间，每天都会看到来自世界各地不同肤色的人群，当他们对我们民族文化啧啧称赞时，那种自豪感就会油然而生，同时也第一次有了一种传播民族文化的使命感。

2008年底，我结束了在文化厅外联处的借调回单位上班。此后我一边研究对外文化交流的相关理论，一边开始从史的角度收集河南及新中国对外文化交流的有关材料。经过三年多的准备，2012年

后 记

6月,我申报了河南省科技攻关项目《对外文化交流综合研究》,项目立项后给了我很大的鼓舞,从此我正式将文化交流纳入到我的学术研究范围。同时也得到了很多老师和朋友的支持,甚至还有人说我挖到了富矿,这让我更加充满信心地在这条路上走下去。2013年7月,课题正式批下来,之后我便从史和论两方面入手,开始大量阅读对外文化交流方面的书籍。又经过近两年的积累,于2015年4月开始撰写课题,历时一年有余,到第二年的6月我便完成了课题的全部文稿,并顺利结项。

在这个漫长的过程中,我最应该感谢的有3个人,他们是河南省文化厅的康洁厅长和张占标、张松涛两位处长。他们不仅大力支持我研究对外文化交流,还给我提供了宝贵的外出学习机会,让我参与了中韩(国)文化年、中非(洲)文化年、中泰(国)文化年、中斐(济)文化年等一系列重要的对外文化交流活动,不仅更新了我的学术观念,而且还极大地开阔了我的学术视野,让我受益终身。恰逢这一时期,河南对外文化交流进入空前繁荣的阶段,我在亲身参与对外文化交流的实践中,获得了大量一手交流材料,为我的学术研究提供了强有力的支撑,这可能是一切书斋学问永远都无法做到的。特别是康洁厅长,她是河南新时期对外文化交流的开创者、亲历者和推动者,作为长期分管全省对外文化交流的主要领导,她高瞻远瞩,很早就关注河南对外文化交流的基础理论和前瞻性研究工作,让河南在这方面走在了全国的前列。

世界上凡事都难,而万事开头最难。做任何事情只要开始,永远都不会晚。课题完成后，我就一直想将它正式出版。一是为我十年的"不务正业"结一个果，二是想让更多的人关注对外文化交流这项事业。因为我坚信，只要有人类存在就会有生存的困惑，只要有生存困惑就会有情感的需求，只要有情感需求就会有文化交流的发生。可以肯定地说，中外文化大繁荣大进步，必定建立在中外文化大交流大合作的基础之上。由于我水平有限，此书的理论体系还有很多不完善的地方，对很多材料的占有还不够充分，很多论述逻辑上还不够严密。但是，我只想抛砖引玉，希望该书能为那些致力于民族文化复兴的人提供一个视角，为那些从事对外文化交流的人提供一些经验和素材，更希望能够纠正那些还认为对外文化交流只是行政性事务工作，而不可能作为学问进行研究的偏见，纠正那些还不知道传播比传承更重要，而只会坐在家里孤芳自赏的无知与傲慢。如果能达到这个目的，那也算是对我的一种莫大慰藉吧。

最后，还要感谢我的两位合作伙伴——河南艺术中心书记刘秀华女士和郑州百年职校徐黎老师，她们帮我收集整理了大量的有关资料，并参与了全书的构架和写作，本书能够顺利出版，同样凝聚着她们的许多心血。在本书的撰写、出版过程中，还得到了河南省文化和旅游厅外联处、河南省文化艺术研究院、河南大学出版社的大力支持，在此一并表示感谢。

2020 年 2 月 20 日